대중지성, 홍루몽과 만나다

대중지성, 홍루몽과 만나다: 무한한 정과 무상한 생의 이야기

발행일 초판1쇄 2021년 10월 25일(辛丑年 戊戌月 丙午日) | **지은이** 김희진
펴낸곳 북드라망 | **펴낸이** 김현경 | **주소** 서울시 종로구 사직로8길 24 1221호(내수동, 경희궁의아침 2단지) |
전화 02-739-9918 | **팩스** 070-4850-8883 | **이메일** bookdramang@gmail.com

ISBN 979-11-90351-96-6 04080 979-11-90351-11-9(세트)

책으로 여는 지혜의 인드라망, 북드라망 **www.bookdramang.com**

감성(감이당 대중지성) 시리즈 2

무한한 정과 무상한 생의 이야기

紅樓夢

대중지성, 홍루몽과 만나다

김희진 지음

BookDramang
북드라망

차례
—

일러두기

1 『홍루몽』은 총 120회의 장편소설입니다. 저자가 참고한 『홍루몽』의 판본은 曹雪芹, 『红楼梦』
(上)(下), 人民文学出版社, 2008(3版)과 曹雪芹, 『红楼梦』, 中州古籍出版社, 2001 그리고 국역본은
나남출판사의 판본과 청계출판사의 판본을 두루 참고했습니다. 본문에서 『홍루몽』을 인용할
때는 회차를 적고 괄호 안에는 독자들의 편의를 위해 나남출판사 국역본의 권수와 쪽수를 적
었습니다.

2 『홍루몽』을 제외한 인용 서지의 표기는 해당 서지가 처음 나오는 곳에 지은이, 서명, 출판사,
출판 연도, 인용 쪽수를 모두 밝혔습니다. 이후 다시 인용할 때는 지은이, 서명, 인용 쪽수만으
로 간략히 표시했습니다.

책머리에

내 인생에 책을 내고 서문을 쓰는 일이 일어날 거라고는 상상도 하지 못했다. 이 놀라운 인연에 깊이깊이 감사한다. 나는 책읽기와 글쓰기에 문외한이었다. 어쩌다가 '글쓰기로 수련하기'가 모토인 감이당에 접속하였을까? 아마도 그땐 뭐가 씌었나 보다. 그래도 그렇게 용기를 냈던 것이 참 다행이다. 덕분에 이름만 들어 본 고전들을 읽을 기회가 있었고, 어디서 많이 들어 본 탓에 읽었다고 착각했던 책들도 처음 보게 됐다. 이렇게 『주역』과 니체, 판소리와 양자역학, 톰 소여와 임꺽정 등, 지혜의 바다와 만났다.

그런데 『홍루몽』이라는 책을 들어 보셨는지? 이십대에 중국어학연수를 마치고 귀국할 때, 중국에서 반드시 사 가야 하는 원서로 추천받아 사 온 두 권의 책이 있었다. 그 중 하나가 루쉰의 소설이고, 다른 하나가 『홍루몽』이었다. 두 책들은 책꽂이 어딘가에 처박혀 오랜 시간 동안 내 기억에서 사라졌었다. 그런데 웬일? 감이당에 왔더니 그 두 책을 다시 만난 것이다.

많은 사람들이 『홍루몽』을 처음 듣거나, 들어는 봤어도 전혀 모른다. 너른 고전의 세계에 낯선 책이 수두룩한 건 당연하겠지만, 『홍루몽』의 유명세에 비하면 우리가 이렇게 모르는 것도 참 이상하다. 『홍루몽』은 비교적 최근의(18세기) 작품이며, 중국에선 『서유기』(西遊記), 『수호전』(水滸傳), 『삼국연의』(三國演義)와 함께 사대 명저로 불리며 엄청난 사랑을 받는 책이다. 홍학(紅學)이라는 전문 연구 분야까지 있어서 세계인들의 주목을 받고 있다. 그런데 왜 우리에겐 이토록 생소한 것일까? 그건 『홍루몽』을 직접 읽어 보면 알 수 있는데, 이 책의 고유하고 독특한 리듬이 '다이내믹 코리안'에겐 영 체질에 안 맞기 때문이다. 역경을 잘 이겨 내는 우리는 빠르고 목적의식적이며 종종 애국심으로 똘똘 뭉친다. 나 역시 이러한 특징이 몸에 깊숙이 배어 있다. 하지만 『홍루몽』의 분위기는 정반대다. 느리고 세밀하며 반복되는 리듬을 만났을 때, 나는 완전히 낯선 세계에 들어선 것만 같았다. 거기다 착 가라앉는 비극적 파토스까지!

내가 감이당에 온 것은 공부를 통해 나를 바꾸고 싶어서였다. 그리고 내게 그 수련 과정은 『홍루몽』을 읽고 쓰면서부터 비로소 시작되었다고 할 수 있다. 그 낯섦에서 질문이 시작되기 때문이다. 이 책에 실린 글들 대부분은 '감이당 대중지성 고전평론

가 되기' 과정에서 발표했던 글들이다. 선생님과 도반들의 코멘트를 들으면서 내가 얼마나 좁고 견고한 사고의 틀에 갇혀 있는지를 절감했다. 그리고 3년이 넘는 시간 동안『홍루몽』을 읽고 쓰며 느낀 것은,『홍루몽』이야말로 지금 우리에게 꼭 필요한 책이라는 것이다. 이 책은 복제된 듯한 욕망의 질주로 지금 여기의 삶을 온통 놓치고 있는 우리로 하여금 도대체 삶이란 무엇인지를 질문하게 한다.

『홍루몽』은 신선세계로부터 인간의 삶을 경험하러 온 어떤 돌멩이가 부귀도 공명도 다 손사래 치면서 오로지 지극한 마음 하나에 울고 웃다가, 그 마음을 깨치면서 제자리로 돌아가는 이야기다. 이 돌에겐, 그토록 궁금하고 살아 보고 싶던 인간 삶의 핵심이 바로 마음[情]에 있었다. 그리하여, 인생은 그저 마음이 오고 감이고, 그것은 결국 없어져 버리는 거라는 걸, 한바탕 살아 보며 깨달아 가는 이야기다.

나의 글쓰기는 그의 고귀한 길을 발견해 가는 과정이었기에 힘들면서도 기쁜 시간이었다. 이 기쁨이 긴 시간 포기하지 않도록 나를 이끌어 준 마음이었을 것이다. 그리고 지금은『홍루몽』을 사람들에게 소개할 수 있어서 더욱 기쁘다. 장장 120회의 대하드라마를 어떻게 잘 전달할 수 있을까? 고민하다가 세 가지의 시선으로 나누어 보았다. 1부 '홍(紅)—여성들의 이야기'에서는 이 돌멩이(보옥)의 시선을 따라 그가 참으로 경외하고 예찬하는 여성들의 삶을 다루었다. 2부 '루(樓)—가문의 이야기'는 이 책의 주된 배경인 가부(賈府)에서 일어나는 일들에 관한 내용인데, 병(病)과 명절과 풍속 등 중국의 문화와 유·불·도 사상이 일상 생활에 접목해 있는 현장을 엿볼 수 있다. 그리고 마지막 3부 '몽(夢)—가보옥 이야기'에서는 영험한 돌의 환생이라는 특이한 신체성을 가진 보옥이 좌충우돌하며 인간세상을 경험하는 과정을 따라가 보았다. 아, 제발『홍루몽』의 재미가 '쪼끔'이라도 전달되기를!

　　이 책이 나올 수 있도록 글쓰기의 장을 열어 주시고, 삶이 바로 공부라는 것을 항상 일깨워 주시는 고미숙 선생님, 공부의 네트워크에서 만난 모든 도반 인연에 감사드린다.

　　그리고, 묵묵히 지지해 주는 가족들에게도 고맙다는 말을 꼭 하고 싶다. 특히, 아들들아! 엄마가 책을 썼다. 고맙고 사랑해.

2021년 10월

김희진

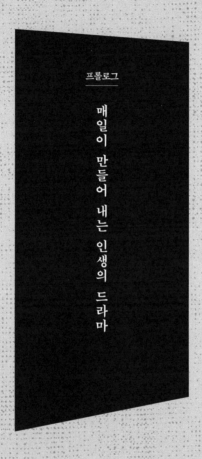

프롤로그

매일이 만들어 내는 인생의 드라마

언제나 함께인 번영과 몰락

『홍루몽』(紅樓夢)은 청나라 건륭 중기에 조설근(曹雪芹, 1715?~ 1763)출생 연도는 대략적 추정일 뿐 정확한 자료는 없다이라는 문인이 세상에 내놓은 소설이다. 건륭 연간(1735~1795)은 청나라 초기부터 이어져 온 팽창과 번영이 정점을 찍은 시대였다. 대륙의 중심으로 흘러든 온갖 이질적인 것들! 받아들이고 뒤섞는 데 탁월한 재주를 지닌 이 이민족 제국은 서로 다른 문물을 융합하며 팽창해 나가더니 중국 역사 이래 가장 큰 영토를 이루었다.

마치 꽉 차오른 보름달과 같던 이 시대, 북경 교외의 가난한 문인이었던 조설근은 이 최고의 풍요와 번영을 누리던 시대에서 철저히 소외된 채, 이 시대를 지켜보았다. 그의 친구들은 그를 죽림칠현(竹林七賢)중국 진(晉)나라 초기 노자와 장자의 무위 사상을 숭상하여 죽림에 모여 청담으로 세월을 보낸 일곱 명의 선비의 '완적'(阮籍)에 비견하곤 했는데, 그것은 그가 완적처럼 술을 마시면 미친 듯했으며, 호방하지만 쉽게 타협하지 않는 성격이었기 때문이라고 한다. 마치 완적이 세속적인 부류를 백안시하듯, 그도 이 번영의 시대를 백안시하며 몰락의 그림자를 포착한 것일까? 『홍루몽』에 나오는 '천릿길 가는 잔칫상도 끝나는 날이 있는 법', '달이 차면 기울고 물도 차면 넘친다'라는 속담들이 보여 주듯이 조설근은 번영을 보며 패망을 말하고, 화려함을 보면서 쓸쓸함을 노래한다.

『홍루몽』은 한 명문거족(名門巨族)의 몰락을 배경으로 하고 있다. 그런데 조설근의 눈에 비친 몰락은 어느 날 갑자기 오는 것이 아니다. 가문이 망하도록 이끄는 인물들은 잘 나갈 때 망조의 씨앗을 뿌려 놓았고, 점점 더 영화를 누리는 과정에도 곳곳에서 균열은 발생한다. 팽창하는 것은 언제나 폭력을 수반하고 그 사이에서 불만이 싹튼다. 약한 고리들이 하나씩 만들어지는 것이다. 그러므로 조설근이 읽어 낸 것은 미래의 일이 아니다. 그저 번영하고 있는 순간에 함께 존재하는 균열들을 눈에 보이는 대로 읽어 낸 것뿐이다.

서로 다른 시공간의 일을 한 화면이나 그림에 담는 동시성의 표현 기법이 있다. 아이들이 해와 달을 한 하늘에 그려 넣는 것처럼 말이다. 몰락과 번영은 동시에 존재한다. 하지만 번영을 구가하는 시대에 우리는 맹목이 되기 쉽다. 화려함과 풍요가 눈을 가리기 때문이다. 그러나 조설근은 내내 천릿길 잔칫상에 드리운

'끝'을 예감하고, 웃음 뒤의 눈물을, 삶에 드리운 죽음을 노래한다. 과연 조설근은 누구이며 『홍루몽』은 어떤 책일까?

양극단 사이에서

조설근은 중국 남경의 손꼽히는 권문세가 부잣집의 자손이다. 그의 고조부는 원래 만주족이 침략해 왔을 때 싸우다 투항한 한족 무관으로, 그로부터 그의 집안은 새로 건립된 청나라 황실의 노비(포의)가 되었다. 이것은 다양한 민족으로 지배자 계층을 구성했던 청나라의 팔기(八旗) 제도에 근거한 것으로, 말이 노비지 실은 황가의 사람이 되어 청나라의 권력층이 되었다고 할 수 있다. 그후, 그의 증조부부터 아버지 대(代)까지 3대는 강남 경제를 주름잡는 강녕직조(江寧織造)라는 관직을 세습하게 된다. 황제의 직속기관인 강녕직조부는 황실사람들이 입는 옷을 만들어 공급하는 곳이다. 조설근의 증조할머니는 강희황제의 보모였고, 할아버지는 강희황제와 어린 시절에 함께 공부했던 친구 사이였을 정도로 조씨 집안은 황실과 매우 돈독한 관계였다. 조설근은 따뜻한 남쪽 지방인 남경에서 편안하고 안락하게 어린 시절을 보내며, 부잣집 도련님으로서의 모든 영화를 다 누렸을 것이다.

하지만, 황실의 총애가 좋은 것만은 아니다. 바로 그 총애 때문에 황제의 남순(南巡) 때마다 엄청난 규모의 황제 일행을 접대하면서 빚은 점점 불어나고 집안은 거덜났다. 당시에는 돈의 공사 구분이 엄격하지 않았는데,『홍루몽』에도 나오듯이 황가의 사람이 올 때는 아낌없이 재산을 쏟아부어 접대하는 것이 체면을 살리고, 권력을 유지하는 방법이었다. 그러나 역시 천릿길 가는 잔칫상도 끝나는 날이 있기 마련이다. 조설근의 집안은 강희제가 죽자 옹정황제의 등극과 함께 적폐청산의 대상이 되었고, 모든 것을 빼앗기고 북경의 교외로 쫓겨났다. 집도 하인도 없이 하층민의 생활을 시작해야 했다. 이때 조설근은 열 살 남짓의 나이였다.

조설근의 이후 삶은 알려지지 않았다. 단지 벗들의 몇몇 글로부터 알 수 있는 것은 할아버지를 닮아 풍류와 예술적 감수성이 뛰어났고, 서당에서 아이들을 가르치며 근근이 입에 풀칠을 하며 살았다는 것이다. 한마디로 찢어지게 가난하지만 지조 있는 괴짜 문인으로 성장한 것.

그가 남긴 유일한 작품인『홍루몽』에 드러난 거대 가문의 규모와 그 일상은 그가 직접 보고 경험한 것들일 것이다. 나는 상상해 본다. 최고의 부귀영화와 최악의 가난이라는 극단적 간극 속에 있는 그의 십대 시절을. 아직 어른들처럼 부양의 책임이 있는 나이가 아니니, 그는 비교적 한가한 시간을 보냈을 것이다. 그 시간 동안 무얼 했을까? 자신에게 닥친 이 거대한 운명을 해석하기 위해 부귀했던 과거와 몰락한 현재를 끊임없이 오락가락하지 않았을까?

나는 다시 상상해 본다. 그가 떠올렸을 과거를. 그것은 아마 소설 『홍루몽』의 풍경과 크게 다르지 않을 것이다. 그는 하나의 실마리라도 놓치지 않기 위해 모든 정신을 집중해서 과거의 일상을 복원하지 않았을까? 모든 것이 혼란스러웠을 어린 나이였기에, 언젠가 이 운명을 해석할 수 있을 때까지 그저 과거의 현장을 머릿속에 그대로 복원해 놓으려고 끊임없이 기억하고, 또 기억한 것은 아닐까? 떠오르는 모든 장면을 머릿속에서 영사기로 돌린 건 아닐까?

물론 나의 상상이지만 『홍루몽』이 이런 설정하에서 그가 과거를 반추한 풍경이라고 볼 때라야 그 독특한 묘사와 서술방식이 이해가 간다. 그만큼 특이하다. 모든 장면을 빠뜨리지 않고 기억해 내려는 것처럼 시간의 흐름에 따른 일상의 풍경은 지나치게 반복적이고 세밀하여 무의미해 보이기까지 하기 때문이다. 매일 아침이 시작되고, 세수를 하고, 옷을 입고, 밥을 먹고, 집안행사를 하는 일상의 반복이 무려 10여 년의 시간으로 펼쳐진다.

조설근은 30대에 『홍루몽』 집필을 시작했다. 끝없이 돌려 보던 머릿속 영상에서 드디어 번영과 몰락을 연결하는 시나리오를 이때 구성해 낸 것일까? 그의 글은 바깥 세계와 분리된 규방의 소소한 일상을 다루고 있지만, 우리는 일상의 즐거움 뒤에 드리운 슬픔의 그림자를 끊임없이 감지할 수 있다. 예를 들면, 연날리기를 할 때 연들이 뒤엉켰다가 끊어져 멀리 날아가 버린다거나, 명절에 함께 모여 즐겁게 수수께끼 놀이를 하는데 수수께끼의 내용이 모두 불길한 단어를 암시하기도 한다. 이런 오버랩에 대해 중국의 홍학자(紅學者)『홍루몽』을 연구하는 학자들은 조설근이 과거의 영화를 그리워하며 가문을 패망으로 이끌었던 패착들을 너무나 안타까워하고 있다고 해석하기도 하고, 사치와 부패를 비판하기 위해 계속해서 몰락의 징후를 드러낸 것이라고 해석하기도 한다.苗

苗懷明,『曹雪芹』南京大學出版社, 2015, 219页

하지만, 솔직히 나는 모르겠다. 성대한 잔칫상이 끝나니까 잔치를 즐기라는 거야, 말라는 거야? 아름다웠던 삶을 예찬하는 거야, 집착을 버리고 떠나라는 거야? 조설근은 그저 엄청난 양의 글을 주구장창 써 내려갈 뿐, 속 시원히 알려 주지 않는다.

사라지지 않을 여인들

『홍루몽』은 규방에서의 삶을 다룬 연애소설이다. 자전적 이야기가 분명하지만 허구가 가미된 통속소설로 세상에 나왔다. 소설의 서두에 나온 작가의 말에 따르면, 조설근은 자기가 본 여인들이 너무나 훌륭해서 그녀들의 삶을 세상에 밝히기 위해 글을 쓴다고 했다.

지금 이 풍진세상에서 한 가지 일도 이루지 못하고 녹록한 인생을 살면서 홀연 지난날 알고 지내 온 모든 여인이 하나씩 생각나 가만히 따져 보니 그들의 행동거지와 식견이 모두 나보다 월등하게 뛰어났음을 알 수 있었다. 나는 수염 난 대장부로서 어찌 저 치마 두른 여자들만도 못했단 말인가 하고 생각하니 실로 부끄럽고도 남음이 있었다. (……) 비록 내가 저지른 죄는 끝내 면할 수 없다 하더라도 규중에서 진솔한 삶을 치열하게 살았던 여인들의 이야기가 폄하되어서는 안 될 것이며, 단점을 감추고자 하는 나의 불초함 때문에 그 흔적조차 없어지게 할 수는 없는 일이었다. 조설근·고악, 『홍루몽』 제1회(1권), 최용철·고민희 옮김, 나남출판사, 2013, 24쪽

자신의 과거의 기억을 반추하여 쓴 이야기이자, 번영과 몰락의 그토록 커다란 간극 사이에서의 경험과 통찰을 담은 글임에도, 전면에 내세운 소재가 규중 여인들의 삶에 대한 스케치라니! 당시는 명나라 말기부터 발달해 온 인쇄술과 상업의 영향으로 통속소설이 만개한 시기였다. 『금병매』의 출현으로 온갖 파격적인 소설들이 쏟아져 나오며 소설의 시대를 열었지만, 이후 흉내내기에 그친 천편일률적인 이야기들은 훌륭한 남녀가 유교적 덕을 찬미하거나, 음란한 여인과 호색한이 응징당하거나, 비현실적인 능력을 갖춘 '재자가인'들의 운명적 사랑이야기였다.

조설근은 가난한 문인으로서 시류에 영합하여 돈벌이를 하

려 한 것일까? 천만의 말씀이다. 그는 소설이 시작되자마자 돌[石]의 입을 빌려 당대의 소설들을 비웃는다. 그런 도식적 형식의 이야기들은 너무 천편일률적이며 사람들의 눈을 현혹시킬 뿐이라고. 자기는 그렇게 작위적인 캐릭터들로써 억지로 이야기를 끌어가는 것이 아니라, 정말로 우리 삶에 존재하는 평범한 여인들의 이야기를 생생하게 전달해 보겠다고 나서는 것이다. 꾸밈없이 기술하는 것만으로도 사람들에게 큰 즐거움을 주고 그들의 안목을 확 바꿀 수 있다고 자신하기까지 한다.

사실, 조설근의 자신감엔 근거가 있다. 자기의 삶을 돌아보건대 현실이 소설보다 더 버라이어티하고 다이내믹하지 않은가. 비현실적인 캐릭터를 가져와서 억지로 끼워 맞출 것이 뭐가 있는가. 조설근의 인생뿐 아니라 그 누구라도 가만히 인생을 반추해 보면 그 안에는 희로애락과 영고성쇠의 드라마가 있다. 당대 통속소설이 그리는 여성캐릭터는 대부분 악질적이고 음란한 악녀가 아니면, 비현실적으로 뛰어난 능력과 도덕의식을 갖췄다. 재미를 위해 가미된 이런 허구적인 요소들은 여성들의 삶을 왜곡하고 있을 뿐 아니라, 우리의 인생을 이해하는 데 어떤 도움도 주지 않는다.

조설근은 자신이 쓰지 않으면 사라지고 말 기억 속의 그녀들을 되살리기 위해 붓을 들었다. 그래서 소설의 주인공인 보옥이는 청일점이면서도 여인들의 중심이 아니다. 여성들이 모두 보옥을 바라보며 자기 삶을 보옥이에 맞춘다면 또 똑같은 통속소설이 되겠지만, 『홍루몽』의 시선은 반대 방향이다. 한 소년이 제각각의 소녀들 사이를 유영하며 그녀들의 면면을 관찰한다. 이 청일점은 중심이 아니라 움직이는 관찰자인 것이다. 이렇게 조설근은 그녀들의 삶의 흔적을 기록하여 생생하게 되살려 놓았다.

꾸밈없이 그대로 전달하는 것만으로도 장장 3천여 페이지(한글로 번역된 나남출판사 본의 페이지 수)의 이야기를 써 내려간 조설근의 눈에는, 모든 삶은 그 자체로 드라마다. 그리고 소설 속 남주인공 보옥이의 눈을 통해 만나는 평범한 여성들은 존재 자체가 예술이다. 하지만 그 여인들은 이제 모두 사라지고 단지 과거의 기억 속에 존재할 뿐이다. 그렇다! 시간의 흐름 속에서 삶을 비극과 모순으로 밀어 넣는 간극이 여기에도 존재한다. 여인들의 삶에 드리운 모순은 뭘까? 바로 그녀들의 어린 시절이 너무나 영롱하고 아름답다는 것과, 그럼에도 불구하고 그 아름다움은 너무 금방 시들고 그녀들은 억압적인 현실에서 고단하고 비극적인 삶을 산다는 것이다. 조설근은 아예 초반부터 그녀들의 비극적 죽음을 암시하는 시를 읊어 두고 본격적인 얘기를 시작한다. 『홍루몽』에서는 어떤 부귀영화도, 어떤 성대한 잔치도, 어떤 아름다움도 모두 그 '끝'과 함께 시작한다. 이것이 『홍루몽』을 처음부터 끝까지 관통하는 역설이다.

간극을 채우는 일상

『홍루몽』에 비점(批點)비평을 단 지연재라는 조설근의 친구는 "『홍루몽』은 한 글자 한 글자가 모두 피로 쓴 것"(字字看來皆是血)이며 "십 년 동안 쏟아부은 노력이 예사롭지 않다"(十年功夫不尋常)苗懷明,『曹雪芹』, 207页고 했다. 『홍루몽』을 처음에 만났을 때, '맨날 똑같은 시시껄렁한 얘기가 뭐 이렇게 길어?'라고 생각했던 내겐 너무나 놀라운 말이었다.

북경 교외, 삭풍이 새 들어오고 온 가족이 죽으로 끼니를 때우는 가운데, 그의 붓 끝에서는 따뜻한 남쪽 지방의 '화류번화하고 온유부귀한 고을'의 이야기가 펼쳐진다. 일상의 말 한마디, 웃음소리 한 글자도 허투루 쓴 것이 없다. 이후에 나는 그가 글을 쓰는 장면을 상상할 때마다 가슴이 먹먹해졌다. 왜냐하면 그의 글쓰기야말로 최고의 부귀영화와 최악의 가난이라는 간극의 한가운데에서 이루어진 작업이기 때문이다. 그의 붓은 그 아찔한 간극과 모순을 피하게 하는 게 아니라 오히려 계속해서 그 가운데에서 삶을 보라고 하는 것이다. 그래서 조설근은 과거의 기억으로 회피하며 자신의 기구한 운명을 탓하지도 않고, 궁핍한 현재의 삶에 쫓겨 과거의 기억을 잃지도 않는다. 그는 자기 인생의 아이러니를 직시하고, 거기서 발견한 것들을 그려 낸다. 그 간극 사이를 채우고 있는 매일매일의 촘촘한 시간들을 말이다.

사실 인생에는 '번영'이라는 사건도 없고 '몰락'이라는 사건도 없다. '지극한 사랑'의 순간이 따로 있는 것이 아니고, '사랑의 소멸'도 한순간에 오는 것이 아니다. 일상의 시간들은 매일 똑같은 것 같지만, 그런 매일이 모이고 쌓여서 흥망성쇠의 굴곡과 애절한 러브스토리를 만든다. 조설근처럼 미세한 시선으로 삶을 바라보면, 번영과 몰락이라는 이미지는 사라지고 수많은 사건이 교차하는 현재만 남는다. 그리하여 그 하늘과 땅처럼 넓었던 간극은 평범한 날들로 채워지고, 삶의 모순은 수많은 사건들의 필연적인 연결이 되는 것이다. 십수 년의 시간 동안, 그의 글쓰기는 단순히 과거를 소환하는 것이 아니라, 삶을 통찰하는 작업이었다. 그리고, 그의 기록은 그가 장담한 대로 우리에게 새로운 안목을 선사한다. 똑같은 것 같은 매일이 인생의 드라마를 만들고 있으며, 우리 삶의 매 순간엔 인생의 변화와 역설이 모두 담겨 있다는 사실 말이다.

紅

1장 배경들—리듬과 규방 그리고 할머니

우리는 변혁을 외쳐 온 지 이미 수십 년이 지난 시대를 살고 있다. 하지만 가야 할 곳이 탈근대인지, 4차혁명 시대인지, 우주 시대인지, 나는 아직도 모르겠다. 게다가 그것들은 너무나 빠르고 낯설어서 우왕좌왕하면서 끌려갈 뿐, 내겐 누구를 이끌 힘도 지혜도 없는 것 같다. 그런데 이제 누가 누구를 이끈다고 말할 수 없는 때가 왔다. 전 세계가 전염병으로 올 스톱이 되어 너 나 할 것 없이 우왕좌왕하면서 멈춰 서 버렸다. 이제는 살아남는 것과 일상을 유지하는 것만이 관건이 된 것이다. 우리가 발전이라 믿었던 것들의 질주가 마법같이 멈춰 선 지금, 이젠 각자의 자리에서 스스로의 삶의 태도를 변화시킬 수밖에 없다. 우리는 팬데믹 이전으로 돌아갈 수 없으며, 오직 새로운 삶의 태도로 변화된 세상을 살아 내야 한다.

그런데, 여기저기서 꿈틀대는 새로운 삶의 형태에 대한 모색에서 나는 하나의 공통된 모드 전환을 읽는다. 바로 '여성성'이라는 '분위기'다. 마치 양(陽)이 다하여 음(陰)이 오듯, 성장은 나눔으로, 전쟁은 지원으로, 열광은 차분하게, 바깥에서 안으로! 이제는 공감과 치유, 성찰이 필요한 때다.

『홍루몽』은 수많은 고전 중에서도 가장 여성성이 넘치는 텍스트로 꼽힌다. 작가 조설근이 여성에 대한 진솔한 이야기를 풀어놓기 위해 쓴 소설이며, 정(情)을 주제로 삼았기 때문이다. 하지만 『홍루몽』엔 그것보다 더 중요하고 다차원적인 여성성이 있다. 바로 우리 삶의 모드 전환과 연결될 수 있는 여성성이다. 『홍루몽』에 흐르는 여성성의 키워드, 그것들은 모두 '규중'이라는 공간에서부터 시작한다.

규중 이야기, 끝없이 되풀이되는 리듬

『홍루몽』의 이야기는 '인간세계의 창명융성한 나라, 시례잠영(詩禮簪纓)의 가문, 화류번화의 지방, 온유부귀의 고을'을 중심으로 펼쳐진다. 마치 보옥의 영을 품은 옥돌이 천상에서부터 중국 대륙으로 떨어지면서 장안의 한 가문, 그중에서도 대관원의 이홍원을 콕 지정해 들어가는 것 같다. 그리고 소설의 전체 배경은 이 가문의 규중을 벗어나지 않는다. 방대한 분량에 비하면 놀랄 만큼

대조적이다.

좁은 무대를 채우는 사건들은 아침에 일어나서 저녁에 잠들기까지 집 안에서 일어나는 자잘한 일들이다. 특히 입는 것과 먹는 것에 관련된 묘사가 무척 세밀하다.

몸에는 연분홍빛 꽃잎 무늬가 있는 약간 오래된 큰 저고리를 입고 목에는 여전히 목걸이와 옥과 기명쇄와 호신부 등을 달고 있었다. 아랫도리는 송화 꽃잎 무늬의 능라 속바지를 반쯤 드러내고 비단단에 먹물 뿌린 무늬의 버선을 신었으며 두꺼운 바닥의 붉은 신발을 신고 있었다. 제3회(1권, 88쪽)

인물이 등장할 때마다 이 정도 복장 스캔은 기본이다. 이런 묘사는 눈으로 보는 것보다도 자세할 뿐 아니라, 시선이 머무는 시간도 실제보다 몇 배나 길게 느껴진다. 그래서 『홍루몽』의 세계에 접속하는 순간, 일상생활의 리듬과는 차원이 다른 느린 속도를 만나게 된다. 또, 반복적으로 돌아오는 생일과 명절의 행사들을 어떻게 준비하고 치러 내는지, 드나드는 손님들은 어떻게 접대하는지, 집안에 아픈 사람은 누군지, 어떤 의원을 불러서 어떻게 치료하고 있는지 등등의 이야기들이 페이지들을 채워 나간다. 마치 여자 친구끼리 만나서 놀 때, 패션과 음식 얘기로 시작해서 아이 키우는 이야기, 건강, 집안에 있었던 우환이나 행사 이야기까지 시간 가는 줄 모르고 이야기꽃을 피우는 것과 비슷하다! 조설근은 과연 자신이 알고 지냈던 여인들의 이야기를 세상 사람들에게 들려주겠다고 하더니, 여성들의 리듬 그대로 그들의 동선과 시선을 따라가며 '마음속 가득한 필묵'의 썰을 풀어놓는 것이다.

우린 반복되는 일상에 대한 얘기에는 큰 가치를 두지 않는다. 고민거리나 새롭게 발전시켜 갈 이슈에만 에너지를 집중하기 때문이다. 그래서 시중에 나와 있는 어떤 『홍루몽』은 분량을 10분의 1로 줄여 보옥과 대옥의 애정 사건만 다룬 것도 있다. 하지만 이건 조설근이 들려주려 했던 이야기를 너무나 왜곡한 것이다. 전체 중에서 많은 부분을 덜어 내고 하나의 사건에만 집중하는 것은 사실은 다른 모든 걸 그 하나의 사건으로 만들어 버리는 것이지 않은가. 조설근의 친구가 말했듯 '한 글자 한 글자가 피눈물'인 『홍루몽』엔 한가하게 그냥 들어간 글자는 하나도 없다. 죽으로 끼니를 때우고 병든 자식의 약값도 구하지 못했던 조설근이 풍요롭고 한가한 시절을 이토록 아름답게 묘사하다니! 이 하늘과 땅만큼의 간극을 채우고 있는 것은 바로 그의 간절함이었을 터, 나는 누구보다도 그런 장면을 빨리 넘겨 버렸었던 사람으로서 그 간절함이 내게 가르쳐 주는 의미를 탐구해 볼 수밖에 없었다.

별일도 아닌 것 같은 묘사와 사건들을 반복해서 읽다 보면, 일정한 리듬을 타면서 오직 한 가지 선명한 사건만이 뚜렷이 솟아오른다. 바로 시간이 가고 있다는 사실이다.

- 다음 날 왕희봉은 먼저 왕부인에게 인사를 마치고 가모에게 찾아가…
- 다음 날 일어나니 누군가 와서 아뢴다.
- 그날 아침이 되어 보옥이 일어나자 습인은 벌써 책가방을 챙겨…
- 그날 보옥이 아침 일찍 일어나 관대를 차려입고 밖으로 나와…
- 날이 새자 습인이 제일 먼저 눈을 떴다.

이렇게 이야기는 언제나 아침부터 시작한다. 매일 아침이 시작된다는 것! 그것보다 더 경이로운 사건이 있을까? 보옥이가 누군가. 바로 인간 세상의 즐거움을 맛보고 싶어서 조르고 졸라 이세상에 태어난 아이가 아닌가. 보옥에겐 매일 똑같은 아침은 없다. 대보름 잔칫날이라서, 눈이 와서, 아침부터 더워서, 시녀가 휴가 가고 없어서, 누군가의 생일이라서, 아침에 일찍 일어나서…, 그리하여 한 가문의 규중에서 끝도 없이 무궁무진한 이야깃거리가 생성된다. 니체가 말한 영원히 반복되는 삶이란 이런 것인가? 어떤 하루가 시작되건 그 하루가 다시 왔음을 기뻐하라!

매일이 선물인데, 그날의 어떤 순간도 아무것도 아닌 것은 없다. 시간이 간다는 것은 변한다는 것이고, '차이'가 생겨나는 곳이 바로 매일의 '반복'이다. 지치지 않고 반복되는 소중한 매일이 주인공들이 성장해 가는 과정이었고, 다 끝난 다음 돌아보니 한 가문의 흥망성쇠였다.

처음 공부를 하러 '감이당'을 찾아왔을 때, 나는 집이라는 좁은 공간에서 매일매일 똑같은 일상에 지쳐 있었다. 어떤 사건도 발전도 없이 내 인생은 제자리에 꼼짝없이 갇혀 있다고 여겼고, 넓은 세상에 나가면 더 많은 일이 일어나 나를 성장시킬 것 같았다. 그러나 기대와는 달리 지금은 충무로와 집만을 오가며 더욱 단조로운 생활을 하고 있다. 성장도⋯ 글쎄다. 그런데 이 좁은 범위를 좁다고 여기지 않고, 단조로운 일상을 지겹다고 여기지 않게 된 것이 공부의 힘이다. 『홍루몽』의 어떤 글자도 그냥 쓰여진 것이 아니듯, 일상의 어느 한 찰나도 무의미한 순간은 없다는 것을 지금도 배우고 있다.

규중에서 만나는 커다란 세상

가부는 큰 대로를 사이에 두고 가씨(賈氏)의 두 형제 집안이 마주하고 있는 엄청난 저택이다. 그 두 집 사이의 공터에 대관원이라는 정원을 지었는데 그 정원의 크기가 얼마나 거대한지 안에 산도 있고 호수도 있다. 날씨 좋으면 배도 띄워 놀고, 아이들은 사슴이나 토끼를 풀어놓고 사냥도 한다. 여기서 포인트는 크기의 정확성이 아니다. 크기에 관한 느낌이다. 읽다 보면 마치 흥부네 집

의 자식들 수처럼 그때그때 변하는 자의적인 면이 있다는 걸 알
수 있기 때문이다. 가부가 얼마나 부유한지를 설명하다 보니 점
점 더 커진다.

어쨌든, 이 드넓은 집으로 세상의 모든 것이 모여든다. 명절
에는 황실에서 선물이 온다. 귀비로부터는 수수께끼 등롱 같은
아이들 놀잇감이 오고, 가족들은 수수께끼를 풀어서 다시 황실
로 보낸다. 세밑에는 가부에 딸린 장원에서 온갖 물품들이 도착
한다. 어마어마한 돈과 재물이 수레로 왔다가 수레로 나간다. 아
가씨들의 장난감 삼으라고 살아 있는 동물들까지 보내 주니, 가
부의 규중에 앉아서도 신기한 온갖 물건을 만나 볼 수 있다. 가부
는 가히 천하의 부귀를 맛볼 수 있는 곳이라 하겠다. 그뿐만이 아
니라 매번 돌아오는 생일잔치나 명절에는 이야기꾼을 불러 재미
있는 이야기를 듣고, 연극과 창극 공연도 집 안에서 다 해결한다.
아, 세상의 모든 것이 다 이 집안으로 쏠려 들어오니, 보옥이가 부
귀영화를 맛보기에 이만 한 집안도 없을 것이다.

그러나 이것이 세상의 전부인가? 보옥이는 풍요의 한가운데
있지만 그가 만나는 세계는 이런 물질세계가 아니다. 그는 꽃잎
이 떨어지는 것을 보며 통곡을 하면서 모든 생명 존재의 무상함
을 느낀다. 또 죽은 줄 알았던 나무에서 꽃이 피는 것을 보며, 우
주와 연결된 생명의 기운을 읽어 낸다.

"곁에 사람만 없으면 혼자 울었다 웃었다 한대. 또 제비를 만나면 제비하고 말하고 물고기를 만나면 물고기하고 말하며 별이나 달을 보면 하릴없이 그저 깊은 한숨을 쉬거나 알 수 없는 말을 뭐라고 주절댄다고 하더라니까." 제35회(2권, 352쪽)

보옥이는 인간 세계에 와서 삶이 무엇인지, 세상은 어떤 곳인지를 깨달아 가는 과정에 있다. 그런데 그는 바깥세상 돌아가는 것에는 관심 없이, 이 규중에서 자신의 존재에 대한 탐구를 한다. 보옥은 책이나 물건들을 보며 세상을 알아 가는 것이 아니라, 정원의 꽃송이 하나를 통해 우주와 소통한다. 바로 그 마음, 존재에 대해 궁금해하는 마음이 만물과 공감하고 소통할 수 있는 가능성이 된다. 하나의 먼지 속에도 시방세계 전부가 들어 있음을 말하는 '일미진중함시방'(一微塵中含十方)이라는 화엄의 말씀이 떠오른다. 생명과 우주에 대한 진리는 한 점의 티끌 안에도 담겨 있다.

청나라 시대의 거부의 면모가 이렇게 엄청나고, 그 면적이 우리 집의 백 배, 천 배가 넘는다 한들, 그곳도 나의 아파트와 다를 것 없는 울타리 안의 규중 생활에 불과하다고 할 수 있다. 지금 우리가 살고 있는 집에는 더 많은 물건을 쟁여 놓을 수 있고, 더 싱싱한 음식, 더 멀리서 온 신기한 물건들이 끊임없이 배송되고 있으니 우리도 세계의 모든 물건을 앉은자리에서 만나 볼 수 있다. 그러나 그것이 세계일까? 우리가 바꿔야 하는 삶의 태도는 시선을 내면으로 돌리는 것이다. 이제 집에 들어앉아 조용히 '우리 자신'에 대해 탐구해야 할 때다. 그 간절한 궁금함이 우리로 하여금 세상과 공감하는 능력을 갖게 할 것이다.

할머니가 만들어 내는 세계

가부는 나이보다 촌수의 위계가 확고하고, 효도의 윤리도덕이 강하게 작동하는 유교적 가계 구도로 이루어져 있다. 그런데 남자들은 모두 어디 갔는지 집안의 경영은 여자들이 다 알아서 한다. 중요한 일에는 남자를 먼저 상석에 앉혀 놓고 의견을 묻는 것 같지만, 왠지 그저 형식적으로 느껴진다. 집안에서 가장 나이와 위계가 높은 사람은 가모라고 불리는 보옥의 할머니로, 가모는 가부의 중심이며 꼭대기이자 무위의 통치자다. 벼슬하는 늙은 아들들도 어머니 앞에선 재롱을 부리고, 혹시 심기를 불편하게 하지나 않을지 전전긍긍한다.

　이렇게 표현하니, 가모는 거대 가문의 모든 권력을 틀어쥐고 있는 무서운 할머니일 것 같다. 그러나 가모는 오히려 정반대의 작용을 하는 존재다. 가모는 자신을 중심으로 세워진 위계를 자꾸만 흐트러뜨리고, 위계의 경계와 구분을 흐리게 한다. 가부에 넘치는 생기와 즐거움은 모두 그녀의 작품이다. 가모는 아이들을 귀하게 여겨서 집안의 아이들을 한꺼번에 모아 놓고 어울리는 걸 좋아한다. 남녀칠세부동석도 무시하고 보옥이와 대옥이를 자기 처소에 함께 기거시키기까지 했다. 그래서 가모가 있는 곳은 언제나 시끌벅적하다. 주령놀이나 수수께끼를 할 때는 아이들보다 더 신나 하고, 크지 않은 명절까지도 다 챙겨서, 놀 건수를 늘릴 궁리하느라 바쁘다.

그녀는 가문에 양가적인 역할을 한다. 우선 가모의 부드럽고 유연한 태도는 집안 분위기 전체를 명랑하게 한다. 그녀의 앞에서는 권위주의적인 집안 남자들도 유머를 구사해야 하고, 시녀들도 주종의 경계에 갇히지 않고 활발해진다. 덩굴이 담 넘어가듯 위계의 선을 슬쩍 넘어간다. 하지만 또 한편으로 그녀는 가문의 깊은 뿌리 같은 존재로 든든한 버팀목 역할을 한다. 그렇다면 그녀가 중심을 지키고 있음으로 해서 그 거대 가문의 생명줄이 더 늘어나 아들들의 범죄행위를 방조하고, 검은돈을 가부로 쌓게 된 것은 아닐까? 우리의 족벌기업과 같은 그런 권문세족이 위세를 부리는 것에 든든한 밑바탕이 되어 준 것은 아닐까? 가모는 결국 대옥이와 보옥이의 결혼 문제에 있어서, 가문의 존속을 선택하면서 모질게 대옥이에 대한 정을 끊어 버리기도 했다. 눈속임 결혼을 기획하면서까지 거대 가문의 기둥뿌리가 뽑히지 않도록 강제적 안정을 도모하는 질서의 수호자다.

"너희는 내가 호강만 할 줄 알지 가난은 견디지 못하는 사람이라고 여기지 마라. (……) 너희는 날 아직 잘 모를 것이다. 가난뱅이가 된 걸 알면 내가 견디지 못하고 죽을 거라고 생각하겠지만 난 그런 사람이 아니야. (……) 무릇 사람이란 있든지 없든지 간에, 부귀를 누릴 줄도 알고 가난을 이겨 낼 줄도 알아야 한다." 제107회, 108회(6권, 155쪽, 169쪽)

집안 재산을 몽땅 몰수당하는 일이 벌어졌을 때, 오로지 늙은 그녀만이 정신을 차리고 자녀들의 뒤치다꺼리라는 마지막 임무를 완수한다. 가모는 역시 든든한 버팀목으로 집안의 수호자 역할을 하면서 위기 상황에 꺾이지 않고 유연하게 대처했다. '환경에 따라 기질이 달라지고, 양생에 따라 체질도 달라진다'는 그녀의 삶의 태도는 끈질긴 생명력을 지녔다.

위기 상황에서 유연하게 새로운 길을 모색하는 것은 우리가 평생 갈고 닦아야 할 임무(!)다. 그것이 코로나이든, 개인적인 변화에 직면했을 때든 말이다. 그래서 우리가 길러야 하는 내공은 그 순간 몸집을 줄이고 자기 자신에게 집중할 수 있는 힘이다. 『홍루몽』은 내게 변화의 필요성을 던져 준 책이다. 변하지 않으면 읽을 수 없었으니까. 그리고 그 독특한 리듬을 따라가면서 어떻게 변해야 하는지도 알게 되었다. 『홍루몽』이 품고 있는 다차원적인 여성성은 바로 규중이라는 협소한 일상의 공간에서 펼쳐진다.

그 리드미컬한 반복과 유연한 중심! 내게 절실한 변화의 키워드이자 삶의 모드를 전환하는 방식이다.

2장 대옥―넘치는 에로스, 삶의 비애

고해(苦海)에 뛰어든 슬픔의 신체

찡그린 듯 아닌 듯 푸른 연기 걸린 듯한 굽은 두 눈썹, 기뻐하는 듯 아닌 듯 정을 담뿍 머금은 두 눈빛. 슬픔 어린 두 뺨에서 우아한 자태가 피어나고, 나약한 병든 몸에서 아리따운 풍류가 흐른다. 눈물자국은 점점이 찍혀 있고, 기침소리 희미하게 나오는데, 멈춰 설 때는 예쁜 꽃송이 물 위에 비추는 듯하고 움직일 때는 가는 버들가지 바람에 흔들리는 듯하여라. 총명한 마음은 비간(比干)보다 한 수 더하고, 병약한 교태는 서시(西施)를 뛰어넘는다. 제3회(1권, 89쪽)

이런 비현실적인 미모를 가진 여인이 바로 애절한 비극적 사랑의 주인공 임대옥이다. 대옥은 가문 안의 소녀들 가운데 보옥이의 괴팍한 성미까지도 이해하고 있는 그대로 사랑해 주는 유일한 소녀이며, 또 보옥이가 가장 사랑한 누이라는 면에서 여주인공이라 할 만한 캐릭터다. 역시나 전형적인 고전 여주인공들의 묘사에 나오는 개미허리와 불면 날아갈 듯한 가냘픈 몸매를 어김없이 갖췄다. 눈앞에 어른거리는 자태를 보면, 그녀의 '전생 시절'인 강주초(絳珠草)가 어떤 모습이었는지도 가늠할 수 있다. 이 강주초는 전생에 신선세계에서 신영시자가 매일 정성껏 대준 감로수 덕분에 아리따운 여자의 몸을 얻었다. 그러니까 대옥은 초목이었다가 선녀가 되어 신선계를 노닐던 내력이 있는 여인인 것이다.

신선계의 신비한 몸과, 이 세상에 태어나면서 얻은 인간의 육신은 비록 그 자태는 비슷한 것 같지만, 인간의 육신이란 오장육부가 있고 희로애락이 갈마드는 생로병사의 장(場)이다. 그래서 그녀의 난초와 같은 자태는 '허약'과 '슬픔'이라는 너무나 인간적인 특징을 안고 태어나게 된 것이다. 대옥에 대한 묘사는 비련의 여주인공들의 신체적 특징을 이해할 수 있게 해준다. 동양의학의 측면에서 보면 슬픔의 정서는 폐에서 주관하는데, 폐는 오행 중 금기(金氣)로서 흰색을 상징한다. 그래서 우울한 신체들은 폐가 안 좋아 기침을 하며, 얼굴이 하얗고, 툭하면 눈물바람을 한다. 여기서 포인트는 바로 '슬픔'과 '우아'가 쌍을 이루고, '병든 몸'과 '아리따운 풍류'가, '병약'과 '교태'가 한 문장에 붙어 있다는 점이다. 어쩐지… 평범하고 건강한 신체를 지니고서는 우아-풍류-

교태를 지니기란 이치상 불가능한 일이었던 것이다.

그런데 그녀는 왜 가볍고 자유로운 선녀의 몸을 놔두고, 병과 담음이 가득한 육신으로 다시 태어났을까? 그녀는 '풍류'의 업보를 풀어 주는 일을 관장하는 경환선녀님으로부터 신영시자가 인간세상으로 환생한다는 이야기를 듣고 이런 발원을 한다.

> "그분은 감로를 뿌려 준 은덕을 갖고 계시지만 저는 돌려 드릴 물이 없습니다. 그분이 세상에 내려가신다면, 저도 따라가 인간이 되어 저의 한평생 품은 모든 눈물로 돌려 드리고자 하옵니다. 그리하면 그나마 보답이 되지 않겠사옵니까." 제1회(1권, 35쪽)

아! 은덕을 갚기 위한 태어남이다. 이렇게 해서 이생의 인연이 결정되었다. 눈물로 은혜를 갚으려면 일단 슬퍼야 하는데, 뜻밖에도 신영시자의 환생인 보옥과 대옥은 서로 끔찍이도 아끼는 관계로 맺어진다. 이건 정말 놀라운 발상이다. 슬프려면 일단 사랑을 해야 하다니. 이루어지지 않는 사랑이라서 우는 것이 아니라, 보옥과 정을 쌓아 가는 내내 대옥은 눈물바람을 한다!

그러나, 놀랄 것도 없는 것이 흥행했던 연애 드라마들을 돌이켜보면 하나같이 이루어질 수 없는 사랑이거나 한쪽이 죽거나 떠나서 눈물이 넘쳐나는 스토리들이다. 슬픔이 깊을수록 지독한 사랑이 되고 흥행한다. 대옥의 전생연을 통해 다시 한번 확실히 알 수 있는 것은 사랑할 땐 행복하다가 헤어질 때 슬픈 것이 아니라, 사랑 자체가 슬픔을 전제한다는 것이다. 부처님께서는 모든 괴로움은 집착과 갈애(渴愛)에서 비롯된다고 하셨다. 강주초 선녀가 인간세상으로 뛰어들 때 경환선녀는 아마 이렇게 외쳤을지도 모른다. "사랑이야말로 최고의 고(苦)지. 사랑으로 맺어 줄 테니 실컷 울고 오너라!"

그래서 고통이 없는 신선세계에는 사랑도 없다. 강주초 선녀는 신영시자의 은덕으로 몸을 얻었지만 이슬을 먹으며 자유롭게 노닐었을 뿐, 그와 어떤 인연도 맺지 않았다. 그러나 우리는 태어나는 순간 수많은 인연의 관계 속에서 태어나 살아가지 않는가. 이 인연에서 정이 생겨나고, 정 때문에 괴로움이 생겨난다. 애끓는 마음과 지독한 사랑이 펼쳐지는 이생의 드라마가 왜 고(苦)인지를 알 것 같다.

사랑싸움? 사랑=싸움

이제 이생에서 대옥이의 사랑이 슬픔이 되고 눈물이 되는 과정을 따라가 보자. 대옥의 마음에 번민이 생긴 것은 그 집안에 보옥의 이종사촌 보차가 머물게 되면서부터다. 그때부터 대옥의 마음에 우울하고 편치 않은 응어리가 만들어지게 된다. 왜냐하면 보옥은

"자매나 형제를 다 한마음으로 보는 까닭에 누구에게나 거리감을 두지 않"^{제5회(1권, 116쪽)}으므로 활달한 보차와도 즐겁게 놀기 때문이다. 제3자의 등장이다. 장애가 생기자 집착이 공고해지고, 이 우울한 응어리가 바로 사랑으로 치환되어 버렸다.

> "너야말로 우리 사이가 어떤 사인지 잘 알지 않아? 세상에는 친한 사람이 소원한 사람 때문에 멀어지는 법이 없고 먼저 만난 사람이 나중에 만난 사람 때문에 갈라지는 법이 없는 법이라고. 그런 단순한 이치도 모른단 말이야? 우선 우리는 고종사촌이고 그 사람은 이종사촌이야. 친척으로 말하더라도 우리가 더 친한 건 정한 이치잖아. 게다가 네가 먼저 와서 우리는 한 상에서 밥 먹고 한 침상에서 잠자고 이렇게 함께 자랐잖아. 훗날 그 사람이 왔는데 그 때문에 너를 멀리할 까닭이 있겠어?"^{제20회(1권, 445쪽)}

보옥이는 불안해하며 의심하는 대옥의 마음을 알아채고 이런 비논리적인 말로 안심을 시키려 한다. 이종보다 고종이 가깝고, 먼저 만나면 나중 만난 것보다 친하다니! 간곡하긴 한데 영 말은 안 된다. 사랑은 스파크고, 굴러온 돌은 박힌 돌을 빼내지 않던가. 그러니 당연히 대옥의 의심도 가라앉을 리 없다. 대옥은 보옥이 잘못한 것도 아닌 일에 심통을 부리면서 매일 울 일을 만들어

내는데, 그것은 순전히 대옥의 마음속에서 일어나는 사건들이다. 대옥도 보옥이 다른 자매와 친밀하게 지내는 것이 잘못이 아니며 막을 수도 없다는 걸 알지만, '내 마음 때문'에 일어나는 괴로움은 커져만 가고, 그 때문에 허약한 신체에 병이 떠나질 않게 되는 것이다.

괴로움은 사랑하는 사람을 공유할 수 없다는 데서 기인한다. 나 혼자만 가지고 싶은데, 그건 생명을 가진 존재들로서는 도저히 불가능한 바람이다. 생명은 고립되어선 살 수 없으니까. "너하고만 놀고 너한테만 심심하지 않게 해주고 있었잖아. 그러다 잠시 저쪽에 한번 가 본 것인데 굳이 그렇게 말해야 하니. (……) 너도 그곳에서 다른 사람하고 얘기하고 떠들고 있었잖아."제20회(1권, 443쪽) 보옥이도 지지 않고 독한 말을 해댄다. 연애를 해본 사람 중에 이런 다툼을 안 해본 사람이 있을까? 상대를 독점하려는 부질없는 요구는 사실 우리 모두가 훤히 잘 아는 마음이다. 누군가에게 꽂히면 상대의 동선과 말 한마디에 촉각을 곤두세우고, 그걸 걸고넘어지기 시작하면 사랑싸움이 시작된 거다. 그래서 우리는 사랑이란 당연히 이렇게 요구하는 것이고 울고불고하는 것이라 여긴다. 하지만 대옥이 보여 주듯 소유는 상대를 가두는 것뿐만 아니라 자기조차 고립시키며, 극단으로 가면 결국은 죽음을 향할 수밖에 없다.

대옥이는 보옥과 결합되리란 희망에 자신의 남은 생명의 불꽃을 모두 걸었다. 시녀들이 보옥이의 혼사에 관해 잘못 알고 떠드는 말을 대옥이 우연히 엿들었을 때, 그녀는 쓰러져서 식음을 전폐하고 피를 토하며 죽음을 기다렸다. 그러다 그게 잘못된 정보였다는 걸 안 날, 대옥은 마치 희망이라는 산소를 공급받은 것처럼 벌떡 일어나 화장을 했다. 그러나 보옥의 짝을 집 안에서 선택한다는 말은 얼마나 잔인한 희망고문인가. 그녀의 운명은 마치 '마지막 잎새'처럼 세찬 폭풍우에 내맡겨진 것이다.

넘치는 에로스, 시가 되다

대옥은 시인이다. 대옥이가 질투만으로 자기의 눈물을 모두 흘려버렸다면 보옥이의 지기(知己)가 되지 못했을 것이고 『홍루몽』은 지금까지 읽히지 않았을 것이다. 보옥이 누군가. 이 세상의 모든 아름답고 즐거운 것에 마음을 뺏기고는, 그것이 금세 사라지는 것에 발을 동동 구르며 마음 아파하는 '바보'가 아니던가. 대옥이도 역시 스러지는 것들에 대해 깊은 애상(哀傷)을 느낄 뿐 아니라, 그것을 언어로 표현해 낼 수 있는 뛰어난 시인이다. 보옥은 언제나 대옥이가 자기의 마음을 절묘하게 표현해 준다고 여겨 그녀의 시에 감탄해 마지않는다.

꽃잎 묻는 나를 보고 남들은 비웃지만,

훗날 내가 죽고 나면 묻어 줄 이 누구인가? (······)

하루아침 봄은 지고 홍안청춘 늙어 가면,

꽃잎 지고 사람 가니 둘 다 서로 알길 없네. 제28회(2권, 181쪽)

시가 정말 긴데, 이 부분이 가장 가슴 저리다. 어느 봄날, 아
직 싱싱하게 살아 있는 듯한데 벌써 흩날리며 떨어지는 꽃잎을
보면서 대옥은 자신의 홍안청춘도 이렇게 허망하게 흩어질 것을
슬퍼한다. 이때 보옥과 인연이 없다는 생각에 더욱 쓸쓸한 마음
을 주체할 수 없어, 꽃잎을 위해 울면서 장례를 지내 주며 읊는 시
다. 지나가던 보옥은 시 읊는 소리를 듣고서 발길을 멈춘 채 주저
앉아 눈물을 쏟는다. 꽃잎처럼 대옥이가 가 버리면, 그때 나는 어
디에 있을까, 주인 잃은 이 정원은 또 누구의 정원일까···. 대옥이
의 노래를 타고 우주만물의 생멸(生滅)에 대한 거대한 화두가 보
옥이의 어린 가슴을 강타한다.

눈엔 눈물 고이고 고인 눈물 흘러내리니,

남몰래 뿌리는 눈물 누구 위해서랍니까?

하이얀 손수건 애써 보낸 고운 님의 뜻에,

어이하여 이를 두고 슬픈 마음 없겠습니까! (······)

색실을 가져다 흐르는 눈물 꿰기 어렵고,

소상강의 옛날 자취 오래전에 있었으니.

창문 앞의 대나무는 천 그루나 되지마는,

눈물자국 향기 흔적 배었는가 모르겠네요? 제34회(2권, 328쪽)

아무런 연유도 없이, 전하는 말도 없이 손수건 두 장이 시녀를 통해 보옥이로부터 전해져 왔다. 새것인가 하여 딴 사람 주라고 했더니 쓰던 거란다. 뜬금없이 이걸 왜 주지? 영문 모르던 대옥은 순간 "손수건을 보낸 숨은 뜻을 깨닫고 자신도 모르게 마음이 들뜨며 가슴이 울렁거림을 참을 수가 없었다". 그러더니 대옥은 갑자기 "애틋한 사랑의 마음이 솟아올라" 먹을 갈아서 낡은 손수건에 저렇게 그리운 마음이 담뿍 담긴 시를 쓴 것이다. 대옥은 손수건을 보면서 자신만을 생각하는 보옥의 마음을 느끼며, 투정만 부리던 자기의 어린애 같던 태도를 반성했다. 마음이 한 뼘 크면서 사랑도 성숙해진 것이다. 대옥은 이 시를 쓰고서 몸이 불같이 달아오르고 두 뺨이 복사꽃처럼 아름답게 물들었다. 대옥도 스스로 놀라 뭔 병인가 싶어 침상에 누워 버렸다.

감수성 메마른 나 같은 문외한도 대옥의 시를 읽노라면 그녀가 느끼는 슬픔과 기쁨을 고스란히 느낄 수 있다. 마치 대옥의 마음에서 주체할 수 없는 무언가가 넘쳐 흘러 대옥의 팔을 타고 붓으로 흘러나오는 듯하다. 이탁오(李卓吾)는 모든 사상과 글쓰기에 있어 진실됨을 무엇보다 강조했는데, 세상에서 가장 진실한 것이 남녀의 정이라고 했다. "지극한 정에서 나온 말이라면 저절로 마음을 찌를 것이고 저절로 사람을 움직이며 저절로 통곡하게 만들 것이니"이지,『분서 II』, 김혜경 옮김, 한길사, 2004, 43쪽 일부러 전고(典故)를 찾고 성인의 말을 갖다 붙일 필요가 없다는 것이다. 탁오의 논리에 따르면 글의 기본 베이스는 바로 '에로스'다. 이 에로스는 차오르면 자연스레 흘러넘친다.

> 그의 목구멍에는 말하고 싶지만 감히 토해 낼 수 없는 말들이 걸려 있으며, 그 입가에는 또 꺼내 놓고 싶지만 무슨 말로 형용해야 좋을지 알 수 없는 것이 허다한데, 그런 말들이 오랜 세월 축적되면 더 이상 막을 수 없는 형세가 된다. 그랬을 때 일단 그럴싸한 풍경을 보면 감정이 솟구치고, 눈길 닿는 사물마다에 탄식이 흘러나온다. (……) 이렇게 해서 쏟아져 나온 옥구슬 같은 어휘들은 은하수에 빛나며 회전하는 별들처럼 하늘에 찬란한 무늬를 수놓게 된다.이지,『분서 I』, 김혜경 옮김, 한길사, 2004, 346쪽

대옥의 시가 사람의 마음을 움직이는 힘은 목구멍까지 차오른 '정'이 자연스레 분출된 것이기 때문이다. 우리가 감정을 느낀다 할 때, 이게 나 혼자만의 감정이 아니고 누군가와 연결되어 있

다는 희열을 느낄 때가 있다. 여태까지는 인식하지 못했던 천지의 어떤 기운에 힘입어 그 감정은 증폭되고 폭발하여 우주를 가득 채우는데, 이때 우리의 몸은 이 에너지, 즉 에로스의 울림통이 된다. 아마 예술이라 불리는 많은 작품들이 사람의 마음을 공명시킬 수 있는 것은 거기서 천지의 에로스를 느낄 수 있기 때문이리라. 대옥은 '남녀의 정'뿐 아니라, 초목과 꽃들에 대해서도 연민의 마음을 주체할 수 없다. 대옥은 허약한 신체를 가지고 있지만 그녀의 에로스는 누구보다 폭발적 힘을 지닌 것이다.

대옥은 자기에게 시를 배우러 온 향릉이에게 '입의'(立意)의 중요성을 강조했다. 입의란 어떤 뜻에 의거해 시를 쓸 것인지인데, 시의 완성은 그 착상에 달렸지 자구의 형식 따위에 매달려선 좋은 시가 나올 수 없다는 것. 별명을 지을 때조차도 전고를 따지는 자매들 사이에서 대옥의 시가 단연 뛰어난 이유는 형식적인 진부한 틀을 깨고, 진심의 마음을 담기 때문이다.

대옥의 뜻[意]은 우리가 터부시하거나 소홀히 하는 '스러져 가는 것들'에 초점을 맞춘다. 생동하는 것들 너머의 소멸을 포착하고 거기에 마음을 두는[立意] 대옥의 시는 그녀가 이생에서 흘려야 하는 눈물의 승화가 아닐까. 그녀에게서 흘러나온 '옥구슬 같은 어휘들은 은하수에 빛나며 회전하는 별들처럼' 우리의 마음에 찬란한 무늬를 수놓는다.

3장 보차—진흙에 물들지 않는 연꽃

덕이 흐르는 신체

입술은 연지를 바르지 않아도 절로 붉었고 눈썹은 먹으로 그리지 않아도 절로 질었다. 얼굴은 은쟁반 같았고 눈은 물빛 살구만 같았다. 과묵하여 말이 적으니 사람들은 장우(藏愚: 자신의 지혜로움을 우둔한 듯한 외양에 감춘다는 뜻)라 불렀고, 분수를 지키고 때를 따르니 스스로 수졸(守拙: 자신의 서투른 처세술에 만족하여 힘써 세상에 어울리려 하지 않는다는 뜻)이라 했다. 제8회(1권, 192쪽)

보차는 향내 나는 연지와 분을 바르는 걸 싫어한다. 집안에 선물로 들어온 머리장식용 꽃도 전혀 쓰질 않아 오죽하면 보차의 엄마는 그런 것들을 다 다른 자매들에게 나눠 준다. 반전은 보차가 이렇게 소박한 걸 좋아하지만 풍만한 몸집과 매끄러운 살결 때문에 뭇 사람의 눈길을 사로잡는 요염한 매력을 지녔다는 것이다. 이러니 대옥이에게 맹세까지 해놓고서도 돌아서서 보차의 모습을 보면 보옥이는 넋이 나가 버린다. '이처럼 탐스러운 팔뚝이 대옥이의 몸에 붙어 있으면 한번 쓰다듬어 보고 싶어질 텐데…' 보옥은 보차를 존경하며 조심스럽게 대하기 때문에 감히 '터치'는 못한다. 대옥 동생이랑은 침대에 올라 간지럼을 태우며 놀고 울고불고하면서 싸우지만, 보차 누나에겐 함부로 까불 수 없는 진중함이 풍겨 나오기 때문이다.

살집이 있다는 건 마음의 여유를 보여 준다. 보차는 대옥과는 달리 활발하고, 상대를 세심하게 배려하기에 모두에게 인기가 좋다. 예를 들면 형편이 어려운 자매가 다과 자리를 마련해야 할 차례가 되면 자기가 명분을 만들어 대신 내고, 자기 생일날 보고 싶은 연극을 고르라고 하면 어르신들이 좋아할 만한 연극을 고르는 식이다. 이런 사려 깊은 행동에 어른들은 입이 마르게 보차를 칭찬하고, 자매들도 보차의 배려심에 감동한다. 심지어 시녀들까지도 보차가 까다롭지 않은 주인이라며 칭송이 자자하다(드러내건 안 드러내건 그 비교 대상은 보통 까칠한 대옥이다). 이렇게 보차만 있으면 분위기가 좋아진다. 모든 문제들이 다 해결될 것 같은 이 든직함!

"제가 보기에는 보차 그 아이는 성격이 온화하고 차분해서 비록 나이는 어리지만 어른보다 몇 배 나은 것 같아요. (……) 보차 같은 심성과 성격을 지닌 규수는 백에 하나도 찾기 어려울 겁니다. 실례를 무릅쓰고 말씀드리자면 어느 집 며느리가 되든지 시부모님의 사랑을 듬뿍 받을 것은 물론, 아랫사람, 윗사람 모두 그 애를 따르지 않는 이가 없을 거예요." 제84회(5권, 107쪽)

보차에 대한 평가는 그녀가 가정이라는 테두리 안에서 가장 이상적인 역할을 수행할 수 있다는 데에 초점이 맞춰져 있다. 우리가 흔히 이야기하는 '맏며느릿감'의 덕을 지닌 여자다. 그런데 이런 칭찬들만 보면 그녀가 부유한 집에서 좋은 교육과 사랑을 모자람 없이 받고 자랐기 때문에 좋은 소양을 갖추게 되었다고 여길 수도 있을 것 같다. 하지만 보차의 덕은 그녀의 삶의 현장으로 들어가야 그 진면목을 알 수 있다. 그녀가 서 있는 살벌한 살얼음판으로 말이다.

설씨의 집안은 궁중상인으로 천금만금을 주무르는 규모의 가문이다. 보차는 영리한 딸이었다. 공부 욕심도 있어서 오빠와 함께 글공부를 했다. 그러다 부친이 돌아가시고서 집안의 기둥이 되어야 할 오빠가 망나니짓만 일삼자, 보차는 어머니의 근심을 덜어 주려 공부를 그만두고 가사에 전념했다. 그러던 그녀가 궁으로 들어가 뜻을 펼치기를 꿈꾸었는데, 바로 공주마마의 독서 메이트가 되는 것이다. 가부가 있는 경성으로 이사 온 목적도 그 심사에 선발되기 위함이었다. 그러나 경성에 오기 직전에 오빠가 살인사건을 저질러서 집안에 근심폭탄을 던져 주는 바람에 그녀의 꿈은 유야무야되고 어머니 곁을 지킬 수밖에 없었다. 어머니의 의지처가 된 그녀는 졸지에 집안의 기둥이 된 셈이다.

보차네 집은 오라비 설반으로 인한 우환이 끊이질 않는다. 밥 먹듯 벌이는 살인, 주색잡기, 남색, 주먹다짐 등등의 흉흉한 일들의 뒤치다꺼리 때문에 어머니는 매일 한숨과 눈물이다. 보차는 어머니의 눈물을 닦아 드리며 집안일을 함께 상의하고, 오빠에겐 잔소리와 당부를 해야 한다. 다행히 보차는 그것들을 능히 감당해 낼 덕이 있다. 『주역』(周易)의 '가인'(家人)괘에서는 집안의 가도가 여자의 바름(貞)에서 나온다고 하였다. 그녀가 올곧게 지키는 바른 행실과 태도, 다른 사람을 먼저 배려하는 따뜻한 마음은 오라비가 벌이는 나쁜 짓을 모두 커버하고도 남는다. 아버지의 부재와 오라비의 위태함으로 무너져 내릴 듯한 가문의 둑을 막고 있는 최전선이 바로 그녀의 성품이었던 것이다.

연적과의 우정

보차는 이런 성품으로 대관원의 자매들에게도 든든한 언니가 되어 준다. 그런데 이런 보차에 대해서 대옥만은 내내 삐딱한 시선이었다. 대옥은 보차에게 비교당하는 당사자이자 보옥이를 사이에 두고 가슴앓이하는 입장이기 때문이다. 둘이 나이가 조금 들었을 때쯤(그래 봐야 10대 중반) 대관원에서 함께 크던 보차가 어떤 사건으로 인해 가부 밖으로 나가 어머니와 함께 살게 되었다. 대옥은 대옥대로 병과 우울함으로 사투를 벌이고 있었고, 보차는 오빠가 감옥에 있는 와중에 싸움닭 같은 올케가 집안을 휘젓는 통에 매일 골머리를 앓으면서 지낼 때다. 올케의 사악한 질투와 악행은 담 밖으로는 알려지기 힘들고 또 알려진들 남부끄러운 일이었다. 보차의 상황은 다른 자매들에겐 상상 이상이다. 이때 대옥은 보차로부터 편지를 한 통 받았다.

나는 기구한 운명을 타고났기 때문일까? 가세는 점차 기울고 자매도 없이 홀로 외로운 데다 (……) 엎친 데 덮친 격으로 뜻밖의 불행이 들이닥치고 보니 마치 거센 폭풍우를 만난 것 같아. 깊은 밤 잠 못 이루고 뒤척이노라면 끝없이 엄습해 오는 근심 걱정을 견뎌 낼 수가 없어. 대옥은 내 마음을 알아주는 사람이니, 나를 가엽게 여겨 줄 수 있을 테지! (……) 뭇 꽃들이 다 시드는 맑고 서늘한 계절이 되어서 저 홀로 피어나는 국화꽃을 어찌 읊조리지 않을 수 있겠어. 마치 우리 두 사람 같으니 말이야. (……) 이는 결코 까닭 없이 신음하는 게 아니라 소

리 높여 시를 읊조림으로써 울음을 대신해 보려는 거야. 제87회

(5권, 168쪽)

편지엔 시가 동봉되어 있었다. 대관원에서 지낼 때도 대옥과 더불어 뛰어난 시를 뽐내던 보차였다. 시 동아리의 쌍두마차랄까? 대옥은 슬픔이 뚝뚝 떨어지는 이 편지와 시를 읽고서 보차에게 애절한 동병상련을 느낀다. 대관원의 자매들이 누구는 죽고, 누구는 떠나며 모두 흩어지는 가운데 각자 자신의 운명이 어디에 닻을 내리게 될지를 홀로 감당해야 하는 때에, 보차는 대옥에게 자기의 약한 모습을 드러내며 하소연하는 것이다.

우리가 살아가면서 해결할 수 없는 많은 문제들 앞에서 번민할 때, 누군가 '함께 있다'는 것만큼 힘이 되는 것도 없을 것이다. 외롭다는 말을 나누며 외로움을 극복하고, 괴롭다는 말을 나누며 괴로움을 감내해 낸다. 이것이 사람들이 인생을 살아 내는 힘이다. 그런데 보차는 다른 사람이 아닌 자기의 연적과 다름없는 대옥에게 손을 내민다. 보차는 대옥과 보옥의 죽고 못 사는 감정을 모두 알고 있으면서도 애써 모른 척하거나 자리를 피하면서 엮이지 않으려 해왔다. 그녀는 거센 폭풍우 같은 번뇌 속에서 마음의 중심을 잡는 데 에너지를 쓰느라 그런 격동의 감정에 휘말릴 여유가 없다. 그리고 이토록 힘들고 외로울 때 자기를 알아줄 지기로 대옥을 떠올렸다. 보옥이로 인해 둘 사이에 생긴 감정들은 지

엽적인 것들일 뿐, 보차는 대옥의 장점과 훌륭함을 누구보다 인정하고 있는 것이다. 대옥이도 이런 보차에게 점차 마음을 열고 점점 존경하는 마음을 갖게 될 수밖에 없다. 이렇게 훌륭한 연적이라니! 아마 대옥의 괴로움은 이 라이벌을 이길 수 없을 거라는 걸 직감했기 때문일 것이다.

보옥은 언젠가 보차가 대옥이의 머리를 빗겨 주는 걸 보고서 그 장면에 홀린 듯 빠져든 적이 있다. 두 자매가 서로 놀리면서 쫓고 쫓기며 장난치다 대옥의 머리가 헝클어졌는데, 이때 언니인 보차가 대옥을 붙잡아 앉혀 놓고서 머리를 빗겨 주는 모습이 너무 다정했던 것이다. 그게 뭐라고 보옥은 또 넋이 나간 것일까? 여기서 보옥이를 사로잡은 것은 대옥이도 아니고 보차도 아니다. 머리를 빗겨 주는 행위로 둘 사이의 긴장관계가 사라지는 순간이 그에겐 마법처럼 보였을 것이다. 두 사람 사이에 흐르는 자매애가 포착된 것이다.

강하기 때문에 순종할 수 있다

보차가 자매들에게 다정하다고 해서, 보옥이에게까지 다정한 건 아니다. 보차는 처음부터 자기가 보옥이와 맺어질지도 모른다는 걸 알고 있었다. 왜냐하면 자기가 목에 걸고 있는 금쇄의 시구절이 보옥의 옥에 써 있는 시구절과 마치 하나의 시처럼 쌍을 이루고 있는 데다가 보차는 꼭 옥을 지닌 남자와 결혼해야 한다는 운명의 신탁(?)까지 받은 몸이기 때문이다. 그래서인지 나이가 들어감에 따라 보옥이를 대할 때 왠지 거북해서 더욱 진중하게 행동한다.

보차는 감정과 속마음을 쉽게 드러내는 소녀가 아니기 때문에 독자는 그녀가 보옥이를 좋아하는지, 안 좋아하는지를 알 수 없다. 전지적 작가 시점이건만 저자인 조설근도 말을 안 해준다. 나는 마치 그녀에게 감춰진 속마음이 따로 있는 것처럼 내내 그것이 궁금했다. 사랑은 대옥이처럼 감정이 드러나야 하고, 원치 않는 결혼을 한 보차의 운명이 기구하다고만 여긴 것이다. 그러나 이건 사랑에 대한 나만의 환상일 뿐이다. 우리 부모님만 해도 결혼식 날 얼굴을 처음 봤다고 하는데, 사랑-연애-결혼의 공식이 대체 언제부터 생긴 거라고 이것을 고전 속 인물들에게 요구한단 말인가.

이 시대에 결혼이란 성인이 되는 것이고, 가문의 위계질서 속으로 편입되는 것이다. 여자에게는 드디어 자기의 자리를 잡는 새로운 시작이다. 집안과 집안의 약속이지 개인의 감정은 거기에 끼어들 틈이 없다. 하지만 아무리 이런 사회적 조건에 속해 있다고는 해도 보차의 선택은 때론 너무 불편한 유교적인 순종의 덕을 선보여 우리를 깜짝 놀라게 하기도 한다.

"어머님께서 지금 하신 말씀은 사리에 어긋나는 말씀이세요. 딸자식에 관한 일이란 부모님께서 정해 주시는 게 아니겠어요? 아버님께서 세상을 뜨신 지금은 어머님께서 결정해 주시는 것이 마땅하지요. 그렇지 않으면 오빠한테 물으셔도 되고요. 그런데 그런 일을 어찌 제게 물으시나요?" 제95회(5권, 355쪽)

어머니가 보옥과의 혼사 얘기를 꺼내며 "넌 어떠냐?"라고 묻자 보차가 한 대답이다. 자기 인생에 대한 결정권을 아버지와 어머니, 그리고 오빠에게 일임하는 것이다. 아무리 삼종지도가 덕인 사회라고 해도, 자신의 의견을 묻는 어머니를 질책하는 듯한 말까지 하는 것은 여간 수동적으로 보이는 것이 아니다. 이렇게 '조용히' '따르는' 덕을 규범으로 지닌 그녀가 드디어 결혼을 했다. 보옥과 보차의 결혼 장면은 길고 긴 『홍루몽』에서 가장 극적인 장면이다. 내내 긴장감을 유지하던 대옥-보옥-보차의 관계가 극으로 치달아 긴장의 끈이 툭 끊어져 버리는 절정인 동시에, 결혼 자체의 허위 때문에 새로운 긴장의 국면으로 들어간다.

　보옥과의 혼사를 오랫동안 마음으로 기다렸던 순종적인 보차도 이 결혼에 적잖이 당황했다. 보옥에겐 대옥이와 결혼하는 거라고 속였기 때문에 보차는 결혼식 내내 대옥이의 시녀를 대동하고서 대옥이인 척해야 한다. 보옥이 신방에 들어 빨간 얼굴 가리개를 들어올려 신부가 보차인 걸 안다고 해도 이미 식이 끝나면 어쩔 수가 없는 것이다. 어떤 신부가 이런 결혼을 원하겠는가! 또 보옥이는 정신병이 도져서 바보가 되어 있는 데다 가부는 가산몰수와 삭탈관직을 당해 풍비박산이 나 있다. 보차의 입장에서는 기울어도 한참 기우는 결혼에, 자나 깨나 딴 여자 이름만 부르고 있는 남자에게 시집을 가게 된 것이다. 바보 남편 건사에, 집안 건사, 그녀에게는 이 모든 것을 일으켜 세워야 하는 과업이 요구된다. 그토록 난장판이던 가정사가 결혼을 하면 정리되는가 싶었는데, 이건 더 심각한 지경이다. 하지만 보차는 잠시 어머니를 원망했을 뿐, 곧 자신의 역할을 받아들였다. 자신에게 부과된 역할을 받아들인다는 것은 그것을 해낼 능력이 있다는 것이다. 그렇다. 운명에 순종할 수 있는 건 그녀가 강하기 때문으로, 보차의 순종은 능력인 것이다.

보차가 어떤 결혼생활을 하는지는 대옥의 죽음과 보옥의 격렬한 반응 등에 가려져 크게 부각되지 않는다. 그러나 이런 와중에 보차는 소리 없이 자신의 일을 묵묵히 해나간다. 보옥이 거짓 결혼식의 충격 때문에 인사불성이 되었다가 열흘 만에 의원의 처방에 겨우 정신을 차렸을 때, 보차가 한 첫번째 일은 보옥에게 대옥이 죽었다는 것을 알려 준 것이다. 이 말에 보옥은 통곡하다가 이번엔 아예 헤까닥 기절을 해버렸다. 식구들이 위아래 할 것 없이 모두 쉬쉬하며 절대 말하지 말라고 했건만, 방금 기운차린 보옥의 면전에 대고 폭로해 버렸으니 다들 보차가 경솔하다고 여겼다. 그러나 얼마 후 기절 상태에서 깨어난 보옥은 "온몸은 식은땀으로 흠뻑 젖어 있었지만 속은 어쩐지 후련해진 것 같았"제98회(5권, 427쪽)는데, 의원은 그의 맥을 짚어 보고는 "이번엔 맥이 가라앉아 고요하고 정신도 안정되어 있으며 울기도 없어졌"다며 신기해했다. 문제를 해결하는 첫번째 스텝은 정확한 사태 파악이다. 보차는 보옥이 감당할 수 없다며 숨기는 것이 그를 더 병들고 약하게 하는 거라고 믿었고, 상황을 정확하게 알려서 빨리 체념시킴으로써 병을 치료한 것이다. 보차는 보옥을 가장 잘 아는 사람이다.

그녀는 오매불망 대옥이를 그리워하는 보옥이로부터 대옥의 그림자를 지우기 위해 결혼 일 년 만에 합방을 하기로 마음먹는다. '서방님은 치정에 얽매인 사람이야. 그이의 병을 고치려면 치정으로 치정을 다스리는 수밖에 없어.'제109회(6권, 204쪽) 보옥이의 병의 근원을 정확히 파악하고 있는 보차의 이번 처방 역시 보옥이에게 '너의 부인은 나'라는 현 상황을 정확하게 인식시키는 가장 확실한 방법이다. 그러나 보차가 보옥에게 일깨운 '현타'현실자각타임는 좌절과 멘붕의 시간이 아니었다. 그녀는 보옥이의 지극한 정을 자기 쪽으로 이끌어 뿌리를 내릴 수 있게 했다. 일명 '꽃 옮겨 심기, 나무 접붙이기' 계책이라 한다. 대옥이를 대신해 결혼했고, 대옥이를 대신해 그와 정을 나눌지라도 보옥을 고치고 자신의 도리를 다할 수 있다면 보차는 그걸로 만족한다.

엇갈린 세계관, 부부의 평행선

아이러니하지만 보차가 지닌 덕성이 아무리 훌륭하더라도 『홍루몽』에선 그 빛이 바래지고 그녀의 장점은 그녀가 훌륭할수록 더욱 비극적으로 비친다. 그녀가 지키려고 하는 지반은 보옥이 나아가려고 하는 방향의 대척점으로, 결국 그가 버리는 길이기 때문이다. 보차는 여자의 덕에 대해서도 그러하듯이 남자의 길에 대해서도 유교적인 이상을 가지고 있으며, 결혼 전부터 그 지점에서 보옥이와 어긋나 있었다.

> "사내대장부로 태어난 이상 입신양명해야 마땅하질 않겠어요? 누가 당신처럼 한사코 그렇게 사사롭고 살뜰한 감정에만 사로잡혀 있겠어요? 당신은 자기가 남자다운 강직함이 없는 것은 생각지 않고 오히려 남더러 국록을 축내는 버러지라고 비난하는군요." 제115회(6권, 342쪽)

자기를 내려놓고 가문의 도리에 자신을 모두 바칠 수 있는 보차가 보기에는 남편이 얼마나 답답할 것인가. 신경질적인 원망의 목소리가 귓가에 들리는 듯하다. 그러나 그러면 그럴수록 '천하에 무능하기 세상 첫째'인 보옥이는 이 결혼생활을 견디어 낼 수 없었을 것이다. 그는 결국 속세의 어리석음을 깨치고 출가를 함으로써 보차와 가문을 떠났다. 누군가에겐 깨달음의 기쁨이고 누군가에겐 또다시 새로운 가시밭길이 시작되는 운명의 갈림길이다.

이제 홀로 유복자를 키우며 스러진 가문을 일으키는 또 하나의 소명이 보차에게 주어졌다. 그렇지만 여태껏 그녀가 보여 준 바, 그녀는 어떤 번뇌에도 물들지 않고 연꽃을 피워 내는 올곧은 덕으로 가문의 버팀목이 되어 줄 것이다. 고전에서 만나는 여성들의 강인함은 언제나 놀랍다. 『홍루몽』에선 가장 유교적이고 순종하는 보차가 바로 그런 강한 여성이다.

4장 희봉―두 얼굴의 여인, 추락하는 봉황새

카리스마의 명과 암

처음부터 『홍루몽』에서 나를 확 사로잡은 캐릭터는 순진하고 어린 소녀들이 아니었다. 500명에 달하는 거대 규모의 가족들을 휘어잡고 호령하는 카리스마 넘치는 왕희봉! 그녀는 어른들에겐 깍듯하고 아랫사람들에겐 엄하면서, 손아래 시누들과 시동생들을 살뜰히 보살피는 노련한 살림꾼이다. 『홍루몽』의 시작 지점에서 그녀는 스무 살가량의 새댁이건만, 이렇게 어린 나이에 보여 주는 조직 장악력은 그야말로 언빌리버블이다. 『홍루몽』 읽기 세미나마다 그녀는 인기 1순위였다. 능력과 권력을 선망하는 현대인들에게 가장 꽂히는 인물이기 때문일 것이다.

　　그녀가 일하는 방식을 가장 잘 보여 주는 일이 있으니, 바로 건너편 큰집이 상을 당했을 때 내실에서 손님 맞는 것을 총지휘하게 된 일이다. 안주인이 아파서 장례식 관장을 걱정하던 큰댁 형님에게 희봉을 추천한 것이 바로 보옥이다. 처음에 희봉이 선뜻 수락하지 못하자 "보옥이 가진의 손에서 패를 받아다가 희봉의 손에 억지로 쥐어 주었다".제13회(1권, 290쪽) 겉으로는 겸양하는 척 하지만 "희봉은 원래 일을 사서 하기 좋아하고 평소에 자신의 재간을 한껏 드러내고 싶어하는 사람"이라는 것을 어린 보옥이 간파한 것이다. 그녀의 인정욕구가 충족되려면 일상적 일을 훅 뛰어넘는 가문의 대사가 필요하다. 새벽이슬 맞으며 큰집에 건너 갔다가 별 보며 돌아오기를 50여 일.

> 녕국부에 막 도착하면 영국부 사람이 뒤를 따라오고, 영국부에 이르면 다시 녕국부 사람이 뒤를 따라와 찾아오곤 했다. 희봉은 이를 보고 마음속으로는 흡족하여 남으로부터 흉을 잡히지 않으려고 밤낮으로 잠도 자지 않고 더욱 열심히 일하고 게으름을 피우지 않았다. 이에 온 집안 사람들이 다들 칭송해 마지않았다. 제14회(1권, 305쪽)

부지런한 데다 일머리 좋은 희봉은 일을 맡자마자 집안의 다섯 가지 병폐를 머릿속에 쫙 정리하고는 일꾼들을 모아 놓고 단단히 이른다. "이 집에선 전부터 이렇게 해왔어요" 따위의 말은 통하지 않을 테니 지금부터 새로 정한 대로 시행할 것이고, 추호라도 잘못되면 엄중히 처벌하겠다고. 실제로 어느 날 한 어멈이 지각을 하자 곤장 20대와 한 달치 급료 감봉 처분을 내려 살벌하게 기강을 잡는다. 부정직하고 게으른 타성에 젖기 쉬운 아랫사람을 다스리려면 가혹한 본보기가 필요하다는 걸 알면서도 보통의 주인은 원망을 받는 것이 싫어서 대충 넘어간다. 가모는 이런 과감한 희봉을 일러 반농담으로 '망나니 파락호'라느니, '독종'이라느니 하지만, 이것은 흉보다는 칭찬에 가깝다. 그녀가 아니라면 누가 이렇게 똑부러지게 일을 해낼 수 있겠는가.

그녀는 대갓집 아가씨답지 않게 글을 모르지만 전표와 물표만은 정확하게 알아보기에 힐끗 보고도 틀린 곳을 잡아낸다. 또 누군가 사정을 하며 월전을 당겨 달라고 하면 잘못된 선례가 만들어질까 봐 자기 돈을 갖다 쓰게 할지언정 장부상의 규칙을 흐트러뜨리지 않는다. 에누리 없이 일하는 것이 그녀의 특징이다.

그런데 동시에 이 원칙주의자의 이중적 모습을 끊임없이 목도하게 된다는 것이 함정이다. 통 큰 여장부의 표본처럼 여겨진 그녀가 양민을 상대로 고리의 이자놀이를 하는 정황이 계속 포착될 때, '어? 왜 이러지?' 이러면서 배신감까지 느꼈다. 또 처소마다 월전을 지급하는 일에서도 뭔가 석연찮은 구석이 있다. 왕부인이 제대로 월전 지급을 하고 있느냐고 한마디 물었을 뿐인데, 별것 아닌 듯 웃어 가며 지나치게 길게 해명하는 것이다. 역시 밖으로 나오자 어멈들 앞에서는 낯을 싹 바꿔 씩씩대며 욕을 한다.

"난 이제부터 더 독하게 굴 거야. 불만이 있으면 마님한테 가서 말해 보라고. 나도 겁나는 건 없어. 어리석음에 눈이 멀고 헛바닥이 다 문드러져 제 명에 죽지도 못할 천박한 것들 같으니라고. 바보 같은 꿈은 꾸지도 말라니까. 언젠가는 단숨에 월급을 몽땅 깎아 버리는 날이 올 거다. 지금 시녀의 월급을 조금 깎았다고 우릴 원망하나 본데 자기들 원래 지체를 조금이라도 생각해 보면 시녀를 두셋이나 거느리고 살게 되어 있냐말이야." 제36회(2권, 366쪽)

아주 작은 질책이나 이의 제기에도 이토록 민감하니! 그녀의 마음 한 켠엔 이렇게 불만을 제기하는 사람들을 찍어 누르고, 혹독하게 대하려는 생각이 똬리를 틀고 있다. 이건 독재자 마인드다. 카리스마라는 건 어떤 조건에서는 리더십이 되기도 하지만, 또 다른 조건에서는 독재자가 맘껏 권력을 휘두르는 양날의 검인 것이다. 희봉의 욕심과 독단에서 파생된 수많은 감정과 갈등들이 후반부에는 집안이 곪아 가는 원인이 된다. 그녀가 집안을 위해 그토록 애썼건만, 그만큼 다시 안으로 곪아 버린 것이다.

그녀가 혼신의 힘을 다해 일해서 자자하게 칭송받았던 50여 일 간의 장례가 끝났을 때, 영구를 안치하러 절에 갔다가 한 비구니스님의 청탁을 받은 일이 있다. 아는 신도가 결혼 문제로 소송이 걸리게 되었는데 희봉의 수완을 빌리고자 한 것이다. 희봉은 오만하게 큰소리친다. "저는 원래 저승이니 지옥이니 인과응보니 하는 말을 절대로 믿지 않아요. 그저 무슨 일이든 내가 된다고 하면 되는 거예요. 스님은 그 사람한테 3천 냥만 가져오라고 하세요. 내가 나서서 간단하게 해결해 놓을 테니까." 제15회(1권, 321쪽)

나는 능력과 재력, 권력 위에서 호령하는 희봉의 카리스마에 반했다가 그녀의 가혹하고, 잔인하고, 탐욕적인 모습에 '왜 이렇게까지?'라며 의아해하며 실망했다. 하지만 단순명쾌한 인물보다 이렇게 독자를 혼란에 빠뜨리는 인물들이 책을 덮은 후에도 오랫동안 뇌리에 머물며 쉽게 떨쳐지지 않는다. 희봉의 부침은 흥망성쇠를 겪는 가문의 운명과 거의 동일한 리듬으로 진행되는 만큼, 그녀는 누구보다도 다이내믹한 운명의 롤러코스터를 타는 인물이다. 그래서 희봉의 캐릭터는 시간의 흐름에 따른 부귀권력의 허망함도 드러내지만, 그녀가 진정으로 보여 주는 것은 한 인물이 동시에 가지고 있는 다각적이며 모순적인 측면이다. 희봉은 인간의 복잡하고 모순된 모습을 적나라하게 드러내면서 우리에게 질문을 던지는 존재인 것이다.

각별한 금슬과 잔인한 응징

공적 영역에서의 빛나는 카리스마는 개인적이고 은밀한 곳에선 안하무인의 세력 과시로 변질되었다. 이런 그녀의 성정은 치정

사건으로 들어가면 더 잔인해진다. 돈과 권력에 대한 욕망보다 성적인 소유권에 대한 집착이 더 소름 끼치는 잔혹극을 만들어 내지 않던가.

희봉은 남편에게 매우 극진하다. 남편이 한동안 외지에 나가 있을 때, 집으로 심부름 온 시동에게 서방님이 아픈 데는 없는지 밥은 잘 드시는지 묻고는 이것저것을 살뜰히 챙겨 보낸다. 여자 가 붙지 않도록 하라는 엄중경고도 잊지 않는다. 집에 돌아온 남 편을 위해서 주안상을 마련해 모시면서는 그동안 자기가 처리한 집안일에 대해 늘어놓으며 겸손을 가장한 엄살을 부린다. 이 둘 은 떨어져 있다가 만나면 꼭 밤새 달콤한 부부의 정을 나누며 금 슬을 자랑하는 잉꼬부부다.

둘의 금슬이 어찌나 유별난지, 대관원에서 춘화(春畫)를 수 놓은 주머니가 발견되었을 때, 왕부인이 그 남사스러운 걸 흘리 고 다닌 책임을 추궁하기 위해 냅다 찾아간 것이 희봉이다. "너희 부부야 금실이 좋으니까 그걸 장난감처럼 썼을 테지. 아무래도 젊은 나이인지라 그럴 수도 있는 것이니. 굳이 아니라고 발뺌할 필요는 없다."제74회(4권, 369쪽) 억울한 희봉은 그게 자기 것이 아니 라는 걸 하나하나 밝혀 가며 말하길 "저도 그러한 물건을 가지고 있지 않다고는 변명하지 않겠습니다. (……) 제가 비록 나이 어려 아직 신중하진 못하지만 이렇게 천한 것을 쓰지는 않습니다. 당 연히 이것보다는 좋은 것으로 가지고 있습니다"라며 자기도 그런

게 있지만 훨씬 고급이며 칠칠맞게 흘리지는 않는다는 썰을 푼다. 왕부인의 추정이 완전히 잘못된 건 아니었던 셈.

희봉과 가련의 부부관계는 『홍루몽』에서 유독 유별나게 그려진다. 체위(!)를 바꿔 본다든지, 가련이 바람피우는 현장을 덮치며 난리를 치는 장면이라든지… 부부관계에 대한 묘사가 잦다. 게다가 이 시대의 춘화는 지금으로 치면 '야동'이니 둘은 아직까지도 달콤하고 격렬하기까지 하다는 것을 추정할 수 있다. 그래도 축첩제도가 있는 시대에 할 일 많은 본부인이 남편과의 잠자리를 독점하고 있다는 점은 유별난 행동이다.

하지만, 가련은 귀족집안 남자의 특권인 수많은 처첩을 얼마나 누리고 싶을까? 그래서 희봉은 한편으론 남편을 잘 챙기고 애정을 과시하면서도 한편으론 한눈 못 팔게 관리하는 데 많은 에너지를 쏟아야 한다. 남편에 대한 소유욕이 강해서 시집오자마자 어렸을 때부터 남편을 보살펴 온 시녀들을 내쫓질 않나, 그러고도 욕먹을까 봐 자기의 시녀를 첩으로 앉히는 꼼수를 부려 자기 손아귀에 두고 질투와 의심을 거두지 않았다. 하지만, 철벽감시에도 불구하고 남편은 끊임없이 여자를 만나면서 그녀들의 귓가에 대고 야차 같은 희봉이 죽기를 기다리자고 속삭이는 것이다. 다른 여인의 금침 아래서 덧없이 사라지는 부부 금슬!

가련이 몰래 둘째부인(우이저)을 얻었을 때, 희봉이 그녀를 응징하는 과정을 보면 그녀의 능력은 상상을 뛰어넘는다. 우이저를 환대하는 척하면서 고립시키는데, 우이저의 수족(시녀)을 모두 제거하고 자기 시녀들을 넣어 준다. 그들을 조종해서 우이저를 굶기고 모욕하고, 그녀의 옛 정혼자를 부추겨서 그녀에게 소송을 걸게 한다. 또 관에 뇌물을 써서 재판을 주무르고, 가모로 하여금 그녀를 혐오하게 만든다. 결국 불쌍한 우이저는 자결하고 말았다. 여기서 희봉이 너무나 무서워지는 지점은 이 연극적 상황을 짜서 총지휘하는 데서 그치는 것이 아니라, 직접 울고 웃는 연기를 리얼하게 해나간다는 것이다.

그녀가 흘렸던 눈물이나 상냥한 웃음이 연극임을 알게 될 때의 '소오름'은 그녀의 놀라운 유능함 때문이다. 완벽하고 치밀한 계획, 그리고 부지런함, 또 목적 앞에서 보여 주는 놀라운 감정의 절제가 우리를 몸서리치게 한다. 우이저에게 희봉의 성격을 설명하던 어떤 하인은 희봉이 '칼날과 칼등처럼 앞뒤가 전혀 다른 사람', '얼굴엔 웃음을 띠면서 다리로는 걸어 넘어뜨리는 사람'이라며, 그런 사람은 한평생 안 만나는 게 상책이라고 충고했다.

희봉이 바람피운 남편이나 그 상대 여자, 또 자기에게 추근대는 남자를 혼내 주는 건 우리 시대의 방식보다 훨씬 더 무섭다. 복수심에 불타는 사람이 『홍루몽』을 본다면 아마 대리만족이 될 것이다. 그러나, 희봉의 마음이 활활 불타오르는 것을 보고 있자면 복수의 성공은 자기 마음을 먼저 지옥으로 만들고, 기꺼이 야차가 된 다음에야 가능한 일인 것 같다.

워크홀릭과 인정욕망의 병

이렇게 희봉이의 나쁜 면을 부각하면 마치 그녀가 악녀이기만 한 것 같지만, 그럼에도 불구하고 희봉은 내게 가장 멋지고 또 애처로운 캐릭터다. 가난한 유노파를 대할 때의 소박한 모습에서는 부귀의 껍데기 속에 감춰진 인간미를 느낄 수 있고, 변변한 옷도 없이 친척집에 얹혀사는 형수연 아가씨에게 억지로 옷과 선물을 보내는 걸 보면, 우격다짐으로 주머니에 택시비를 찔러 넣어주는 선배언니가 연상된다. 그토록 싫어하는 조이랑-가환 모자건만, 어린 가환이 어미에게 맞는 걸 보고 대갓집 교육 방법이 아니라며 어미한테 구해서는 돈까지 줘서 나가 놀게 하는 모습에선 대갓집 마님의 품격을 볼 수 있다. 또, 대관원의 아이들이 시사 모임을 열고 그녀를 초청했을 때, 글도 모르는데 물주나 하라는 거 아니냐며 손사래 치더니, 곧바로 참석해서 흥을 돋우는 재간둥이다. 계절에 안 맞게 꽃이 피어서 가족들이 다 좋아할 때 희봉은 축하의 의미로 붉은 천을 보냈는데, 사실은 때에 안 맞는 자연현상의 액막음용으로 보낸 것이었다. 이럴 땐 집안 전체의 안녕을 빌며 세심하게 보살피는 수호신 같은 존재다.

보다시피 희봉은 여기저기 안 끼는 데가 없다. 앉은 자리에서 집안 전체로 촉수를 뻗어 온갖 역할을 다 해내는 것이다. 능력 있는 사람은 고달프기 마련이다. 자업자득, 자승자박이라지만 그것이 몸의 병으로 오면 잃는 것이 너무 크다. 그런데 희봉은 자존심 때문에 병을 숨긴다. 다른 사람에게만 숨기는 것이 아니라 자기 자신이 그 병을 무시하고 인정하지 않는다. 때문에 의원조차 부르지 못하게 하는 것이다. 몸을 돌보지 않고 일하다가, 병이 와도 아랑곳 않고 일하는 전형적인 워크홀릭이다. 귀신도 인과응보도 다 무시할 만큼 자기 능력을 과신하는 사람들은 병이 보내는 신호에 귀 기울이는 것도 자존심이 상하나 보다. 그녀에게 찾아온 시련은 몸의 병뿐만 아니라, 가문이 몰락하고 망신당하는 데 기여한 자기의 잘못에 대한 부끄러움도 있었다. 대갓집 마나님이 체통도 없이 고리대금을 했다는 '쪽팔림'과 집안 어른들이 자기를 외면할 것에 대한 두려움은 그녀의 병을 더 깊게 만들었다.

이런 와중에 가모가 돌아가시고 장례를 주관할 사람으로 또 희봉이 정해졌을 때, 그녀는 다시 한번 '장례'라는 대사를 통해 자신의 능력을 드러내 땅에 떨어진 체면을 회복할 수 있으리라고 생각한다. '비록 지금 내가 몸이 좀 불편하기는 하지만 남의 손가락질을 받을 만큼 일을 잘못 처리하지는 않을 것이다. 반드시 녕국부에서 해냈던 것보다 더 잘할 수 있을 것이다.'제110회(6권, 222쪽) 자기 병의 원인이 몸을 돌보지 않고 일에 매진했기 때문이며, 남의 평가를 받아서 위세를 드러내려는 욕심 때문이건만, 다시 그 짓을 반복하려 한다. 그런 절박함 때문에 그녀는 상황 판단력을 잃은 것일까? 평소 희봉을 얄미워하던 인색한 시어머니가 돈을 움켜쥐고 내놓지 않는 데다, 하인들 수가 너무 줄어서 일손마저 달린다. 황실에서 내쳐진 가문이라는 인식 때문에 돈을 변통해 줄 사람마저 모두 자취를 감춘 조건에서, 그녀가 할 수 있는 건 아무것도 없었다.

"오늘이 초상난 지 사흘째 되는 날인데 안에선 어째서 아직도 우왕좌왕하는 거냐? 밥 한 상 차려 내는데도 친척들을 기다리게 하고 있으니 말이다. 아까부터 독촉했건만 반찬만 겨우 내오고 밥은 아직도 내오지 못하고 있으니, 도대체 일들을 어떻게 하고 있는 거야!"제110회(6권, 227쪽)

이 엉망진창인 장례로 집안 어른들은 희봉이 성의가 없고 제 한 몸만 편하려 했다고 여겼다. 이 답답한 상황을 알고 있는 동서 이환은 "이렇게 큰일을 치르는 데 어떻게 돈을 풀지 않고 제대로 되기를 바랄 수 있겠는가? 가엾게도 희봉 동서는 몇 해 동안 애쓴 보람도 없이 이번 할머님의 장례로 인해 체면이 땅에 떨어지고 말았구나"라며 희봉을 안쓰러워한다. 이환은 명예에 살고 명예에 죽는 희봉에게는 일을 제대로 해내지 못했다는 평가가 사형선고나 다름없다는 걸 알고 있는 것이다. 하지만 아무리 억울해도 희봉의 목숨을 겨눈 칼자루는 마님들이 쥐고 있다. 체면을 목숨으로 알고 살았던 희봉이 그렇게 쥐여 준 것이나 다름없다. 인정욕망의 병은 이렇게 무섭다. 필사적으로 열심히 살면서도 자기의 생명조차 다른 이의 평가에 휘둘리게 놔두는 어리석음이 그토록 영리했던 희봉의 또 다른 얼굴이다.

5장 습인 — 가장 은밀하게, 제일 끈기있게

몸의 거리 '0'

보옥을 중심으로 본다면 대옥과 보차로 향하는 엇갈린 운명의 삼각관계의 그림이 그려지는 듯하지만, 삼각이라고 하기엔 처음부터 끝까지 영~ 어색한 지점이 있다. 이미 보옥이 옆에 그림자처럼 붙어 있는 '야터우'(丫头)계집애가 하나 있기 때문이다.

중국 청나라 때 황실에서는 어린 황자들에게 수많은 사람을 배치시켜서 일상생활을 뒷바라지하게 하거나 기초적인 교육을 시켰다. 유모, 시녀, 시동, 스승, 반독(伴讀) 등 일개 군단이 쫓아다닌다. 조설근의 집안도 황실 소속의 가문이다. 그리고 소설 속의 가씨 가문 역시 황실과 관련된 거족으로 청나라의 귀족 문화, 그 중에서도 규방 문화를 고스란히 구현하고 있다.

'이홍원'이라는 보옥의 처소에 소속된 시녀들은 정원, 뒷마당, 집 안, 방 안 등, 보옥이와의 물리적 거리로 그 직급이 나뉜다. 그렇다면 보옥이의 몸을 직접 만지면서 수발을 드는 시녀가 가장 '급'이 높은 시녀일 터, 그녀가 바로 습인이다.

보옥에게 옷을 입혀 주고 벗겨 주고 씻겨 주는 일을 하는 시녀는 습인이 말고도 청문, 사월 등이 있지만 습인만이 하는 유일한 일이 한 가지 있는데, 바로 밤에 보옥이와 함께 자는 일이다. 보옥은 겁이 많아서 침실에 아예 습인의 침상을 두어 한 방에서 잔다. 그녀는 자다가 보옥이 목마르다고 하면 차를 따라 주고, 이불을 잘 덮어 주거나 악몽을 꾸지 않도록 도닥여 주는 일을 한다. 도련님 심기가 특히 불안정할 때면 옆에 누워 있기까지 해야 하니 그들 간의 물리적 거리는 거의 제로라고 할 수 있는 것이다.

도련님 간수하기

이 공간적 거리에 시간적 배치가 더해져 둘의 고유한 관계가 설정되는데, 『홍루몽』은 보옥의 십대를 관통하고 있으므로, 보옥의 그림자인 습인은 그의 2차 성징도 함께 겪으며 은밀한 비밀을 공유하는 사이가 된다. 십대 초반의 보옥이가 친척집에 놀러갔다가 낮잠을 자면서 몽정을 했을 때다. 그날 밤 습인이 그의 옷을 갈아입혀 줄 때 민망하여 괜시리 얼굴을 붉혔는데, 보옥은 꿈에서 경험한 일을 속닥거리다가 습인을 졸라서 꿈에서 했던 일을 실제로 한번 해본다. 습인의 입장에서도 "가모가 자신을 보옥에게 넘겨준 것이기 때문에 보옥과 관계를 맺은 것이 또한 예를 벗어난 것은 아니"제6회(1권, 146쪽)어서 못 이기는 체 응했다.

우리에게는 '첫경험'이라는 표상 속에서 중대 부각될 법한 이러한 일이 『홍루몽』에선 아무런 의미 부여 없이 단 몇 줄만으로 넘어간다. 의미 부여가 없으니 집착이 없다. 이후 둘 사이는 더욱 친밀해졌지만 이 일로 서로를 구속하지 않는다. 배고파서 밥 먹듯 바람처럼 지나가 버렸다.

이렇게 둘이 한몸처럼 붙어 있다 보니, 조금이라도 떨어져 있을 땐 마치 떨어뜨려 놓은 자석처럼 어쩔 줄을 모른다. 보옥이 아버지에게 심하게 매를 맞았을 때의 일이다. 모두들 울며불며 모여 와 보옥을 둘러쌌는데, 물을 먹여 주는 사람, 부채질해 주는 사람, 붙잡고 살펴보며 우는 사람들 가운데 습인은 끼어들 틈이 없었다. 평소엔 한몸이건만, 이런 변고가 일어난 마당에 자신이 보옥에게 다가갈 수 없다니! 도련님을 위해 존재하는 손과 발이 여기 있는데! 이 상황을 견딜 수 없는 습인은 너무나 괴로워서 밖으로 휑하니 나가 버렸다.

둘의 거리가 멀어졌을 때 황망한 것은 습인만이 아니다. 습인이 본가 식구들과 설을 쇠러 딱 하루의 휴가를 얻어 나간 날이다. 가부에서도 꽃등놀이니 연극 구경이니 하면서 시끌벅적하게 잔치가 열렸지만 보옥은 왠지 무료하고 허전하다. 그러다 결국 저녁이면 돌아올 습인을 기다리지 못하고 시동 하나만 데리고서 그녀의 집을 몰래 찾아갔다.

습인의 오빠 내외는 갑자기 들이닥친 보옥을 보고 너무 당황하여 분주하게 대접을 하는데, 습인이 "괜히 그렇게 부산 떨 거 없어요. 제가 잘 아니까. 과일도 놓을 필요 없어요. 아무거나 먹여서도 안 돼요."제19회(1권, 411쪽)라고 하면서 이홍원에서처럼 착착 수발을 든다. 방석을 깔아 주고, 손난로를 만들어 갖다 주고, (먹여도 되는 음식인) 잣을 까서 손수건에 받쳐 주는 손길이 일사천리로 노련하다. 아마 습인의 가족들은 깜짝 놀랐을 것이다. 보옥이라는 대상이 앞에 나타난 순간, 습인이 자동으로 도련님에게 한몸이 되어 수발드는 걸 목도했으니 말이다. 습인의 가족들은 그런 습인과 보옥을 직접 보고서 뭔가 짐작을 하고는 그녀를 빼내서 시집을 보내려던 계획을 포기한다.

이처럼 시녀들과 시동의 존재 자체가 주인과 하나인 듯 작동하니 도련님의 일상생활에 조금이라도 문제가 생기면 그것은 그들의 책임이다. 그러나 스스로 마음을 내야 하는 공부와 일상의 습관은 대신 해줄 수도 없으니, 보옥이 마음을 고쳐먹지 않으면 안 된다. 마음가짐까지도 관리해야 하니 습인은 화를 낼 때도 있고, 간곡히 부탁하기도 한다. 그러던 어느 날, 도련님이 너무 말을 안 들어서 떠나겠다고 협박하자 보옥이 철철 울면서 하는 말,

"습인 누나, 친누나보다 더 친한 우리 누나. (……) 제발 나하고 같이 있어 주고 나를 지켜 줘. 그러다 언젠가 내가 죽어 흩날리는 한 줌의 재가 되거든, 아니 (……) 아예 내가 한줄기 흩날리는 연기가 되어 바람이 한 번 불면 흔적 없이 사라지게 되는 날까지, 그래서 더 이상은 돌볼 수 없는 바로 그날까지, 그때가 되면 나는 나대로 가고 너는 너대로 가고, 아무도 서로를 어쩔 수 없을 거 아냐." 제19회(1권, 421쪽)

관계와 육신의 무상성을 통찰하고 있는 이 멋진 문구가 시녀에게 가지 말라고 떼를 쓰면서 한 말이라니! 더 재미있는 것은 '지켜 줘'라는 말이 원문으로 '간수'(看守)라는 것이다. 감옥의 간수라는 뜻도 되고, 중요한 것을 책임을 맡아 지킨다는 뜻으로 잘 간수한다는 동사이기도 하다. 도련님 간수하기! 보옥의 입에서 나온 이 말이 습인의 역할을 가장 잘 나타내 주는 것 같다.

시녀의 자기본위

그러나 습인은 과연 무엇을 지키는 것일까? 도련님의 몸? 도련님의 인생? 이건 자식을 키울 때도 헷갈리는 지점이다. 무엇이 아이를 위해 좋은지를 생각할 때 부모의 판단이 들어가고, 정작 아이가 정말로 원하는 것은 묵살하기 십상이다. 습인은 보옥의 성향이 어떤지, 무엇을 좋아하는지를 누구보다도 잘 알고 있다. 그러나 몸이 붙어 있다고 해서 마음 역시 하나인 것은 아니어서, 습인은 보옥의 욕망에 동화되지 않고 제3자의 눈으로 관찰하고 판단한다.

> "그나마 보차 아가씨였으니 망정이지 저쪽 대옥 아가씨였으면 어쩔 뻔했어요? 아마도 울고불고 큰 난리가 났겠죠. 말을 꺼내고 보니 정말 보차 아가씨는 사람들의 존경을 받을 만해요. 그저 빙긋이 한 번 웃고는 일어나 나가셨거든요. (……) 대옥 아가씨 같았으면 아마 화를 내면서 다시 상대조차 안 하려고 했을걸요. 숱하게 찾아가 잘못을 빌어야 겨우 풀어졌겠죠." 제32회(2권, 285쪽)

보차가 소위 '남자라면~'의 훈계를 늘어놓자 보옥이 횡 나가버린 일에 대해 습인은 보옥을 나무란다. 보옥이 도저히 견딜 수 없는 것이 무엇인지, 그를 이해해 주는 사람이 대옥뿐이라는 걸 습인은 잘 알면서도 포인트는 보차와 대옥의 인성 비교로 흘러간다. 자기가 모시기에도 당연히 대옥보다는 보차가 좋을 것 같다. 아니, 잠깐! 왜 자기가 모실 생각을 하지?

습인은 왕부인(보옥 모친)으로부터 월급을 따로 받는 등 첩에 해당하는 특급대우를 받게 되면서, 보옥이가 결혼을 하고 나면 그 후에 자기가 정식 첩이 될 것을 짐작하고 있다. 그래서 결혼하기 전엔 약혼자가 내외하듯이 자기도 보옥과 한 침실에서 자는 것을 청문이에게 맡겨 버렸다. 그녀에게는 보옥이의 본처가 누가 되느냐가 자기의 인생이 걸린 초미의 관심사다. 그렇다. 자기 본위로 생각하고 행동하는 것은 한 개체로서, 한 인간으로서 당연한 일이다. 도련님과 몸의 거리가 제로인 습인일지라도 예외는 아닌 것이다.

습인은 보옥과 보차의 결혼이 결정되고 빠르게 진행되자 내심 불안함을 느낀다. 집안 어른들에게 그들이 알고 있는 것보다 보옥과 대옥의 사랑이 깊다는 것을 급히 알리지 않으면 보옥의 거부반응을 예상 못한 가족들이 당황한 사이 결혼이 파투가 날 것이 분명하다. 습인은 발 빠르게 왕부인께 그간의 사정을 자세히 고했다. 그래서 희봉의 계책이 나왔고, 온 가문의 함구령하에서 한 편의 희극과도 같은 속임수 결혼식이 졸속으로 진행된 것이다. 보옥이를 미치고 팔짝 뛰게 한 이 결혼식은 사실은 희봉의 작품이 아니라 보옥의 극렬한 거부를 미연에 예상했던 습인의 자기본위적 '빅 피처'가 아니었나 싶다.

자성(磁性)을 잃은 자석, 이제는 남남

잘 간수한다는 것은 잃어버리지 않는다는 뜻이다. 그러나 습인이

지킬 수 있는 건 이제 보옥의 껍데기뿐이다. 보옥이의 옥이 감쪽같이 사라지고 동시에 그도 바보가 되었다. 정신이 붙어 있을 때도 누구도 그 정신을 길들이지 못했는데, 집 나간 정신을 어떻게 되찾을까?

이 옥 이야기는 『홍루몽』의 풀리지 않는 수수께끼다. 몸에 항상 차고 다니던 옥이 그토록 잘 간수해도 마법처럼 사라지더니, 더 이상 찾지 않을 때 홀연히 돌아왔다. 그러나 그 대가로 일만 냥을 요구하는 스님에게 보옥이가 옥을 다시 돌려주려 하자, 그것을 보옥의 명줄이라고 여기는 습인이 온몸으로 막아섰다.

"(……) 서방님께서 기어코 그 옥을 돌려주시겠다면 저부터 먼저 죽이고 가세요."

(……)

"난 네가 죽는대도 돌려줄 것이고, 죽지 않는대도 돌려줄 거야!"

보옥은 매몰차게 습인을 뿌리치고 몸을 빼서 다시 가려고 하였다. 그러나 습인은 두 손으로 보옥의 허리를 꽉 붙잡은 채 울며불며 땅바닥에 주저앉았다. (……) 보옥은 더욱 화를 내며 습인의 손을 떼어 내려고 용을 썼다. 그러나 다행히도 습인은 아픔을 참아 가며 절대로 손을 풀지 않았다.

"이따위 옥 하나 때문에 죽을힘을 다해 놓질 않으니, 만일 내

가 어디로 가 버리면 어쩔 셈들이야?"^{제117회(6권, 380쪽)}

이 난리를 피우며 간신히 옥을 지켰지만, 보옥은 습인에게 옥만 신주단지같이 잘 모시고 사람은 나 몰라라 한다고 비웃는다. 이 말은 자기의 마음은 이미 그녀들이 붙잡을 수 없는 곳으로 가 버렸는데, 부질없이 옥만 움켜쥐고 안심하는 습인과 부인에 대한 조소다. 또 가족들이 아무리 그것을 쥐고 있다고 한들, 자기의 마음과 정신은 어쩌지 못할 것이라는 냉소다.

자석의 두 극은 서로 가만히 붙어 있을 때도 그 안에서 끌어당기는 힘을 발휘하고 있다. 떨어지게 되면 만나려고 용을 쓴다. 그런데 한쪽이 갑자기 나무토막처럼 자성(磁性)을 잃었다면? 나머지 한쪽도 붙을 수가 없다. 습인은 보옥을 끌어안고 버텼던 순간을 떠올리며 그가 더 이상 자기가 알던 도련님이 아님을 눈치챘다. 정을 버린 보옥은 마치 자성을 잃은 자석처럼 속세의 모든 정과 인연의 끈을 끊어 버렸다. 습인은 무엇을 지키고 있던 것일까? 길들일 수 없는 것을 길들이려 하고, 붙잡을 수 없는 것을 붙잡으려 한 것이다. 그것이 습인의 슬픔이다. 싸늘히 식어 버린 마음은 옥을 쥐듯 움켜쥘 수가 없는 것이다.

보옥이 떠나자 습인은 가부에 남아 있기가 난처하다. 수절은 과부가 하는 것이지 정식 첩도 아닌 시녀는 해당사항이 없기 때문이다. "나에게 다른 생각을 품어서는 안 된다. 난 이제 너희를 알지 못한다." 꿈에 나타난 보옥의 이 말로 습인은 슬픔을 억누르고, 다른 사람에게 시집가게 되자 자결을 결심한다.

도련님의 생사도 알 수 없으니 따라 죽겠다는 의지는 가장 가까웠던 시녀로서 일견 당연한 마음 같지만, 그녀의 삶이 도련님의 삶이 아니었듯이, 도련님의 죽음(떠남)이 그녀의 죽음이 될 수는 없다. 이것저것 고려하다가 자결의 타이밍을 계속 놓치고만 습인은 결국 운명의 짝을 만난다.

온순함과 상냥함이 쓸모없고,

향기로운 난초 계화 헛말이었네.

종당에는 배우에게 복이 갔나니,

도령과는 애시당초 인연 없었네.제5회(1권, 124쪽)

아직 연기가 되어 흩어지지도 않았는데, '나는 나대로 가고 너는 너대로 가고,·아무도 서로를 어쩔 수 없'게 되었다. 아니, 처음부터 그랬던 것일 수도 있겠다. 우리 삶의 모든 인연은 각자의 운명대로 흘러갈 뿐이다.

6장 청문—요염한 외모와 천진한 사랑

외모는 요염해도 풍류는 남의 일

청문이는 보옥이 방의 시녀로 '풍류의 누명을 쓰고' 쫓겨나 요절했다. 이때의 풍류란 현대식으로 말하면 남녀의 사랑에 관해 관심이 많고 그런 유의 유희를 즐긴다는 뜻이다. 보옥이 커 감에 따라 '남녀의 일'에 관심을 갖게 될 것을 걱정한 보옥의 어미가 대관원 숙청을 단행하는데, 그때 청문은 요염한 외모로 표적이 되었다. 하지만 왕부인은 잘못 짚어도 한참 잘못 짚었다. 청문이는 도련님과 매일 충돌하는 '성깔'의 아이콘으로, 그녀가 '풍류'라는 낙인으로 고초를 겪는 것이 얼마나 억울할지는 도련님이 제일 잘 알고 있다. 역시 풍류 사건은 당사자 말을 들어 봐야 하는 건데 말이다.

청문은 보옥의 수발을 들 때 빠르고 정확하긴 하지만, 부드러운 면이라고는 찾아볼 수가 없을뿐더러 남녀 간 정사의 기본인 '은밀함'도 질색한다. 언젠가 청문이의 화를 풀어 주기 위해 보옥이 이거 해달라, 저거 해달라 하다가 목욕을 같이하자고 하니 "아이고, 됐어요! (……) 아직도 기억하지만 벽흔이가 도련님 목욕시켜 드릴 때는 족히 두세 시간은 걸리더라고요. 도대체 뭘 했는지 모르겠더라고요. 우리가 들어가 볼 수도 없고요. 목욕이 끝나고 들어가 보았더니 땅바닥엔 물이 침상 다리까지 흥건히 고였고 자리도 물에 푹 젖어 있던데요. (……) 저는 그런 시중들 시간이 없는 데다 저랑 목욕할 생각일랑 아예 마세요."제31회(2권, 266쪽)라며 딱 거절하던 그녀가 아니던가.

또 습인이 모친상을 당해 며칠 동안 나가 있었을 때, 사월이와 둘이서 도련님 방을 지켜야 했는데 자기 혼자 따끈한 훈롱가에서 자면서 도련님 곁 지키는 걸 사월이에게 미뤘다. 청문이는 언젠가 습인과 입씨름할 때 "전부터 언니 혼자서만 도련님을 모셨으니까 우린 아예 모셔 본 적도 없었"다며 그들의 가까운 사이를 질투하는 듯한 말도 했었지만, 실제 도련님과의 관계에서 '더 가까이'는 청문이에게 전혀 중요한 포인트가 아니었던 것이다.

아, 여기서 웃긴 건 도련님 방에서 잔 사월이다. 보옥이 습관대로 습인을 부르는 소리에 멀리 있던 청문이까지 깨서 가 보았는데 사월은 꿈쩍도 않고 자고 있다. 청문이가 그녀를 불러 깨웠더니 사월이가 하는 말, "습인 언니를 부르는데 나하고 무슨 상관이야?" 아니, 이런! 듣긴 들은 거다. 청문이도 그렇고 사월이 역시 도련님과의 '몸의 거리 0'는 체질이 아니었나 보다.

뺀질이 응석받이, 시중받는 시녀

청문에겐 지기 싫어하는 승벽이 있다. 보옥이가 머리를 빗겨 준다는 것도 마다하고 게임으로 잃은 돈을 되찾기 위해 동전통을 들고 튀어 나가질 않나, 오리잡기 놀이를 할 때도 도련님이 대문 열어 달라는 소리도 못 들을 정도로 노는 데 열중한다. 입이 매운 것도, 성깔 부리는 것도 모두 이런 말괄량이 기질과 관련된다.

그녀가 일은 안 하고 훈롱가에 앉아만 있을 때였다. 사월이가 "제발 공주님처럼 그렇게 앉아 있지만 말고 좀 움직여 일을 해 봐"라고 하자, 청문이는 "너희들 다 나간 뒤에 나보고 일하라고 해도 안 늦을 거야. 너희가 있는 한 나도 좀 편안히 앉아 덕을 좀 봐야겠어"라며 뺀질대며 넉살을 부린다. 일할 사람이 아무도 없어야 일을 하겠다니! 사월이 또 일을 시키며 채근하자 보옥이 나서서 대신 일하며 "너희는 몸이나 녹이고 있어. 다 끝냈으니까 걱정 마"라고 하기까지! 아니, 이건 뭐지? 역할이 뒤바뀌었다. 도련님을 부려먹다니, 뭐 이런 시녀가 다 있단 말인가?

평소 청문이의 행태를 살펴보면 마치 아가씨나 된 듯 보옥의 살뜰한 보살핌을 받을 때가 많다. 어느 날 밤, 장난꾸러기 청문은 바깥에 밤공기를 쐬러 나간 사월을 놀래키려고 속옷만 입은 채로 살금살금 쫓아 나갔다. 청문이 감기에 걸릴까 만류하는데도 말을 안 듣자 보옥은 바깥의 사월이에게 "청문이가 나갔어!"라고 소리를 질러서 훼방을 놓는다. 장난이 수포로 돌아간 청문이 잔뜩 심통을 부리며 돌아왔는데, 잠깐이지만 몸이 벌써 차갑게 식어 있었다. 보옥은 그녀의 차가워진 손을 이불 속에 넣어 덥혀 주고 뺨도 어루만져 주다가 아예 따뜻한 이불 속으로 불러들여 몸을 녹여 주었다. 청문의 심통도 눈 녹듯 녹았다.

둘이 싸울 때는 더 점입가경이다. 그땐 달래 주는 데 더 큰 공을 들여야 한다. 어느 날, 청문이 부챗살을 부러뜨려 보옥이 핀잔을 주었는데 뭐가 그렇게 억울했던지 청문이가 지지 않고 대들어서 일이 커졌다. 급기야 보옥이가 청문을 쫓아내겠다고 하고, 청문은 울며불며 죽어도 안 나가겠다고 난리를 피웠는데, 습인과 모든 시녀(청문 제외)가 무릎을 꿇고 빌어서야 사태가 진정되었다. 이 소동 후 외출했다 돌아온 보옥은 평상에 누워 있는 청문을 보고서는 달래 주기에 나섰다. 부채 부러뜨린 사소한 일로 화낸 것이 미안했던지 무엇을 깨든지 찢든지 마음대로 하라고 했고, 청문은 진짜로 부채를 찢는다.

"그렇다면 도련님 그 부채를 한번 줘 보세요. (……) 난 부채 찢는 소리가 가장 듣기 좋아요."

보옥이 웃으면서 부채를 건네줬다. 청문은 과연 그것을 받아 절반으로 쫙 찢고 다시 쫙쫙 여러 번 찢는 소리를 냈다. 보옥이 옆에서 웃으면서 거들었다.

"그 소리가 참으로 듣기 좋구나. 소리 내어 더 찢어봐! (……) 옛사람이 말하길 '천금을 주고도 미인의 웃음을 한 번 사기 어렵다'고 했는데 부채 몇 자루가 무슨 대수랴!"제31회(2권, 267쪽)

정말이지 이상한 주종커플(?)이다. 주인에게조차 자존심을 세워 승벽을 부리고 영 '싸가지' 없어 보이건만, 보옥이는 이런 청문이를 위해 무엇이든 해줄 기세다.

자기가 이홍원을 비운 사이 청문이가 쫓겨나서 생이별을 하게 된 보옥은 그녀가 곧 죽을 것을 예감하고 철철 운다. "청문이는 어려서부터 응석받이로 자랐는데 어떻게 그런 수모와 억울함을 견딜 수가 있겠어?"제77회(4권, 471쪽) 아마 그녀의 응석은 보옥이가 다 받아 주었을 것이다. 보옥은 몰래 청문의 오빠 집을 찾아가 병석에 누워 있는 청문이에게 차를 따라 주며 마지막 시중을 들어 주었다. 청문은 관 속에서도 이홍원에 있는 듯하고 싶다며 보옥과 속바지를 바꿔 입은 후 자신의 손톱도 잘라 주었다. 누가 보면 백년언약이라도 맺은 듯한 이런 깊은 사랑의 파토스가 어떤 육체적 관계없이 이루어지고 있다는 것을 보고 놀라는 것은 나만이 아니다. 둘의 눈물의 해후를 몰래 엿보던 청문의 올케가 증인이다. '뭔 일이 있었겠거니 했는데, 정말 둘은 아무 일이 없었군요'라며 뜬금없이 끼어든 그 올케! 보옥을 유혹해 보면서 혹시 '화약 안 터지는 대포냐'는 소리를 해대며 분위기를 왕창 깼다.

아마도 이 음탕한 올케의 등장과 발언은 청문과 보옥의 관계의 독특성을 강조하기 위한 것이리라. 청문의 섹슈얼리티는 보옥과의 관계에서 드러나는바, 육체적인 접촉이 없이도 서로를 가슴 깊이 간직하는 천진난만한 사랑을 보여 준다. "어리석고 바보 같은 마음에 다들 한군데서 의좋게 살아갈 줄로만 알았어요." 청문은 이런 누명으로 죽을 줄 알았으면 뭐라도 해볼걸 그랬다고 순진했던 자신을 자책하지만, 아마도 시간을 되돌린다 해도 똑같지 않았을까? 우리가 사랑하는 방식은 의지로 되는 것이 아니니까.

도련님이 발길을 못 떼는 걸 보고 그녀도 차마 작별인사를 못한 채 머리까지 이불을 뒤집어쓰는 장면에서 그 둘의 쓰라린 심정이 느껴져 나도 한참을 그 페이지에 멈춰 있었다.

의리와 사랑의 씨줄과 날줄

그럼 청문이는 정말로 시종일관 보옥이의 시중을 받는 뺀질이 응석받이였을까? 설마, 종적 신분 사회에서, 또 시녀 공동체에서 그것이 가능할 리가.

규방 여자들의 뛰어난 재주를 꼽자면 여러 가지가 있겠지만,

그중 가장 높이 치는 재주가 침선이다. 고래등 같은 집으로 온갖 풍요로운 재물과 재화가 들어온다고 해도, 옷이 들어오지는 않는다. 무조건 옷감이 들어온다. 오색 빛깔의 비단과 얇은 망사천, 여우털, 가죽 등이 두루마리째 창고에 쌓이게 되는 것이다. 그렇다면, 재봉틀과 공장이 없는 시대에 규방 여인들의 손가락은 말 그대로 바느질-기계, 즉 재봉틀이 되어야 한다.

『홍루몽』의 그녀들은 항상 바느질을 하고 있다. 그리고 바느질 얘기를 한다. '내가 이번에 만든 옷인데 가져다 입으세요', '내가 만들어 준 주머니를 또 누구를 준 거야!', '상운이에게 바느질감을 부탁하다니, 너무 세심하지 못했어' 이런 식이다. 침선은 그녀들의 대화에 공기처럼 떠 있어서 주의를 기울이지 않게 되고, 또 다들 하는 거니까 다들 하나 보다라고 여기게 된다. 그런데, 바느질에 커다란 의미가 부여되는 사건이 보옥과 청문이 사이에서 발생했다. 아니, 바느질이라는 행위로 보옥과 청문이가 새로운 의미의 관계에 들어섰다고 해야 하나?

무슨 일인고 하니 보옥이 할머니께 받은 귀한 공작털 외투에 불똥이 튀어 구멍이 났다. 당장 내일 친척 생신잔치에 입고 가야 하는데 가부 바깥의 전문 재봉사들을 찾아다니며 수선을 부탁해 봐도 모두 못한다며 거절했다. 청문은 이때 심한 감기를 앓고 있었는데, 병상에서 보옥이 동동거리는 모습을 지켜보다가 자기에게 보여 달라더니, 공작털 금실로 짜깁기를 하면 수선할 수 있다고 한다. 사월이 왈, "지금 우리 집에선 언니 빼고 누가 짜깁기를 할 줄 알아?"라고 하는 게 아닌가. 두둥, 뺀질이 청문이 그런 실력 자였다니! 그녀는 "할 수 없지 뭐. 내가 목숨을 바쳐서라도 해봐야지"라며 아픈 몸으로 밤을 꼴딱 새워서 짜깁기를 해냈다.

대충 얼기설기 짜맞추어 놓은 것을 짜깁기라는 말로 폄하하는데 이제 그러면 안 될 것 같다. 청문의 바느질 실력을 보면 바늘 두 개를 씨줄과 날줄로 삼아 원래 천의 무늬와 같은 결로 완벽하게 그 자리를 메워 내는 신공(神工)이다. 그녀의 손은 그야말로 최고급 공업용 브라더 미싱이다. 자기밖에 할 수 없는 딱 그 역할로 도련님의 필요에 부응하는 것. 아무도 일할 사람이 없을 때라야 일을 하겠다더니, 정말로 청문은 자기 한 사람밖에 할 줄 모르는 일 앞에서 몸을 사리지 않고 임무를 해냈다. 그것이 청문이 도련님 곁에서 만들어 낸 자신의 자리이고, 그녀의 자존심이다.

그러나 아플 때 약보다 중요한 것이 정양하는 것인데, 청문은 이 일로 몸이 크게 축난다. 『홍루몽』 속 인물들은 병이 들면 참 쉽게 죽는다. 화를 내서 죽기도 하고, 상사병으로 죽기도 하는 등, 작은 병들이라도 기운을 함부로 쓰면서 손쓸 수 없는 지경이 되고 만다. 그런 측면에서 보면 몸이 약한 청문이 심한 감기를 앓는 와중에 밤샘 바느질을 한 것은 청문의 말마따나 목숨을 바치는 것이다. 바느질 신공을 뽐내며 온전히 자기를 바치는 그 하룻밤에서 나는 왠지 '의리'와 같은 단순 무식한 충성과, 극진하고 아름다운 '사랑'이 씨줄과 날줄처럼 함께 엮여 가는 것을 느낀다.

보옥이 청문이의 화를 풀어 주려고 그녀의 웃음을 위해선 무엇이든 다 해줄 기세였는데, 이젠 청문이가 동동거리는 그를 위해 하룻밤을 분투했다. 철딱서니 없이 장난만 치던 그들 사이에 '너를 위해선 무엇이든 할 수 있어'라는 어마어마한 신뢰와 사랑이 쌓이는 과정은 이토록 간단하고 진실하다.

7장 우삼저—두 개의 음란코드, 팜므파탈과 절세가인

음란이란 무엇인가

'음란하다'라는 말은 부정적이면서도 저급하게 들리는 단어다. 그런데『홍루몽』은 이 '음란'(淫亂)을 매우 중요한 키워드로 전면에 제시하면서 구체적으로 의미를 밝히고 있다. 경환선녀에 따르면 '색(色)을 좋아하는 것'과 '정(情)을 아는 것'은 모두 음란한 것제 5회(1권, 141쪽)이다. 방탕하거나 민망한 것뿐만 아니라, 색이나 정에 이끌리는 것 자체가 음란인 것이다. 신화에서 무산(巫山)의 운우(雲雨)를 관장하는 선녀가 산에 오는 남자들을 홀려서 육체적 관계를 맺은 것도 모두 색과 정 때문이다. 즉,『홍루몽』에서의 음란은 '색마'(色魔)에서 '정인'(情人)까지의 넓은 스펙트럼을 다 포괄한다. 보옥이에게도 음란의 딱지가 붙어 있다. 하지만 그의 경우는 그것이 천성적인 기질이며 말초적 쾌락을 추구하지 않는다는 점에서 음(淫)의 다른 차원으로 넘어간다.

남자만 색을 밝히고 정을 좋아하는 것이 아니다. 여자들도 색을 좋아하고 정에 연연하는데, 남자와 마찬가지로 정도의 차이가 있다. 여기 우이저와 우삼저 두 자매는 처음부터 '음란'의 평판과 함께 등장한 여인들이다. 그들은 녕국부 우씨의 호적상의 동생들로 장례식 때문에 잠시 어머니와 함께 가부에 머물게 되었다. 두 자매는 난잡한 추문을 뿌리고 다녀서 남자들이 '어떻게 좀 할 수 없을까 하여 군침을 흘리'제64회(4권, 133쪽)는 부류의 여성들이다. 언니 우이저는 은근히 수작을 받아 주면서도 조신한 내숭 스타일인 반면 우삼저는 수작 거는 작자들을 냉담하게 대해서 그들을 더 애타게 한다.

장례식 기간 동안 남자들은 틈만 나면 그녀들을 찾아가 '노닥거리'고, 시녀들도 그들이 '뒹굴고' 노는 걸 내버려둔다. 그녀들은 확실히 이 가부의 남자들과 자주 접촉하며 그들의 희롱에 밀당을 하면서 즐기는 것 같다. 장장 50여 일에 달하는 성대한 장례는 그녀들에겐 남자친척을 만날 수 있는 절호의 기회다. 마치 서양 무도회에서처럼 과년한 처녀들은 남자들을 탐색하고, 짝을 찾는 신랑감들에게 자기를 드러내야 하는 것이다. 그런 면에서 두 처녀는 대상을 선택하는 데 있어 사뭇 자유롭고 적극적이라고 할 수 있을 것이다.

하지만 그녀들이 음란한가? 음란하다면 어느 쪽의 음란인가? 사실 가부 남자들이 제 풀에 애가 닳은 것이지, 실제로 그녀들이 뭐 대단한 음란 행각을 벌인 것은 없다. 가련(희봉의 남편)도 이 자매들을 너무 만나 보고 싶었던 이유가 그저 "가진과 가용이 평소 그녀들과 함께 어울려 부자가 함께 난잡하게 지낸다는 추문을 들었던지라 더욱 만만하게 생각하게 되었고 기회가 닿으면 온갖 방법으로 수작을 걸어 볼 심산"제64회(4권, 133쪽)이었던 것이다. 남자들의 입에 오르내리고, 허세의 대상이 되는 것만으로 만만한 여자가 되었으니, 이건 너무 억울하다. 추문이나 이미지가 실제와 얼마만큼 부합하는 것일까?

가련이 우이저를 둘째부인으로 삼아서 몰래 바깥에 살림을 차린 후 어머니와 동생 우삼저도 함께 기거하게 되는데, 이후 남자들은 그 두 여인의 새로운 면모를 발견하게 된다. 우이저는 너무나 착하고 검소하고 정숙한 여인이 되었다. 삼저는? 그녀에게 잠재되어 있던 '음란'한 기질이 화산처럼 폭발했다. 퇴폐적이고 요염한 팜므파탈이 된 것이다.

접근할 수 없는 치명적 아름다움

가진·가용 부자가 가련에게 이 결혼을 주선한 것은 안전하고 은밀한 바깥에 그녀들을 가둬 두고 심심할 때마다 들러서 놀 속셈이 앞서서였다. 삼저는 독종 희봉에 대한 소문을 익히 들었던지라, 자기 언니가 편치 않은 자리에 들어간 것과, 몰래 숨어 지내야 하는 것을 분하게 생각하고 있었다. 이런 불만족스러운 상황에서 삼저는 놀랍게도 요부로 변모해 그들을 상대한다.

그녀는 몰래 딴살림 차린 이 아슬아슬한 상황을 앞으로 어떻게 할 건지를 남자들에게 따져 물었다. 그리고 그녀들을 옆에 끼고서 아씨마님이니, 형수님이니, 시동생이니 하고 마치 가족으로 대우하는 것처럼 호칭만 갖고 장난을 치는 남정네들에게 '너희한테 우린 기생이잖아'라고 팩트폭력을 날린다. 자기를 호시탐탐 노리는 자들에게 아예 대놓고 '그래, 어디 한번 놀아 보자. 네가 감당할 수 있을까?'라는 식으로 역공을 펼치는 것이다. 그런데 이런 공격적 모습에서 그녀의 치명적 아우라가 더욱 발산된다.

우삼저는 (……) 가진이나 가련이 상하귀천을 막론하고 지금까지 보아 온 모든 여자를 능가하였다. 이처럼 요염하면서 풍류가 넘치는 여자는 일찍이 본 적이 없었다. 두 사람은 온몸이 근질근질하고 뼈마디가 녹는 듯, 무엇에 홀린 듯 얼른 손이라도 대 보고 싶었지만 그녀의 음란한 자태와 기풍에 오히려 기가 죽고 말았다. (……) 남자들은 그녀에게 가까이 가고자 하나 범접하기 어려웠고 또 멀리하자니 아까워서 정신이 나가도록 빠지고 말았는데 그녀는 바로 그런 점을 즐기고 있었다. 제65회(4권, 156쪽)

거침없는 우삼저 앞에서 가씨 남자들은 혼이 다 나간 채 꿀 먹은 벙어리가 되었다. 삼저는 이들이 주색이나 밝힐 줄 알지 재주라고는 하나도 없는 건달패들이라는 것을 더욱 참을 수가 없었을 것이다. 자신들의 운명이 요따위 남자들의 손에 있는 한, 희봉과 만나면 목숨을 부지하기 힘들 거라는 예견까지 한 삼저는 미리 그들을 짓밟고 희롱하는 복수를 하는 것이다. 이렇게 그녀를 농락하려던 남자들은 처지가 역전되어 그녀가 부를 때 가서 그녀가 하자는 대로 놀다 나오는 신세가 되고 만다.

존재의 변신

삼저의 음란함은 남자들이 볼 땐 순간적이고 말초적인 쾌락 추구의 대상이 되지만 그녀의 요염한 자태는 복수의 수단이었고 그 히스테리는 자신의 풍류가 이렇게 묻혀 버리는 것에 대한 울화였다. 사실 그녀의 마음속엔 재주 있는 남자와 아름다운 사랑을 하고픈 소망이 있었다. 오래도록 가슴 깊이 간직해 온 한 풍류가인이 있었던 것. 삼저는 언니가 그녀의 앞날을 걱정하며 시집보내려 하자 감춰 두었던 그 마음을 꺼내 보이는데, 이때 그녀의 '음란'함이 다시 한번 폭발한다. 이번엔 그야말로 온몸을 휘감는 강렬한 그리움의 힘이 분출되는 것이다.

삼저는 5년 전 친척집에서 연극을 보고서 한 연극배우에게 반했다. 그녀는 이제 와 자기 인생에 대해 진지하게 생각하건대, 종신대사를 맡길 사람은 그 사람밖에 없다고 선언하고서 그 사람을 기다리는 모드로 돌입한다.

> "우리는 (……) 뭐든 한번 말하면 그대로 한답니다. 만약 유씨 그분이 돌아오면 그 사람한테 시집갈 거예요. 오늘부터 저는 고기를 끊고 염불을 하며 어머님 시중이나 들면서 기다렸다가 그분이 오시면 제 일생을 맡길 거예요. 백 년이 되어도 돌아오지 않으면 저는 출가하여 수행이나 할 겁니다."제66회(4권, 174쪽)

이토록 일방적이고 단호한 태도라니! 그런데 여기서 더 뜻밖의 포인트는 사랑하는 사람에 대한 그리움이 육식 끊고 염불하는 수행자의 태도로 전환된다는 점이다. 스님과, 사랑에 빠진 사람 사이엔 공통점이 없어 보이는데…. 이 돌연한 선언으로 그녀의 '음란'은 종교적인 정화를 거친 듯, 우삼저는 이후 완전히 딴사람으로 다시 태어난다. 정말 모 아니면 도인 여자다.

사랑은 우주의 제5원소라는 이야기가 만들어질 만큼 사랑의 힘은 사람들로 하여금 초인적 능력을 발휘하게 한다. 이 어마어마한 능력을 우리는 가끔씩 목도하는데 사랑 때문에 재산을 포기한다거나, 부모와의 연을 끊는다거나, 초인적 괴력을 쓴다거나,

죽음의 위기를 극복하는 등등, 사랑이 없을 땐 절대 하지 못할 결행을 하게 되는 것이다. 그런데 이런 것들보다도 더 힘든 것은 습관을 바꾸는 것이 아닐까? 습관이란 시간의 축적 속에서 무심결에 반복되는 행동들로, 우리가 '나'의 중요한 요소라고 철석같이 믿는 것이다. 삼저는 마음을 고쳐먹고는 "비록 한밤이면 홀로 잠자리에 들면서 적적함을 이기기 어려울 때도 있었지만, 이미 독한 마음을 먹고 남들한테 선언한 마당이라"제66회(4권, 178쪽) 그 말을 지켜 간다. 습관이 바뀌면 흔히들 완전 딴사람이 됐다고 하지 않던가. 사랑의 힘이 일으키는 가장 큰 기적은 바로 사람을 바꾸는 것일 것이다. 마음속에 품은 님과의 결합을 꿈꾸며 '무산(巫山)의 만남과 운우(雲雨)의 기쁨'을 고대하는 삼저의 '음란'한 마음이 수행과 연결되는 지점을 알 것 같다.

다행인지 불행인지, 발 넓은 가씨네의 주선으로 그 남자와 결혼약조를 하고, 삼저는 약조의 표시로 원앙검을 받았다. 아무것도 모르고 술자리에서 가련의 말만 듣고 정혼을 한 남자도 참 대단하다. 하지만 뒤늦게 그 두 자매에 관한 추문을 들은 남자가 찾아와 약혼을 물리며 집안의 가보인 원앙검을 돌려받고자 했다. 엿듣던 우삼저는 직접 검을 들고 나와서 "여기 약혼 예물을 돌려드리겠습니다"라고 말한 후, 그 원앙검으로 자신의 목을 그어 자결한다. 끝까지 그림자처럼 그녀를 쫓아다니는 추문. 실체도 애매한 추문이 한 목숨을 앗아가는 비극은 예나 지금이나 안타깝기 그지없다. '음란'이라는 딱지에 대한 수치심, 그 추문의 덫을 이 생에서는 결코 빠져나갈 수 없다고 여겼던 것일까? 사랑하는 사람을 위해 새로 태어났건만, 그는 추문에 싸인 과거의 자신을 보고 평가한다. 이 난리통에 남자를 관아에 고소하려는 가련을 말리며 우이저는 "문제만 시끄럽게 만들고 못된 소문만 무성하게 될 게" 아니겠냐며 죽은 동생을 또다시 욕되게 할 추문들이 발생할 것부터 걱정한다.

남자는 원앙검을 들고 나온 그녀를 한 5초쯤 보았을 것이다. 그리고 천하절색의 자태에 깜짝 놀라 속으로 '앗' 하는 사이에 그녀가 원앙검의 자검(雌劍) 아래서 스러져 버렸을 것이다. 남자는 "난 정말 이 사람이 이처럼 강직하고 절개가 굳은 현명한 아내감인 줄은 몰랐소이다. 정말 훌륭한 여자인 것을! 우러를 만한 여자인 것을!"제66회(4권, 183쪽)이라 울부짖는다. 쫓겨나온 이 남자는 정처 없이 헤매다가 꿈에서 하직인사를 하러 온 삼저를 만난다.

"저는 사랑의 하늘에서 왔다가 이제 사랑의 땅으로 떠납니다.
전생은 사랑에 미혹되었으나 지금은 부끄러움을 깨달았으니,
당신과는 이제부터 아무 상관없는 몸입니다."제66회(4권, 184쪽)

사랑의 언어로 하는 절연(絶緣)의 선언이라 왠지 시적이다. 꿈에서 깬 남자는 웅검으로 머리카락을 잘라 내고서 도사를 따라

어딘가로 떠나 버렸다. 남은 사람들은 그가 미쳤다고 수군거렸는데, '음란함'을 통해 존재의 변신을 이루어 낸 우삼저가 상대마저도 깨달은 존재로 변신시켰다는 사실을 이해하기는 힘들 것이다. 그들의 이야기는 이렇게 끝났다.

8장 원앙 — 무정한 독신주의자의 정情

독신주의 선언

사춘기 시절, 성적인 얘기를 나누는 것은 매우 수줍은 일이었다. 나는 친구들과 은밀히 모여서 각자 꿈꾸는 연애에 대한 상상의 나래를 펼치기도 했는데, 누군가는 결혼을 일찍 하고 싶다고 하고 누군가는 아이를 많이 낳고 싶다는 얘기를 했다. 누구는 나이 많은 선생님을 좋아하고, 누구는 무뚝뚝한 남자가 좋다면서 서로 꼬집어 가며 웃었다. 개중에 어떤 친구들은 자기는 결혼을 하지 않을 거라고 선언하기도 했는데, 나는 '아직 어른이 되지도 않았고 결혼을 할지 못(!)할지도 모르는데, 벌써부터 저렇게 호언장담을 하다니'라고 생각하면서 '그건 모를 일이야. 결혼하면 벌금 내라'며 놀려 댔다. 지금 돌이켜보니, 그런 수다들은 성에 눈 뜬 소녀들이 자신의 성적(性的) 지향을 발견해 가는 과정이었다.

원앙이는 가모의 시녀다. 그녀는 가모의 큰아들인 가사가 자기를 첩실로 들이고자 한다는 말을 가사의 본처인 형부인으로부터 전해 들은 뒤, 시종 묵묵부답으로 거절의 뜻을 비쳤다. 형부인이 화가 나 돌아가자 원앙은 놀란 가슴으로 대관원으로 몸을 피해 들어가서 거닐다가 다른 시녀들을 만났다. 평아와 습인이다. 평아는 희봉이로부터 이 청혼 계획을 전해 듣고 분명 원앙이 거절할 것을 예감하고 있었다. 거절당한 형부인이 희봉을 찾아와서 얘기를 늘어놓을 때, 시녀이자 가련의 첩인 자신이 그 자리에 있으면 형부인이 민망할 테니 미리 자리를 피해 대관원으로 바람을 쏘이러 왔다. 습인은 도련님을 찾으러 나왔다가 도련님이 습인을 보고 숨는 바람에 허탕을 치고 대관원을 왔다갔다하던 중이었다. 항상 각자의 처소에서 바쁜 세 시녀가 모처럼 바위 위에 나란히 앉아 이야기를 나누게 된 것이다. 원앙은 마음을 터놓고 말한다.

"난 마음속으로 여전히 옛날처럼 솔직하게 말하고 싶은 게 있어. 이건 너한테만 하는 말이니까 속에 담아 두고 희봉 아씨한테도 말하지 마. 사실 말이지, 난 큰대감마님이 나를 첩으로 불러 앉히려는 건 고사하고 설령 이 순간에 마님이 돌아가셔서 내로라하는 중매쟁이를 불러다 나를 모셔 정실부인으로 앉혀 준다고 해도 갈 생각이 없단 거야." 제46회(3권, 143쪽)

이 얘기를 들은 습인과 평아는 큰대감마님은 늙었는데도 너무 여자를 밝힌다고 흉을 보면서 그걸 피해 갈 방법으로 '가련(가사의 아들)에게 가겠다고 해라', 아니면 '널 보옥이에게 주라고 말해 줄까' 등, 방법을 제시하지만 원앙은 그녀들이 자기를 놀린다고 생각하고 화를 낸다. 왜냐면 원앙이 한 말은 가사가 늙었기 때문이 아니라 남자에게 시집가지 않겠다는, 말하자면 독신선언을 한 것이기 때문이다. 그러나 습인과 평아가 생각할 땐 그건 불가능하다. 시녀의 신분으로 '장차 노마님하고 한평생을 같이 살 수는 없는 일'이고 결국 나가야 할 것인데, '그때 대감의 손에 떨어지면' 더 힘들게 된다. 대책도 없이 무작정 안 간다고만 해서는 미래가 더 암울하다. 그걸 모를 리 없는 원앙이지만 어찌된 일인지 막무가내다. "'물 안 마시려는 소대가리를 억지로 누르겠다'는 말이야? 내가 싫다는데 우리 어머니, 아버지를 죽이기라도 하겠다는 거야 뭐야?"제46회(3권, 146쪽)

원앙의 독신주의 선언은 남자에게 시집가야 한다는 친구들의 당연한 전제 앞에서 한 번 부딪히고, 시녀의 신분으로 도망갈 곳이 없다는 현실의 벽 앞에서 또 부딪힌다. 평소에 그지없이 밝고 상냥하게 가모의 수족이 되어 주는 원앙이 뜻밖에도 이렇게 욕을 해대며 노기등등한 것은 그 벽을 몰라서가 아니라, 절감했기 때문이리라.

첩으로 살기, 불구덩이 속의 문둥병

원앙은 훗날 자신을 '누구보다도 무정한 사람'이라고 말한다. 아마 그녀는 누군가를 흠모하고 의탁할 마음이 도통 나지 않는 신체를 타고났을 수도 있다. 가사가 늙었기 때문에 거절한 것이 아니라는 것을 증명하기 위해 그토록 다정하게 지냈던 보옥이와도 이후로는 말도 하지 않았다. 그리고 그녀는 정실부인 자리도 싫다고 했고, 그것이 큰대감의 본처라는 어마어마한 자리라도 갈 마음이 없다고 했으니, 단지 첩 자리라서 거부한 것도 아니다. 원앙이는 한마디로 그냥 남자가 싫은 거다.

하지만 자신의 그런 성향을 알아채기도 힘들고 구구절절 표현할 수도 없다. 그래서 원앙은 첩실로 사는 것에 대한 혐오감을 성토하면서 그 청혼을 계속해서 거부한다. 그녀의 시선은 굉장히 정치적이며, 매우 날카롭게 이 시대 첩의 삶을 꿰뚫어 보고 있다. 원앙은 올케가 자기를 설득하러 오자 욕을 퍼붓는데, 거의 '첩의 실존적 문제'에 관한 한판의 웅변이라고 할 수 있다.

"도대체 뭐가 기쁜 일이라는 거야? 문둥병에 걸려 고름이 가득해도 죽지는 않을 거라고 해서 기쁘다는 거야? 어쩐지 날마다 남의 집 딸들이 첩으로 팔려 가는 걸 부러워하더라니. 온 집안이 딸년 하나 믿고 온갖 거드름을 다 부리는 꼴이니 말하자면 식구 수대로 남의 첩이 되는 셈이 아니야! 그걸 익히 봐 왔으니 나를 이렇게 불구덩이로 처넣으려는 것이지. 내가 체면을 세우면 당신들이 밖에서 거드름이나 실컷 부리며 스스로 처남 어르신으로 봉하여 날뛸 게 분명하겠지. 그러다 내가 제대로 득세하지 못하면 그 더러운 모가지를 쏙 집어넣고 내가 죽든 살든 상관도 안 할 게 분명하잖아." 제46회(3권, 147쪽)

첩은 잠시의 노리개일 뿐이다. 남편의 사랑은 금방 새로운 사람에게 옮겨 갈 테고 그후엔 다른 첩들과의 알력, 시녀들의 무시, 궁핍함과 외로움을 홀로 견디며 말라 죽어가는 '불구덩이' 속의 삶이다. 또 원앙은 딸을 첩으로 보낸 그녀의 본가 가족들이 그녀의 세력 여하에 따라 보일 목불인견의 행태를 적나라하게 묘사한다.

가사의 본처로서 자기 영감에게 첩을 구해 주러 직접 발로 뛰는 형부인이 첩을 바라보는 시선도 매우 정치적이다. 단, 원앙이와는 정반대의 입장이다. "너로서도 이렇게 (……) 작은마님의 자리에 앉으면 체면도 서고 귀한 신분이 되는 게 아니겠니? 넌 원래 남에게 지기 싫어하는 성격이 아니더냐. (……) 이 기회에 너는 평소 품었던 뜻을 펼 수 있게 된 거야. 공연히 너를 시기하고 질투하던 애들의 입을 틀어막을 수 있지 않겠느냐." 제46회(3권, 141쪽) 이 형부인이야말로 자기의 위치를 확보하는 데에만 급급해서 남편의 요구를 거스르지 않는 위인이다. '남몰래 조금씩 재물을 모으는 것으로 만족'했고, 집안일도 돌보지 않으면서 자기 며느리 희봉이가 동서인 왕부인을 따르는 것을 질시한다.

시녀 주제에 끝까지 거부한다면, 주인이 빼들 수 있는 칼은 협박이다. 가족 협박. 다른 지방에 있는 그녀의 부모를 데려오는 것이 여의치 않자, 그녀의 오빠를 불러다가 협박을 해서 원앙에게 다시 보냈다. 싫은 일은 절대 안 하겠다고 하다가도 간청과 회유, 협박에 못 이겨서 마음을 돌리기 쉽다. 가족이 볼모로 있을 때는 더욱 그렇다. 그러나 오라비의 생계까지 쥐고 흔드는 비겁한 수법 앞에서도 원앙은 냉정하다. 그녀는 주인에게 다른 주인가족을 고해바치는, 시녀로서는 위험한 마지막 카드를 쓴다. 이때 그녀의 절규는 거의 '독립선언'과도 같다.

"단호한 맹세의 말씀을 올리겠습니다. 저는 한평생 보옥 도련님은 말할 것도 없고 보금이나 보은이나, 심지어 보천왕이나 보황제라 하더라도 어쨌든 절대로 시집가지 않을 겁니다. (……) 그러다 죽든지 머리를 자르고 비구니가 되는 한이 있더라도 절대로 부모 곁이나 오라비한테 가지는 않을 것입니다. 만일 지금 제 말이 진실이 아닌 임시방편으로 지껄인 것이거나 훗날 딴마음을 먹는다면 천지신명과 일월성신의 빛이 제 목구멍을 비추어 목구멍 안에 독창이 퍼져 문드러지고 녹은

고름이 잔뜩 고이게 될 거예요."제46회(3권, 154쪽)

이런 엽기적이고 잔인한 선언이라니! 원앙이 이런 험악한 말을 하는 이유는 이것이 자기의 성적 지향의 문제이기 때문일 것이다. 명백히 내 몸이 거부하는 일을 누군가 억지로 시키려 한다면 누구라도 이렇게 과격해진다. 그냥 '죽어도 싫어'로는 부족할 정도로 싫은 것. 그건 싫은 게 아니라 불가능한 것이라고 봐야 하지 않을까.

무정에서 치정까지, 하나의 정

이후 원앙은 다시 평화로운 일상으로 되돌아온다. 그러다 몇 년 후, 가모가 죽자 원앙은 50일의 장례를 비통하게 지내더니, 발인을 하는 날 목숨을 끊었다. 습인과 평아의 말대로 자유롭게 사는 건 불가능하다. 가모가 없으니 이젠 대감의 손아귀에서 놀아나는 삶뿐이다. 원앙은 그런 삶을 단호히 거부한다. 원앙의 혼백을 맞이하러 온 선녀는 그녀에게 태허환경에서 치정사(癡情司)를 맡아 보는 일을 부탁한다. 이 임무는 '풍월로 빚어진 채무'를 맡아 보는 일로서 세상에서 제일가는 정인(情人)이었던 진가경이 하던 일이다. 원앙은 "저는 누구보다도 무정한 사람이에요. 그런 사람을 어떻게 유정한 사람으로 치시는 거예요?"라고 되물으며, 생전에 정

을 느끼지 않았던 자신이 할 일이 아니라고 여긴다. 그런데 선녀
가 대답하기를,

"세상 사람들은 모두 음욕을 정으로 여기고 있기 때문에 풍속
을 문란하게 하는 일을 해놓고도 스스로 풍월다정하다고 여
기며 별로 문제 삼질 않죠. 그러나 사람들이 '정'의 의미를 잘
몰라서 그러는 거예요. 희로애락이 아직 피어나지 않은 때는
성(性)이며, 희로애락이 이미 피어나게 되면 그때는 정이 되는
겁니다. 당신이나 나의 이 정은 아직 피어나지 않은 정이므로
마치 꽃봉오리와도 같아요." 제111회(6권, 246쪽)

이렇게 애매하게 말했는데, 원앙이는 이 말을 알아듣고 고개
를 끄덕였다. 어쨌든 요지는 원앙에게도 '정'이 있고, 충분히 자격
이 있다는 말이다. 원앙은 정의 화신인 진가경과 동급으로 꽃봉
오리 같은 정을 품고 있다. 신선세계에서 말하는 꽃봉오리 '정'은
시아버지와 통정하고 목숨을 끊은 경우와 독신의 삶을 고집하다
가 목숨을 끊은 경우를 함께 동급으로 묶어서 보여 주는 역설의
끝판왕이다.

그런 점에서 다시 생각해 본다면, 이 '정'은 상당히 메타적이
고 초월적인 개념이다. 국가 사이의 외교로 예를 들면, 수교를 맺
는 것도 외교이고, 전쟁을 하는 것도 외교이고, 수교를 끊어서 관

계를 단절시키는 것도 외교이다. 그래서 단절도 관계의 한 종류이고, 한 번도 누군가에게 정이 발하지 않은 것도 정인 것이다.

　『홍루몽』에선 정의 정의가 여러 번 나와도 모두 알 듯, 말 듯하나, 여기서 추론해 볼 수 있는 정은 인간이라면 모두 가지고 있는 마음이라는 바탕 자체를 말한다고 할 수 있다. 그리고 오묘하게도 지극한 정의 극대치와 발하기 전의 무정함이 마치 정의 시작과 끝처럼 만나고 있다. 인간세상에서야 이런 사랑, 저런 사랑이 구분되고, 또 어떤 사랑은 용납되지 못하기도 하고, 또는 지탄을 받기도 하지만, 실은 다 우리가 구획 지어 규정하는 말장난에 불과한 것이다. 보라! 사랑 때문에 괴로워하던 자들이 저승에 가면, 누구보다도 무정했던 치정사(癡情司)가 사랑의 계산 장부를 들고 그들을 기다리고 있다.

9장 결혼은 소녀의 무덤이다

어렸을 때 나는 서른 살이 되면 내가 어떻게 변하게 될까를 상상하곤 했다. 하지만 도저히 상상불가. 애를 업고 뒤집개를 든 어떤 아줌마를 막연히 떠올릴 뿐이었다. 그게 나라고는 생각되지 않았고, 과연 그러한 '내'가 되는 그날이 올까 싶었다. '그날이 온다면⋯.' 한편으로는 설레면서도 다른 한편으로는 무섭고 끔찍하기도 했다. 서른이라니!

이상한 건, 일단 서른을 넘기고 보니 오십이나 칠십을 상상하는 것이 그만큼 어려운 일은 아니라는 것이다. 그런데 이젠 반대로 어린 나를 떠올려 보면 기억도 잘 안 난다. 거의 전생처럼 다른 존재로 느껴지는 것이다. 어렸던 그때, '내가 아줌마가 되면 지금의 나는 그대로 존재할까? 과연 지금의 이 마음, 이 생각들, 이 꿈들을 다 품은 채 클 수 있을까? 그럴 수 없다면⋯ 내가 없어지는 거잖아!!'라고 두려워했던 그대로, 어린 날의 나는 없어진 것이다.

결혼이라는 비극

『홍루몽』을 읽다 보면 정말 수많은 주제들과 만나게 된다. 그중 보옥이의 운명과도 밀접한 연관이 있고, 그가 어려서부터 시종일관 자기만의 개똥철학을 펼치는 문제가 바로 '결혼'이다. 더 정확히는 '여자의 결혼'.

　보옥이가 결혼에 대해 가지고 있는 생각은 두 갈래로 나뉘는데, 두 가지 모두 부정적이다. 하나는 여성이 결혼을 하면 완전히 못쓰게 변한다는 것. "정말 이상하단 말이야. 어째서 여자들은 사내한테 시집만 가면 사내들의 못된 기운에 전염되어 저렇게 이상하게 변한단 말인가? 남자보다 더 고약하게 굴고 있잖아!"제77회(4권, 465쪽)라는 말은, 한 시녀가 쫓겨 날 때, 어멈들이 일말의 동정심도 없이 그녀를 서둘러 끌고 가는 모습을 보고 한 말이다. 또 하나는 결혼은 불행이라는 것이다.

　　"여자들은 왜 나이 먹으면 꼭 시집가야 하는 거야? 시집가서는 또 왜 그러한 고초를 겪어야 하는 거구? 우리가 처음 '해당사'(海棠社)를 만들었을 때, 모두들 시를 짓고 함께 놀며 얼마나 흥겨웠었어? 그런데 지금은 보차 누나도 집에 가고, 그래서 향릉이조차 올 수 없는 데다가, 둘째 누나도 시집가고 보니 서로 마음과 뜻이 맞는 사람끼리 한데 있지 못하고 이 지경이 되어 버렸지 뭐야. (……) 여기서 몇 년 더 지나면 또 어떻게 될지 알 수 없는 일이야. 그런 생각을 하면 할수록 괴로워 죽겠어." 제81회(5권, 25쪽)

어렸을 때는 함께 모여 자유롭고 즐겁게 놀았는데, 결혼이라는 사건은 소녀들을 하나씩 앗아 간다. 어떤 가문인가로 가 버리고는 돌아오질 않는다. 그럼 그 가문에서의 생활은? 그야말로 고초를 겪는 걸로만 보인다. 앞의 인용은 시집간 둘째누나가 신랑한테 구박을 당하는 걸 알고서 보옥이 슬퍼하는 장면이다. 보옥이가 울면서 누나를 데려오자고 청해 보지만 어머니는 누구나 큰누나처럼 귀비마마가 되는 건 아니다, 그러나 모두 시집을 가게 되어 있으니 귀하게 살든 고생을 하든 자기 운명이다, 라고 달랜다. 한마디로 '여자 팔자는 뒤웅박 팔자'라는 거다.

하지만, 황제의 여자라고 행복한가? 귀비는 왜 가족들을 만날 때마다 우는가? 그녀는 '부모 자식 간에 생이별이니 가난한 사람들만도 못하다'면서 외로움을 토로한다. 황제의 여자가 되면 황제 외 다른 남자의 얼굴을 볼 수 없는데 아버지와 동생이라도 예외가 아니다. 그래서 귀비가 아플 때 문병 가서도 밖에서 명첩만 들이밀 수 있을 뿐이다. 그러니 귀한 대접을 받든 구박을 받든 『홍루몽』에 소개되는 여자의 결혼은 고생이고 외로움이자 이별이다. 『홍루몽』의 비극적 파토스는 '결혼=헤어짐'이라는 전제 위에서 흐른다.

정말 놀라운 발상이다. 나도 이 글을 쓰면서야 이 전복적인 지점을 발견했다. 『홍루몽』에는 행복한 결혼식이 없다. 단 한 번 나오는 결혼식은 국상(國喪) 중에 손님을 아무도 안 부르고 신랑인 보옥이를 속이고 치른 얼치기 결혼식이었다. 게다가 그 결혼식날에 대옥이 죽는다. 비극의 날이다. 그 외에 다른 자매들의 경우, 매파가 두어 번 오가고, 어느 날 자매 중 한 명이 좋은 옷을 차려입고 인사하고 사라지는 것이 결혼 묘사의 전부다. 영춘이도, 상운이도, 탐춘이도… 연지곤지 찍고서 설레며 신랑을 기다리는 장면도 없고, 온 가족이 시끌벅적하게 국수를 나누어 먹으며 흥겹게 결혼식을 연출하는 장면도 전무하다. 그야말로 『홍루몽』에서 자매들의 '결혼'이란 소리 소문 없는 증발일 뿐이다. 소녀는 결혼과 함께 사라진다.

우리의 상식에서 결혼이란 인생의 가장 큰 행사이자 축하할 일이다. 조선시대의 문인 이옥은 한 소품글(희곡)에서 노총각·노처녀의 결혼을 재미있게 연출한다. 기다리던 결혼을 할 수 있게 된 노처녀는 측간으로 달려가 개를 붙잡고서 '멍멍아, 내가 내일 모레면 시집을 간단다… 내가 너에게 허황된 말을 할 것 같으면,

내가 너의 딸자식이다'이옥, 「동상기」, 『그물을 찢어 버린 어부: 완역 이옥전집 2』, 실시학

사 고전문학연구회 옮김, 휴머니스트, 2009, 466쪽라며, 기쁨을 주체하지 못하는

속마음을 내보인다. 나 자신의 결혼과 숱한 친구들의 결혼을 떠

올려 봐도 그렇다. 결혼은 새로운 사람과의 만남이고, 새로운 인

생의 시작으로 기쁘게 축하할 일이 아니던가. 그래서 내게 『홍루

몽』의 결혼은 너무나 비극적이고 낯선 풍경이었다.

　　그런데 나도 유일하게 한 결혼식에서 펑펑 운 적이 있다. 바

로 큰언니의 결혼식이다. 밖에서 식권도 나눠 주고 이리저리 안

내하느라 정신이 없던 나는 잠깐 식장에 들어가 뒤에 서서 결혼

식을 지켜보았는데, 코끝이 찡한가 싶더니 느닷없이 울음이 터져

나왔다. 당시 나는 언니와 맨날 아옹다옹 싸우는 관계였기 때문

에 언니가 시집가 버리는 게 후련하다고 쌍수를 들어 춤을 춰도

모자랄 판이었는데 웬 눈물이란 말인가. 그것도 한 바가지나? 전

혀 뜻밖에 터져 나온 울음에 나는 너무 당황하여 기둥 뒤로 숨었

다. 혹시 누가 보면 신랑의 옛 애인이 와서 우는 줄 알까 봐 끅끅

거리며 울음을 참으려 했는데, 어떤 하객이 나를 보며 말했다. "아

이고. 신부 동생인가 보네." 이럴수가! 별로 슬프지도 않은데 터

져 나온 내 울음이 이 집 저 집 신부 동생들의 보편적 울음이라는

말이 아닌가.

　　신부의 동생들은 운다. 보옥이도 누나들이 시집가면 엎드려

통곡을 한다. 『홍루몽』에서 결혼이 비극적 증발로 다뤄지는 이유

는 그것을 바라보는 시점이 오직 보옥이의 입장을 반영하기 때문인 것이다. 내 안에서 튀어나온 정체 모를 눈물의 근원을 보옥이를 통해 다시 만났다. 보옥은 분명 결혼의 비극적 내용을 보고서 우는 것 같은데, 내 경험상 평범한 기쁜 결혼에서까지 신부 동생들이 공통적으로 우는 것은 남겨진 자들만이 느끼는 다른 뭔가가 있는 것이다.

'소녀'의 죽음에 보내는 애도

보옥이는 모든 스러지는 것들에 눈물의 애도를 표한다. 꽃잎이 떨어지면 꽃잎을 묻어 주고, 시녀의 죽음에도 남몰래 혼자 제사를 지내면서 아름다웠던 존재들의 죽음을 절절히 슬퍼한다. 복사꽃이 떨어진 자리엔 맛있는 복숭아가 열릴 테지만, 보옥의 눈은 언제나 새로운 시작이 아니라 무언가의 끝을 포착한다.

그렇다. 결혼은 만남이지만 동시에 누군가와의 헤어짐이다. 새로운 인생의 시작이면서 동시에 소녀 시절의 끝이기도 하다. 동생들의 눈물은 이 '소녀'의 죽음에 대한 애도가 아닐까?

그렇다면 '소녀'가 무엇이기에? 과거는 분명 어떤 기억이자 습관으로 나라는 주체를 총체적으로 이루고 있기에, 한 시절이 지나간 것을 소녀의 죽음이라고까지 말하는 것을 비약으로 생각할 수도 있다. 그럼 여기서 들뢰즈의 개념을 불러와 보자. 들뢰즈는 『천의 고원』에서 하나의 주체성 또는 견고한 인식에서 벗어나는 실천 방법을 '-되기'로 제시한다. 하나의 규정성에서 다른 무엇으로 이행되는 과정이 그것이다. 그리고 그 첫번째가 여성-되기다. 들뢰즈가 말하는 여성이라는 개념은 생물학적 여자가 아니라 모종의 여성성을 지칭하는 것으로 '소녀'에 가깝다. 여기서 소녀는 어떤 존재가 다른 존재가 '되기' 위한 첫단계로, 그 무엇도 아닌 자가 되는 과정이 된다. 나는 이것을 다른 존재가 되려면 먼저 '그 모종의 여성성'을 갖추라는 말로 이해했다. 그게 뭘까?

결혼하기 전 명절의 풍경을 떠올려 보자. 이때 소녀는 어떤 존재인가? 절하는 사람(남자-제사의 주체)도 아니고 일하는 사람(며느리-제사의 주체)도 아닌 자, 참 쓸데는 없는 자다. 그래서 한 명으로 셈해지지 않아 와도 되고 안 와도 되는 그런 존재다. 그냥 주변에 어슬렁거리다가 설거지나 돕고, 때마다 '시집 안 가냐'는 소리를 듣는다. 아직 규정되지 않은 존재로, 자기 자리가 아닌 곳에 임시로 머무는 주변인인 것이다.

『홍루몽』의 소녀들도 대관원이라는 가문의 내밀한 공간에서 꽃 같은 대접을 받으며 키워지지만, 결국 대관원은 가문의 주변부였고 그곳을 한 발짝도 벗어나지 못하는 그녀들의 운명은 결국 가문들 간의 거래나 야합에 의해 강제적으로 결정된다. 그 순간이 되기까지 잠시 머무는 가부의 대관원은 규정되지 않은 존재들의 집합소이다.

불확실한 미래에 대한 불안을 지닌 채, 아무것도 아닌 존재로 있기. 우리는 이 상태에서 벗어나기를 갈망하고 어떤 확실한 정체성을 고대한다. 그래서 취직이 되면 기뻐하고, 결혼을 하면 기뻐하고… 아무튼지 뭔가가 되면 기뻐한다. 이름표에서 내 정체성을 찾는다. 아무것도 아닌 존재로 있는 것에는 어떤 의미도 부여하지 않기 때문에 시작만을 보며 기뻐하는 것이다. 그런데 보옥이는 정반대의 눈으로 사건을 본다. 소녀는 죽고 주체에 갇히는 것이 보옥이가 보는 결혼이라는 사건이다. 어떤 존재의 생명력이 사라지는 순간으로 보는 것이다. 이름표라는 감옥에 갇히는 것이다.

나도 소녀 시절에는 가슴 가득 기쁨을 안고 살았던 것 같다. 불안정한 존재였지만 그 불확실함을 사랑했었다. 모든 존재들에 연민을 품었던 것도 같다. 그것이 아마도 우주와 연결된 충만한 생명력일 것이다. 어른들은 감정마저도 이해득실에 따라 움직이는 것 같아서 나는 어른이 되어도 절대 그러지 말아야겠다고 다짐했었다. 그러나 한편으론 어른들이 하나같이 다 그러는 걸 보면서 나도 결국 변하게 되지는 않을까라고 두려워했었다. 내가 두려워했던 것, 그것은 아마도 내 안의 소녀의 죽음인가 보다. 오늘을 그 소녀에게 애도를 표하는 날로 삼아야겠다.

하지만 한편으로 스스로 위안해 보자면, 살펴보았듯이 소녀는 어떤 실체가 아니다. 주체를 떠나는 순간의 불확실성, 아무것도 아닌 존재가 되는 것이 소녀의 부활이자 생생한 생명력을 회복하는 순간일 것이다. 그런 과정은 분명 도처에 존재하고 있을 것이고, 우린 자기도 모르게 또는 원치 않게 그런 순간에 계속 처했을 것이다. 실직 상태, 미혼 상태, 아이들이 다 커서 엄마 역할이 필요 없어질 때의 허탈함 등등. 단지 보옥이처럼 그 불확실성에 충만한 기쁨을 느끼지 못했기 때문에, 우리 안의 소녀가 꿈틀대는 걸 못 보고 있었을 뿐이 아닐까.

樓

10장 되돌아오는 시간들—흥망성쇠와 인연과보

『홍루몽』을 반복해서 읽을수록 '조설근은 천재가 아닐까?'라는 생각을 종종 했다. 뭔가 숨겨진 의도를 뒤늦게 알아챌수록 그 절묘함에 탄복하게 되지 않던가. 캐릭터의 특이성과 스토리의 신선함보다 뒤늦게 찾아온 놀라움은『홍루몽』의 구조 자체가 동양 철학적인 이치를 구현하고 있다는 점이다. 120회는 시간 순서로 차근차근 진행되는데, 대체적으로 전반 60회는 흥성하고, 후반 60회는 쇠망한다. 이 시간은 과거에서 미래로 뻗어가는 일직선이 아니고, 어느 기점부터 접혀서 되돌아오는 대칭의 시간이다. 5회차에 태허환경에서의 미망(迷妄)이 나오면 116회차(뒤에서 5회차)에 태허환경에서의 깨달음이 나오고, 13회차에 성대한 장례식이 나오면 110회차(뒤에서 11회차)에 엉망인 장례식이 나온다. 17~18회차에 대관원의 화려한 낙성식이 있었건만, 101~102회

(뒤에서 19~20회차)엔 폐허가 되어 귀신 소동이 벌어지는 음산한 대관원의 이야기가 펼쳐진다. 마치 긴 실을 딱 절반으로 접은 것과 같이, 사건들은 모두 짝을 이뤄 '왕'(往)과 '복'(復)의 순서에 딱딱 맞아떨어지다가 결국 시작과 끝이 다시 만나며 막을 내린다.

유교와 도교, 불교가 혼용된 청나라 시대에 조설근이 어떤 종교적 신념을 가지고 있었는지는 모른다. 어쨌든, 이렇게 같은 계열의 사건들이 마주보고 있는 거울의 형식에서 우리는 도교의 신비주의적 색채를 엿볼 수 있다. 또 흥과 망, 모임과 흩어짐, 생과 멸이 순환하는 구조는 『주역』의 일음일양(一陰一陽)의 도를 고스란히 담고 있음을 알 수 있다.

크리스토퍼 놀란의 영화 〈테넷〉은 시간의 중첩을 다루고 있는 영화다. 여타 시간영화와는 다르게 과거로 갈 때 타임머신을 타고 '뿅'해서 그 장소로 가는 것이 아니라 역방향의 시간으로 그 장소를 지나간다. 숨 쉬는 것부터 중력까지 모든 것이 거꾸로다. 모든 것이 거꾸로인 우주를 사는 것. 그래서 한 장소에 같은 사람이 순방향인 자와 역방향인 자, 둘 다 동시에 존재할 수 있다. 하지만 정말로 인간이 영화처럼 팽창하는 우주와 수축하는 우주를 왔다갔다하며, 과거와 미래의 사건들에 개입하면서 살 수 있을까? 『홍루몽』은 비록 순방향과 역방향이 교차하는 비현실적 CG는 없지만, 우리 모두가 팽창과 수축의 시간을 살고 있다는 것을 보여 준다. 아주 현실적으로, 또 철학적으로 말이다.

어둠 속에서 타오르는 찰나의 영광

가씨 가문의 성세는 보옥의 증조할아버지 때부터 3대째 세습관직으로 내려오는 것이다. 가부는 금릉 4대 가문의 하나로 위세를 떨친 지 이미 오래다. 그러나 이 가부가 "훨훨 타는 불꽃 위에 기름을 부은 듯하고 아리따운 꽃송이를 비단 위에 새긴 듯한 성대함의 극치"제13회(1권, 277쪽)를 맛보게 되는 것은 궁으로 들어간 원춘이 귀비가 되면서부터다. 이때 가부 사람들은 "마음이 들뜨지 않는 사람이 없었고 모두들 얼굴에 자랑스러움이 가득 넘쳐나며 물이 끓어오르듯이 다들 웃고 떠들며 야단"제16회(1권, 330쪽)이었다. 이 야단법석은 원춘귀비가 황제의 특별 교지로 친정나들이를 허락받아 가부에 오게 되었을 때까지 이어진다.

가부의 사람들은 온 정성을 들여 귀비를 맞을 준비를 했다. 땅을 매입하네 어쩌네, 정원을 짓네, 연못을 파네, 건물을 짓네, 편액을 거네, 대련을 붙이네… 이렇게 1년여의 시간 동안 돈을 쏟아부어 '대관원'이라는 정원을 만들었다. 그런데 귀비가 오는 날, 궁에서 출발한 시간이 술시(戌時)오후7시~9시란다. 아침부터 기다리던 가족들은 다시 들어가 대관원 곳곳에 몇 다발씩 양초를 밝혀 영접할 준비를 마친다. 귀비가 등장하는 장면은 17~18회로 두 회차가 묶여 있는데 여기가 가문의 부귀영화가 정점을 찍는 순간이며, 가장 화려하고 성대하게 묘사되어 있다.

용을 그린 깃발과 봉황을 그린 큰 부채, 꿩의 깃털로 만든 부채와 외다리 용의 머리 모양을 그린 깃발이 각각 짝을 이루어 나타나고 궁중 향을 피우는 휴대용 금향로가 나타났다. 그 뒤로 관을 쓰고 도포를 입고 관대를 하고 가죽신을 신은 사람들이 굽은 자루가 달리고 일곱 마리 봉황을 새긴 황금우산을 받쳐 들고 오는데 집사 역을 맡은 태감이 향주와 수놓은 수건과 양치용 용기와 먼지떨이 등을 받들고 있었다.

무리를 지은 사람들이 다 지난 다음에 뒤쪽에 비로소 여덟 명의 태감이 금빛 지붕을 한 황금판 위에 봉황을 수놓은 가마를 메고 천천히 다가왔다. 제17~18회(1권, 385쪽)

엄숙하게 등장한 귀비는 가마 안에서 밖을 바라보면서 너무 호화롭게 꾸며 놓은 정원을 보고 탄식을 금치 못한다. 예(禮)를 올려 감격의 인사를 나누고, 곧이어 성대한 연회가 열렸다. 귀비가 즐겁게 아이들과 시를 짓고, 연극도 보고 있는데, 수행하던 태감이 귀비에게 다가오더니 궁으로 돌아가야 한다고 말한다. 엥? 벌써 가다니! 그때가 바로 축정삼각(丑正三刻)새벽 2시 45분이다. 나는 이때서야 이 성대한 친정 나들이 행사가 하루짜리(사실은 반나절짜리)였음을 알았다.

나는 이 몇 시간의 성친행사를 위하여 1년간 난리법석을 하며 돈을 들이부은 것이 너무 아깝다고 생각했다. 게다가 궁 사람들이 미리 장소를 점검하고 예행연습까지 할 정도로 사전에 치밀하게 준비된 행사건만, 하필 이 시각에 왔다는 것도 참 의아했다. 몸의 생체시계를 고려해 보면 정말 무리한 시간이지 않은가. 그런데 이토록 치밀하면서도 의아함을 자아내는 이 장면은 가부가 가진 '찰나의 화려함'이라는 이미지를 가장 강렬하게 전달하는 핵심적인 장면이었다. 장엄한 횃불과 등불의 화려함이 눈앞에 그려질 듯 생생한데, 이 화려함은 어둠 때문에 완성된다. 귀비는 아마 새벽 세 시쯤 가부를 나갔을 테니, 그녀가 가부에 머무른 시간은 해, 자, 축(亥, 子, 丑)시다. 하루 중 가장 어둠이 깊은 세 시진(時辰)의 밤이며, 가부의 화려한 조명이 가장 밝게 빛날 수 있는 시간이다. 대낮처럼 밝혀 놓은 정원을 돌며 편액들을 둘러보는 장면은 부와 권력의 성대함을 확인하는 시간이다. "뜰 안에는 타오르는 불길이 하늘 높이 솟아올랐고 향나무 가루는 온 땅에 흩어져 있었다. 나무마다 등불을 달아 놓은 것이 구슬 꽃송이 같았다."제

17~18회(1권, 389쪽)

대낮의 해는 누구에게나 공평하지만, 밤을 밝히고 도시를 아름답게 만들며 기쁨을 주는 조명은 인위적이기에 차별이 있다. 그래서 조명은 권력과 부를 과시하기도 하고 인간의 욕망과 마음의 정성까지도 표현할 수 있다. 가부는 있는 돈 없는 돈을 끌어 모아 대관원을 만들었고, 원춘귀비를 맞이하는 기쁨과 환호를 타오르는 불길에 담았다. 귀비의 일거수일투족이 모두 황실의 관리대

상이므로, 궁에서도 이것저것 따져서 가장 적합한 시간을 선택한 것이겠지만, 나는 이 타이밍은 조설근이 선택한 시간이 아닐까 한다. 그 깊은 어둠의 시간을 대낮처럼 밝혀 놓은 가부의 화려함과 위태로움을 동시에 표현하고 있기 때문이다. 보름달은 가장 크고 밝지만, 어둠의 역전이 시작되는 순간이 아닌가.

천릿길 잔칫상의 끝

모두가 부러워할 가문의 성세는 몇 년 후 귀비가 죽는 시점 즈음부터 본격적으로 허물어진다. 정말 찰나처럼 지나간 부귀영화다. 하지만 집안이 이렇게 스러지는 것이 예고 없이 닥친 일은 아니다. 원춘이 귀비로 책봉되기 전에 이미 왕희봉은 꿈에서 죽은 진가경을 만났는데, 가문에 곧 큰 경사가 있을 것이니 후일의 어려울 때를 대비하라는 계시를 받은 것이다. 진가경은 '달도 차면 기울고 물도 차면 넘친다', '높은 데 오르면 떨어질 때 더 아프다', '성대한 잔칫상도 끝날 날이 있도다' 등의 속담을 들며 집안이 큰일을 당하더라도 버틸 수 있는 준비를 해두라고 아주 구체적 방법까지 제시한다. 가문이 스러지는 것을 피할 수 있는 방법이 아니라, 그런 일을 당했을 때 죽지 않고 버틸 수 있는 방법을 일러 준 것이다.

　곧 좋은 일이 있을 것인데 망할 것을 대비하라는 말은 정말이지 분위기를 깨고 김이 새는 말이다. 그러나 이것이 바로 음양의 순환 법칙이며, 『주역』의 대표적인 '우환(憂患)의식'이다. 『주역』의 64괘 중에서 '임괘'(臨卦)는 바야흐로 좋은 일이 일어나는 때에, 반 바퀴(8개월) 후 다시 도래할 흉함(돈괘遯卦)에 대해 얘기하는 괘이다.

> 성인이 경계하는 것은 반드시 이제 막 성대해지기 시작하려는 때에 하니, 성대해지려고 할 때에 쇠락할 것을 염려하면 가득 차는 것을 예방하여 오래도록 지속 가능하도록 도모할 수 있다. 하지만 쇠락한 후에 경계하면 해결할 수 없다. 성대할 때에 경계할 줄을 몰라 편안하고 부유한 데에 길들여지면 사치가 생기고, 늘어지고 방자함을 즐기면 기강이 무너지며, 재앙과 혼란을 잊어버리면 위기의 틈새가 움트게 되니, 그래서 점차적으로 혼란이 오는 줄을 모른다. 정의천 주해, 『주역』, 심의용 옮김, 글항아리, 2016, 421쪽

똑똑한 희봉마저 진가경의 조언을 홀랑 까먹듯, 사람들은 대부분 영광의 도가니에 도취되면 이런 이치를 소홀히 여긴다. 뒷날, 그토록 화려하고 즐겁던 대관원의 횃불과 봉화는 사라지고 사람들은 하나둘 떠나고 죽어 폐허처럼 변한다. 그런데 어둠에 잠긴 대관원의 스산한 바람을 쐰 가족들이 연이어 귀신이라도 들

린 듯 헛소리를 하고 시름시름 앓는 지경에 이르자, 가부에서는 귀신 쫓는 의식을 거행한다.

길일을 택하여 이전에 원비가 근친을 왔던 정전에 제단을 차리고, 정면에는 삼청성상을 모신 다음 그 옆으로는 이십팔수와 마, 조, 온, 주의 4대 장군의 화상을 앉히고, 또 그 아래로는 삼십육천장의 화상을 차례로 걸었다. 당 안에 향화와 등촉을 가득 채웠으며, 양옆으로 종고와 법기들을 배열하고 오방기를 꽂았다. 제102회(6권, 58쪽)

대관원에서 귀신 소동이 벌어지고 귀신 쫓는 굿이 행해지는 장면은 101~102회차로, 17~18회차의 대관원 낙성과 대칭을 이뤄 거울처럼 마주보고 있는 사건이다. 귀비를 맞이하던 화려한 조명 대신, 이제 요란한 굿판을 벌여 놓았다. 『홍루몽』에선 어떤 사건도 홀로 존재하지 않는다. 모든 일이 그렇지 않은가. 등산이란 올라감과 내려옴을 합한 사건이고, 보름달이 되면 다음 날부터는 그믐달로의 이행이다. 이렇게 연속된 시간상의 일이 아니더라도, 긴 인생의 실을 접으면 한 사건과 같은 계열로 짝을 이루는 사건이 분명히 존재한다. 내가 도반들과 함께 모여 공부하고 글쓰는 이 순간도 과거 어느 순간과 필연적 짝일 것이다. 또 동시에 미래에 벌어질 어떤 사건의 잠재성도 내포하고 있을 것이다. 이렇게 시간은 중중무진으로 겹쳐 있는 것이 아닐는지. 이러한 시간의 이치를 진작에 간파한 보옥이는 겹쳐진 시간을 관통한다.

대옥의 몸을 찾을 길이 없어지면 다른 사람은 또 어떠하랴. 보차도 향릉도 습인도 다들 사라져 어디에서도 찾을 수 없는 날이 오고야 말 것이 아니겠는가. 결국 보차 등을 찾을 길이 없어지는 때면 나 자신은 또한 어디쯤에 가 있겠는가. 나 자신도 어디로 가서 헤매고 있을지 모를 일이니, 그리하면 바로 이곳, 이 정원, 이 꽃들과 버드나무는 또 누구의 것이 되어 있을지!제 28회(2권, 182쪽)

대관원의 가장 좋은 시절에 꽃잎 장례를 지내는 대옥을 보며 통곡을 하는 보옥. 그의 몸은 지금 팽창의 시간에 존재하지만 마음은 수축의 시간을 살고 있다. 이렇게 시간을 관통하고 넘나들며 고통스러운 삶의 필연성을 직면할 때만이, 모이고 흩어짐의 반복일 뿐인 우리 삶의 실상, "취산부생"(聚散浮生)제118회(6권, 418쪽)의 깨달음을 얻게 되는 것이리라.

터럭 한 올의 인연

세상 이치가 흥-망의 서사로만 짝 지어지는 건 아니다. 불교용어로 '인연과보'라고 부르는, 선택이나 행위에 필연적으로 뒤따르는 사건들의 연쇄도 인과의 짝이다. 『홍루몽』에서의 인연과보를 보여 주는 대표적인 사건은 바로 유노파의 이야기다.

유노파는 가부 바깥의 가난한 농사꾼 할멈이다. 가부와 아무런 상관도 없지만, 자기의 사위가 왕씨인 것을 빌미로 가부의 살림살이를 맡고 있는 왕씨 고부(왕부인과 왕희봉)를 찾아갈 생각을 한다. 아주 예전에 알고 지낸 인연이 있긴 했단다. 노파는 넉살 좋게도 희봉에게 먼 친척임을 내세워 용건을 말한다. "속담에도 '말라죽은 낙타도 말보다는 크다'는 말이 있지 않습니까. 좌우지간 뭐든지 간에 아씨마님네가 터럭 한 올 뽑아 주시기만 해도 저희에겐 허리통 맞잡이인 격이 된다니까요."제6회(1권, 163쪽) 이 구수한 입담을 보라! 그래서 왕희봉은 정말로 터럭 한 올을 뽑아 준다. 아이들 옷이나 해 입히라고 인심 쓴 은자 20냥. 이 돈은 시골집이 일년간 살아갈 수 있는 돈이다.

그로부터 1, 2년이 지났을까, 어느 날 유노파가 자루 가득 대추와 호박 등의 채소와 말린 야채를 짊어지고 찾아왔다. 지난번의 보답으로 농사지은 것 중 제일 좋은 먹거리로 골라 온 것이다. 노파는 희봉이 처소에 없어서 짐만 부려 놓고 가려고 했으나, 이날 뜻밖에도 "복이 터졌다". 노파가 돌아간다는 전갈을 시녀가 희봉에게 전하자, 함께 있던 가모가 노파를 만나 보고 싶다고 한 것이다. 시녀들은 노파를 목욕시키고 새 옷으로 갈아입혀 가모 앞으로 데려갔다.

나는 이 장면에서 남부러울 것 없는 가모의 삶이 처연해 보이는 요상한 착시현상을 느꼈다. 노파는 가모보다 늙었지만 훨씬 건강하다. 가모는 치아도, 무릎도, 눈도, 귀도 다 시원찮다. 노동하는 활기찬 삶에 대한 일말의 부러움이 진심으로 느껴졌다. 유노파의 입담에 쏙 빠진 가모는 가부에서 며칠 묵어가길 청하고, 다음 날부터 잔치를 벌여 멀리서 찾아온 소꿉친구와 놀듯 즐거워한다. 가모는 지난 시절의 이야기를 함께 나눌 친구가 필요했고, 유노파는 재치와 입담으로 있는 얘기 없는 얘기 지어내 좌중을 유쾌하게 했다.

이 며칠간 노파는 가모의 안내를 받으며 대관원 유람도 하고, 평생 구경도 못 해본 산해진미도 실컷 맛보고, 향긋한 술에 취하고, 함께 주령놀이를 한다. 어린 아가씨들이나 시녀들은 이 노파가 너무 웃겨서 계속 놀려먹는데, 꽃으로 머리를 꾸며 준다며 온통 꽃으로 덮어 버린다든지, 아주 무거운 젓가락을 준다든지, 엄청 큰 술잔을 줘서 술을 먹이는 식이다. 그런데 유노파는 그들보다 더 고단수다. 분명히 당하는 것 같은데 이 순간을 누구보다 최대한 즐기고 있기 때문이다.

신기하게도 유노파는 희봉과 스스럼 없는 사이가 된다. 희봉이 노파를 대할 때 아주 드물게도 소박한 감정을 느끼기 때문이었을까? 노파가 민간의 많은 상식을 알고 있어서 도움이 되기 때문일까? 희봉은 감기에 자주 걸리는 자기 딸을 어떻게 키워야 할지 조언도 구하고, 액땜용 이름까지 유노파로부터 받아서 아직 아명을 쓰고 있던 딸의 정식 이름으로 짓는다. 바로 '교저'다.

유노파가 떠나는 날, 가부에서는 '방 안 절반을 채울 만큼'의 선물과 그걸 집까지 들어다 줄 하인까지 준비해 두고 있었다. 유노파는 그 선물 하나하나에 감격해서 몸 둘 바를 몰랐는데, 며칠간 지내면서 자기가 맛있다고 했던 것, 가져가고 싶다고 한 것, 또는 가모가 주겠다고 약속한 물건들이 빠짐없이 챙겨져 있었던 것이다. 뿐만 아니라 노파를 놀려먹던 시녀들까지도 자기들이 안입는 옷, 새로 지은 옷, 쓰던 물건을 내주었다. 게다가 예전에 받아 갔던 돈의 다섯 배인 은전 100냥까지! 가장 인상적인 것은 보옥의 선물이다. 노파가 입을 한 번 댔다고 찻잔을 깨 버리려고 한 까칠한 비구니가 있었는데, 비구니를 만류하고 그 찻잔을 챙겨서 노파에게 선물로 보내 준 보옥이의 마음은 감동 그 자체다.

애초 터럭 한 올에 불과했던 인연에 노파가 마음을 담아 보답하자 더 큰 물질적 보상이 돌아왔다. 그러나 이 두번째 만남이 훨씬 놀라운 지점은 물질적 보상을 뛰어넘어 그들 사이에 진한 인간적 인연의 끈이 연결되었다는 것이다. 친구가 된다는 것, 이웃이 되는 것, 이는 우리의 인생에서 쉽게 얻을 수 없는 가장 값진 선물이다.

인연과보의 법칙

이 두 번의 방문과 연결이 되는 거울 형식의 에피소드는 유노파가 위기에 빠진 가문을 도와주는 일이다. 희봉도 죽고 가모도 죽고 나서 집안의 망조는 사람들의 행실과 마음으로도 나타나는데, 희봉을 평소 싫어하던 젊은 남자들 몇몇과 죽은 희봉의 친정오빠가 음모를 꾸민다. 먼 오랑캐 부족의 왕이 여자를 구한다는 소식을 접하고는 희봉의 딸 교저를 팔아먹으려는 것이다.

희봉이 죽은 마당에 시녀 평아 혼자 어디에 기댈 곳도 없이 꼼짝없이 수상한 놈들에게 교저를 넘겨줄 위기에서 발만 동동 구르고 있을 때, 유노파가 찾아왔다. 노파는 자초지종을 듣더니 너무 쉽게 '내빼면 되지 뭘 걱정하냐'면서 교저를 마치 자기가 데리고 들어온 손녀처럼 꾸며 남들 눈을 속이고 자기 집으로 가 버렸다. 이 쉬운 생각을 왜 못했을까? 못할 수밖에 없다. 가부는 철옹성 같은 겹겹의 문으로 닫혀 있고 문지기들이 지키고 있기 때문이기도 하지만, 평아나 왕부인은 가부라는 경계 밖의 세상을 세상이라고 생각해 본 적이 없기 때문이다. "우리 같은 집안의 아가씨가 피할 데가 어디 있다고 그러세요?"라는 평아의 물음은 죽어도 여기서 죽고, 살아도 여기서 사는 그 닫힌 경계의 삶을 보여 준다.

바깥에서 보면 참 쉬워 보이는 해결도 안에 있는 사람은 보지 못한다. 피하려는 마음만 먹으면 너무 쉽다는 노파. 이렇게 해서 교저는 처음으로 가부라는 세상 바깥으로 나가게 된다. 이것은 단순한 피신이 아니다. 여태까지 가부라는 이름으로 작동하고 삶의 형식을 규정짓던 코드에서 새로운 삶으로 탈주하는 것이다. 이 농가에서 며칠을 지내며 교저는 그 집의 여자아이들과 친구가 된다. 먼 곳에서 연락을 받은 아버지가 돌아와서 그 음모가 파헤쳐지자 교저는 그때서야 집으로 돌아온다. 하지만 이미 바깥의 공기를 들이마신 교저의 폐는 다른 삶을 예고한다. 그녀는 유노파의 중매로 귀족이 아닌 부유한 농가로 시집을 가게 된다. 물론 이건 나중 일이다.

유노파가 용감하게 가부의 경계를 뚫고 들어와 며칠을 머물며 대관원 유람을 하고 부귀영화를 체험한 사건과 교저가 귀족이라는 허울을 깨고 유노파의 집에 며칠간 머문 것은 완벽하게 짝을 이루는 사건이다. 이것은 은혜 갚은 까치나 호랑이 같은 훈훈한 미담이 아니다. 인연을 맺으면 그것이 또 다른 인연으로 연결되며 과보를 받는다는 우리의 종교적 신념은 『홍루몽』 속에선 현실적이고 필연적인 법칙으로 승격되는 것이다. 『홍루몽』의 인연과 보는 사건과 동떨어진 벌이나 상으로 하늘에서 내리는 것이 아니라 스스로 만들어 가는 사건의 필연성 속에서 이루어진다. 이렇게 우리는 현재만을 사는 것이 아니라 과거와 미래의 같은 계열의 사건과 마주보며 거기에 관여하고 있는 것이다. 시간은 중첩되어 있고, 하나의 사건은 온 과거와 미래의 삶까지 바꾸어 놓기에.

11장 잔칫날 풍경에 비친 가문의 운명

망종절의 꽃제사, 가문의 봄날

내가 감이당에 공부하러 왔던 당시엔 암송을 정말 많이 했다. 어리둥절한 채로 처음 들어보는 단어가 나열된 표들을 뜻도 모른 채 통째로 달달 외웠다. 동양 별자리, 인체의 혈자리, 절기, 음양오행과 『주역』 등등… 모두 천지와 인간을 연결하는 암호들이었다.

이때 배운 24절기의 하나인 망종(양력 6월 초경)은 봄의 기운 중 화기(火氣)가 가장 치성한 절기다. 망종엔 몸의 화기도 배가 되어, 치솟는 기운이 머리 꼭대기인 '니환궁'(泥丸宮)까지 이르게 된다고 한다. 도교에서 말하는 니환궁은 수련자들이 수련 끝에 생명의 영액을 얻을 수 있는 곳이라는데, 망종엔 그것이 평범한 사람들에게도 가능한 시기라는 것. 그래서 니환궁의 영액(땀?)을 얻을 수 있는 기회를 놓치지 말고, 열심히 움직여서 땀을 흘리라고 배웠다. 또, 이때 전통적으로 "천자는 붉은 옷을 입고, 붉은 말을 타며, 붉은 옥을 차고, (……) 남쪽 궁에서 여자를 시중들게 할 때는 적색 옷을 입히고, 적색으로 채색한 천을 두르게 한다"김동철·송혜경, 『절기서당』, 북드라망, 2014, 121쪽고 한다. 본격적인 여름의 기운에 어울리는 화기의 색깔로 꾸미는 것이다. 오, 그런데 『홍루몽』에서도 화려하게 망종을 맞이하는 장면이 나와서 참 반가웠다.

> 다음 날은 (음력)사월 스무엿새 날이었다. 이날 오후 두 시쯤인 미시(未時)가 바로 망종절의 제를 지내는 시간인데 옛날 풍습에서는 온갖 제물을 차려놓고 화신(花神)에게 제사지내도록 되어 있었다. 망종이 지나면 바야흐로 여름이 시작되는데 뭇 꽃들은 사라지고 화신은 물러가게 되어 있으니 화신을 송별하는 제사를 지내야 했다.
> 더욱이 규중에서는 이러한 풍속을 극히 중시하여 대관원 사람들도 일찍부터 일어나 꽃잎과 버들가지로 가마와 말을 엮고 비단과 면사로 접어서 깃발을 만들어 채색 실로 매어 나뭇가지와 꽃나무마다 이것들을 달아 놓았다. 제27회(2권, 162쪽)

흐드러진 꽃이 다 져 가고 본격적으로 더워지려는 때, 대관원의 여자아이들은 화려하게 꾸미고서 화신을 떠나보내는 의례를 하면서 꽃놀이를 한다. 여름을 맞이하면서 봄부터 내내 정원을 수놓았던 꽃들과 마지막 잔치를 하는 것이다. 이날, 보차는 대옥의 처소를 찾아가는 길에 나비를 보고는 무심결에 그 나비를 잡겠다고 이리 뛰고 저리 뛰고 하다가 "온몸에 땀이 배어나 촉촉이 젖었고 숨은 가늘게 헐떡"제27회(2권, 164쪽)이게 된다. 이 장면은 보차의 정숙한 이미지 밑에 잠재되어 있던 활달한 본성이 아무도 안 볼 때 자연스럽게 드러나는 장면으로 유명하다. 그런데 이건 우연의 일치인가, 조설근의 과학적 배치인가. 공교롭게도 망종에 땀이 나는 것을 싫어하지 말라는 절기 선생님의 조언에 딱 들어맞는다. 망종은 농사일이 가장 바쁜 때라 농부들은 절로 땀이 나겠지만, 땀 흘릴 일 없는 소녀들은 화신제사를 지내며 바깥놀이라도 해야 절기의 흐름에 신체를 맞춰 갈 수 있다.

'나비 쫓는 보차'가 망종절과 만난 것은 우연의 일치일지도 모른다. 하지만 많고 많은 절기 가운데 하필 화신을 배웅하는 망종 제사 장면이 27회에 배치된 것은 계산된 것이다. 가부는 이때쯤 화려한 봄날의 번영을 떠나보내며 그다음 스텝으로 넘어가기 때문이다. 가모는 망종제를 지내고 바로 며칠 후인 음력 5월 초하룻날에는 근처 도관에서 복을 비는 재를 올린다. 그녀는 가족들을 모두 이끌고 '청허관'에 가서 향을 사르고 엽전주머니를 태우며 가문의 안녕을 기원한 후 연극을 보면서 연회를 즐겼다.

세도가 집안이 움직이자 주변 집들도 덩달아 분주해진다. 이들의 요란한 봄나들이에 아랫사람들이나 교류가 있던 세가(世家)

로부터 줄줄이 예물이 들어오는 것이다. 우리는 결혼식이나 장례식처럼 큰 행사가 있는 집에 부조를 함으로써 기쁨과 슬픔을 나눈다. 개업식, 집들이 역시 기쁨과 축하의 공유 의례다. 이렇게 복을 비는 행사에도 부조를 한다면 복도 배가되고 그 복을 함께 나눌 수 있는 것일까? 가부와의 '꽌시'(關係)를 더욱 공고히 하여 복의 콩고물을 얻으려는 건 아닐까? 어쨌든 이토록 주변으로 넘쳐흐르는 풍족함도 끝날 날이 있기 마련이며, 그 정점을 보여 주는 가장 성대한 명절이 바로 그믐제사와 정월보름잔치다.

그믐제사, 어두운 밤의 요란한 잔치

현재 중국에서 가장 큰 명절은 우리와 마찬가지로 춘절(설날)과 중추절(추석)이다. 중국의 춘절 연휴가 우리보다 너무 성대하고 길어서 뭘 이렇게까지 오래 쉴까 의아했는데,『홍루몽』에서 명절을 지내는 풍습을 보고서 그 이유를 눈치챌 수 있었다.

"어느덧 섣달이 되어 새해가 얼마 남지 않게 되었다"^{제53회(3권, 309쪽)}는 말에서 알 수 있듯이 중국에서 12월은 한 해의 남은 기간이라기보다는 새해가 되기 위한 기간이다. 가부는 설날맞이를 위해 무려 한 달의 시간도 짧게 느낄 만큼 분주하다. 이 시기 동안 가부의 장원들로부터 각종 물품이 들어온다. 그러면 집안의 가장 높은 어른은 그걸 가족들에게 분배하는데, 이때의 물품의 분배에는 놀랍도록 공명정대한 기준이 있다.

> "이런 물건은 본래 너희 중에 아무 일도 맡지 못해 빈둥대며 수입이 없는 젊은 애들에게 나눠 주려는 것이다. 지난 2년 동안 일이 없이 놀고 있어서 네게도 준 적이 있잖느냐. 지금은 저쪽 부중에서 일을 맡고 있고 가묘에서 중과 도사를 관리하고 있는 마당에 여기 와서 이런 걸 받아 가려느냐? 너무 욕심이 과하구나." 제53회(3권, 317쪽)

가근이란 자가 물품을 수령하러 왔을 때 가진이 그를 꾸짖는 말이다. 집안 구성원의 일자리는 모두 집안에서 창출한다. 정원 만들기나 명절 준비, 나무 심기, 극단 관리 등등이 모두 일자리다. 얼마나 경쟁률이 치열한지 그걸 얻기 위해 가족 간에도 뇌물을 쓰고 야단들을 한다. 섣달에 장원에서 들어오는 물품은 일자리를 못 얻어 놀고먹는 애들에게 주로 분배된다. 가근의 입장에선 일을 좀 한다고 해서 살림이 넉넉해지는 것은 아니라서 억울할 수도 있겠지만 가진은 얄짤없이 자른다. 일자리가 없어 빈둥대는 애들이 있는 집부터 설을 지낼 보조금을 줘야 할 터이니 말이다. 가진은 집안의 폐단을 누적시키는 자로 주색잡기와 노름에 빠진 인물이지만 이 장면에서만큼은 물품의 순환 윤리를 정확히 시행하는 어른의 모습을 보인다. 이것은 가문을 지탱하는 공통의 감각으로, 이것마저 없었으면 아마도 이 가문은 존재하지 않았을 것이다.

섣달에는 사당을 청소하고, 문의 현패 등도 바꿔 달아야 한다. 궁중에 인사도 하고 궁에서 내려 주는 물품을 받아 온다. 이렇게 한 달 내내 설맞이를 준비하기 때문에 이 달을 섣달이라 부르나 보다. 우리에겐 설 차례에 해당하는 제사를 이들은 섣달그믐에 지낸다. 그믐이란 달이 없어지기 전날로 달이 가장 작아진 날이다. 음력 12월 29일인 그믐에 사당의 문이 열리고, 한 사람도 빠짐없이 한 자리에 모여 경건하게 제사를 지낸다. 두 줄로 나열된 조상들의 영정과 사당문 앞에서 내당 낭하에 이르기까지 항렬대로 늘어선 모습, 숨죽이고 손에서 손으로 제물을 옮겨 나르는 풍경은 그들이 자신들의 정체성을 각인하는 의례다. 가문의 정신적인 뿌리인 것이다. 이날부터 시작된 세배는 그믐의 다음 날인 설날부터 보름간 계속되다가 대보름 잔치까지 이어진다.

가부에선 정월 보름을 맞아 등불을 환히 밝히고 연회를 열고 집 안에선 연극을 본다. 때마다 보는 연극이지만 정월 대보름날의 연극 땐 잔치의 흥겨움이 배가 된다. 집사 어멈들은 각자 자기 주인들의 분부를 받고 광주리에 동전을 가득 담아 미리 대기하고 있다가 연극이 끝나면 무대 위에 쏟아붓는다. 어린 나이의 배우들에게 베푸는 일종의 보너스이기도 하고, 세뱃돈이기도 한 셈이다. 돈을 극단장에게 척 쥐여 주는 것이 아니라, 무대 위에 광주리

쩨로 동전을 쏟다니! '짜르릉, 차르르르' 요란한 소리가 연회장을 가득 채운다.

예전에 잠시 중국에서 어학연수를 할 때 사귄 한 중국 친구가 설 명절을 자신의 집에서 함께 지내자며 유학생 몇 명을 초대한 적이 있었다. 그는 리어카를 끌고 어딘가로 우리를 데려갔는데 폭죽을 파는 엄청 큰 시장이었다. 거기 온 사람들은 모두 리어카를 대동하고 있었다. 그 벅적거리는 풍경에 놀랄 새도 없이, 우리는 또 입을 쩍 벌릴 수밖에 없었는데, 그가 그 큰 리어카가 넘칠 만큼 폭죽을 사는 것이 아닌가! 우리는 무슨 전쟁 준비라도 하는 듯 화약을 가득 싣고 돌아왔고, 하룻밤 동안 그걸 다 터뜨렸다. 그 요란함은 중국인들이 액막음을 하고 풍요를 기원하는 소리다. 그래서 명절뿐 아니라 결혼식, 개업식에서도 터뜨려 대는데, 근래엔 미세먼지의 주범으로 지목되어 춘절 폭죽이 금지되었다는 뉴스를 들었다.

명절 동안 가부의 여기저기에서도 폭죽 소리가 요란하지만, 무대 위에 쏟아지는 동전 소리만큼 귓가를 맴도는 요란함도 없는 것 같다. 돈 뿌려지는 소리와 기쁜 환호야말로 풍요로움의 절정을 드러내고, 풍요의 지속을 염원하는 강력한 주문처럼 느껴지기 때문이다.

쓸쓸한 중추절, 쇠락하는 보름달

『주역』에 월기망(月幾望)이라는 말이 나온다. 기망은 음력 14일로 보름의 바로 전날이다. 우리는 크고 훤한 보름달을 보고 소원을 빌며 즐거워하지만 사실 보름달이란 성장의 정점이기 때문에 순환의 이치로 보면 이제는 이지러질 일만 남은 쇠락의 시작점이기도 하다. 그래서『주역』에선 가장 둥글고 빛나는 보름을 불길하게 여기고, 월기망 역시 정점이 목전에 있다는 점에서 불길하게 해석한다. 그래서일 것이다.『홍루몽』후반부에서 스러져 가는 가문의 풍경을 드러내 주는 명절이 바로 중추절이다. 가모는 달을 구경하기 위해 집 안에 있는 산 위의 철벽산장에 연회 자리를 마련했다. 중추절의 연회를 단원(團圓)이라고 한다. 가족이 모두 모여 둥글게 둘러앉기 때문인데, 이번 명절은 어쩐 일인지 둥근 탁자의 절반이 비어서 횅한 분위기다.

　　"평소에는 사람이 적다고 느끼지 못했는데 오늘 보니까 아무래도 우리 식구가 많이 줄어든 것 같구나. 예전에는 오늘 같은 명절날 밤이면 남녀 모두 서른이나 마흔 명은 족히 되었지. 얼마나 흥청대고 떠들썩했는지 모른단다. 그런데 오늘 이렇게 다들 모였는데도 너무 적구나. 몇 사람을 더 불러오고 싶어도 각자 부모가 있고 자기 집에서 달맞이를 할 테니 오라고 하기도 어렵겠고. 지금 자매들이나 불러다 그 자리에 앉히도록 하여라."^{제75회(4권, 420쪽)}

빈 자리가 많은 이유는 아픈 사람, 시집가서 없는 사람, 죽은 사람이 있어서이다. 모이면 흩어지기 마련이고, 달이 차면 기울기 마련이다. 분위기 메이커였던 희봉이마저 병으로 누워 있으니 가모는 '세상에 온전한 것이라고는 없는 모양'이라며 쓸쓸해한다. 어쨌든 있는 사람끼리라도 월병과 과일을 먹으며 밤늦게까지 술자리를 이어 가지만, 가모를 제외한 다른 식구들은 피곤한 기색이 역력하다.

가모는 이 좋은 달밤의 정취를 더욱 진하게 느끼고자 음악을 연주하게 하는데, 예전의 요란한 그믐제사와는 달리 이번에 주흥을 돋우기 위해 준비된 음악은 고아하다 못해 쓸쓸하기까지 한 피리 연주다. 가모는 다른 악기 없이 피리만 독주하기를 주문하고, 그것도 모자라 피리 연주자를 저쪽 산으로 보내서 안 보이는 곳에서 피리 소리만 은은히 들려오게 했다.

그때 다시 계화나무 그늘 아래서 가늘고 길게 처량한 피리소리가 들려왔다. 아까 들었던 곡조보다 더 쓸쓸하고 처량하여 사람들은 다시 적막한 분위기에 휩싸여 말없이 앉아 있었다. 고요한 밤 밝은 달빛 아래 들려오는 피리 소리는 애절하기 그

지었었다. 연로한 데다가 술까지 한잔 마신 가모로서는 그 소리를 듣자 문득 마음에 와닿는 바가 있어 자신도 모르게 눈물을 뚝뚝 떨어뜨렸다. 제76회(4권, 433쪽)

이토록 처연한 명절이라니! 가모의 마음에 문득 와닿은 바가 무엇일까? 보름달은 쇠락의 시작이다. 그녀는 가족들이 흩어지고 가문이 몰락할 기운을 온 마음으로 느끼고 있다. 그것이 순환의 이치라는 것과, 이제 그 대세를 피할 수 없다는 것도 알아차렸을 것이다. 그래서일까. 가모는 며느리나 손주들이 피곤해하는데도 끝까지 이 연회를 파하려 하지 않는다. 돌아가 쉬기를 재촉하는 시녀에게 자기는 취하지도 않았고 졸리지도 않다며 날이 샐 때까지 놀겠다고 한다. 조카며느리 우씨에게 웃긴 이야기를 시켜놓고는 꾸벅꾸벅 졸면서도 "나 안 졸린다. 그냥 눈을 감고 기운을 차려 보려는 거야. 넌 아무 상관 말고 어서 얘기나 계속하렴"제76회(4권, 434쪽)이라고 하며 고집을 부린다. 그녀의 마음속에선 달과 가부의 운명이 이미 직관적으로 연결되었다. 그래서 저 보름달처럼 지금의 풍요가 끝이라는 것을 알기에 오늘의 연회 자리를 파하는 것을 두려워하는 것이 아닐까. 우씨가 "내일 열엿새 밤의 달구경을 해도 오늘 못지않을 거예요"라고 가모를 달래 보지만, 우씨는 모르는 것 같다. 가모가 기어코 이 밤의 끝을 붙잡고 있는 것이 바로 이지러진 열엿새의 달을 두려워하기 때문이라는 것을.

잔칫상에 담긴 집안 풍경

조선시대 문인 이옥(李鈺)의 글 중에 장봉사라는 사람이 집집마다 돌아다니며 잔칫날, 제삿날의 음식을 얻어먹는 이야기가 나온다. 그는 "상을 끌어다 그 만들어진 모양새를 보고, 젓가락을 들어 그 맛을 보며, 조금씩 씹으면서 생각하면, 그 집의 성쇠와 존망을 앉아서도 미루어 알 수 있지요."^{이옥, 「장 봉사」, 『그물을 찢어 버린 어부: 완역 이옥 전집 2』, 340쪽}라며 자신은 그저 얻어먹으려는 것이 아니라 아주 영험한 방법으로 그 집안의 명운을 점치는 거라고 말한다. 음식이 정교하고 신기하면 그 집안의 앞날을 우려하고, 소박하고 후하면 축하한다고 하는데, 잔칫날의 음식이 유독 사치스럽다는 것은 집안의 풍요가 정점에 달해 있다는 것이니, 그 집안은 앞으로 쇠락의 내리막길을 걸을 일만 남지 않았겠는가.

명절과 절기는 흐르는 시간을 분절하는 시간의 마디다. 그래서 사람들이 명절과 절기를 지내는 풍경은 그 마디의 상태를 가장 잘 보여 주는 절단면이라고 할 수 있을 것이다. 우리도 가족이 화목하고 무탈하면 평안한 명절을 쇠지만, 평소 갈등과 불만이 있었다면 꼭 명절에 큰 싸움이 터지고 만다. 내가 잘나가고 있다면 명절에 후하게 돈을 써 드러내려 하고, 어려울 땐 아예 가지도 않는다. 명절의 풍경이야말로 흥망성쇠의 흐름에 있는 인간사에서 위치를 드러내 주는 바로미터다.

『홍루몽』의 명절 풍경이 보여 주는 바로미터는 역설적인 구도를 지녔다. 어두운 그믐제사 때 그 성대함이 극에 달하고 보름달이 휘영청 밝은 중추절 잔치 때는 쓸쓸함이 극대화된다. 그믐은 가장 어둡지만 성장의 시작이기에 길한 의미를 함축하고, 보름달은 스러짐의 시작으로서 흉하다는 구도다. 이것이 우리 삶에 작동하는 대칭적인 힘이 아닐까. 꽉 차면 덜어내려 하고, 비었으면 채우려 하는 힘. 『홍루몽』은 그것이 세상사의 이치라는 것을 끊임없이 보여 준다.

12장 병의 서사, 몸의 인문학

병은 내 인생

> 사람들이 대옥의 모습을 살펴보니, 비록 나이는 아직 어렸지
> 만 그 행동거지와 언변이 속되지 않았다. 몸과 얼굴이 약해 보
> 이는데 자연스런 풍류의 자태가 엿보이는 것으로 보아 대옥
> 의 비위와 혈기가 허약하고 정기가 부족한 병을 가지고 있음
> 을 알았다. 제3회(1권, 76쪽)

대옥이가 처음 가부에 등장했을 때다. 화초처럼 허약해 보이는
몸에 얌전한 언변과 행동은 풍류의 자태로 연결된다. 사람들은
이 여리여리한 풍류의 자태로부터 비위와 혈기가 허약하고 정기
가 부족한 그녀의 병을 읽어 낸다. 대옥의 자기소개는 거의 자기
병 소개다. 대옥의 부모는 어떤 스님으로부터 '이 병을 치료하기

위해선 앞으로는 절대로 곡소리를 듣지 말아야 하며 부모를 제외하곤 외성친척을 누구든지 만나지 말아야 한세상을 조용히 살 수 있을 것'이라는 소리를 들었지만 그런 황당한 소리는 무시했다는 것이다. 대옥이 먹는 약은 '인삼양영환'(人蔘養榮丸)이다.

참 이상한 문법과 논리가 아닌가! 의원도 아닌 평범한 사람들이 외모와 행동에서 오장육부의 특징을 읽어 내는 것도 그렇고, 그 예방법 또한 그녀의 미래를 암시하고 있다. 이미 외갓집에 와서 이 얘기를 하고 있으니, 이 병은 깊어질 터이다. 혹시 대옥이가 '병'이라는 키워드와 떨어질 수 없는 캐릭터라서 이런 흥미로운 병의 서사로 시작하는 것일까? 그건 아니다. 너무 건강해서 매끄러운 피부와 푸짐한 살집이 특징인 보차 역시도 이 집에 처음 들어왔을 때 병을 소개한다. 그녀는 집사어멈과 대화를 나누며 자기의 지병을 다스리는 '냉향환'(冷香丸)의 조제법에 대해 이렇게 설명한다.

"봄에 피는 흰 모란 꽃술 12냥과 여름에 피는 흰 연꽃의 꽃술 12냥과 가을에 피는 흰 부용의 꽃술 12냥, 겨울에 피는 흰 매화 꽃술 12냥이 있어야 된다고요. 이 네 가지 꽃술을 다음해 춘분 날 볕에 말려서 가루약과 함께 갈아야 해요. 그리곤 우수에 내리는 빗물 12전으로 개어서….." 제7회(1권, 169쪽)

이 재료를 모으는 데도 1년이 걸리지만 법제는 더 까다롭다. 특정 절기의 비와 이슬, 서리, 눈을 써야 해서 그날 물을 얻지 못하면 다음해를 기다려야 한다. 아니, 도대체 무슨 병이길래? 어멈이 묻자 보차 왈 "그저 기침을 좀 하는데 이 약을 한 알 먹으면 바로 좋아지지요". 이건 그냥 환절기 감기가 아닌가! 증상은 가볍지만 그녀가 먹는 약으로 알 수 있는 건 그녀가 애지중지 키워지고 있는 부유한 대갓집의 고귀한 소녀라는 사실이다.

『홍루몽』에선 이렇게 아프거나 건강하거나를 가리지 않고, 모든 인물이 병과 함께 등장해서 병의 변전(變轉)과 함께 이야기가 진행된다. 병이 곧 그 사람의 삶이다. 그래서 어느 집 아이를 처음 만날 땐 어김없이 '무슨 책을 읽느냐'와 함께 '무슨 약을 먹느냐'를 묻는 것이다. 이들의 대화에서는 병의 원인이 무엇이고, 어떤 약을 먹으며, 어떻게 치료할 것인가의 서사가 너무나 흥미로운 이야깃거리다.

인생이 꿈이라는 『홍루몽』의 대전제에서는 몸을 관통해서 펼쳐지는 병의 서사 역시 꿈이라고 할 수 있다. 특히 무의식과 꿈, 이승과 저승을 넘나드는 『홍루몽』의 판타지는 병을 중요한 매개로 하고 있다. 『홍루몽』의 병증들은 인물들이 가지고 있는 성격과 '습'을 담고 있기 때문에 사건을 대처하는 자기만의 태도가 드러날 때마다 병증도 함께 발현된다. 그래서 병의 서사는 누군가가 가장 치우쳐 있는 신체성과 습관, 즉 불교식으로 말하면 한 사람의 '업식'을 보여 주는 것이다. 우리는 이 서사로부터 그들이 구성하는 세계를 알 수 있다. 그리고 감탄한다. 그들이 얼마나 풍부한 상상력으로 병과 삶을 연결하며 거기서 윤리적 실천을 모색하고 있는지를!

감정[七情]의 습격

『동의보감』에 의하면 사람은 정(精)·기(氣)·신(神)으로 이루어져 있다고 한다. 하늘과 땅의 기운(氣)이 몸으로 들어와서 몸(精)과 정신(神)을 이루는 것이다. 그중에서 정(精)은 몸의 근본을 이루는 물질로 몸 속의 수액을 일컫는데, 생명의 진액이라고 할 수 있다. 여성의 정은 좁은 의미에선 혈(血)의 형태로 존재한다. 그런데 '감정이 과도하게 일어나면 혈이 요동'안도균, 『동의보감, 양생과 치유의 인문의학』, 작은길, 2015, 227쪽하기 때문에 여성의 병은 칠정희노우사비경공喜怒憂思悲驚恐에 의한 병증이 많다.

　　대옥이의 경우엔 생각이 많고 슬픔이 지나쳐서 몸의 기력과 정기가 쇠해 갔다. 대옥은 언제나 곰곰이 생각에 잠기기 일쑤라, 보옥이나 시녀 자견은 대옥이 아플 때마다 '그런 생각 좀 하지 말라'는 말을 한다. 생각(思)이 병을 만드는 것이다. 대옥의 생각은 언제나 자신의 세계를 슬픔으로 채우는 쪽으로 달려가는데 그러다 보니 지레 넘겨짚은 것들이 오해인 경우도 많다. 생각 때문에 몸이 상하고 나면, 너무 허약해진 나머지 그다음 생각은 망상으로 치닫는 것이다. 어느 날, 대옥이 병세가 악화되어 자매들의 문병을 받고 있는데, 밖에서 할멈의 욕지거리 소리가 나자 대옥은 "이제 여기서는 더 이상 살 수 없어"라며 까무라친다. 이 집에서 자기만 홀로 고립되어 있으며, 하인들에게조차 존중받지 못한다고 눈치를 보고 있던 마당에, 일꾼 할멈마저 저렇게 큰 소리로 자기를 욕한다고 여긴 것이다. 이런 대옥을 살펴본 의원의 처방은 다음과 같다.

육맥이 급한 것은 평소의 울결이 쌓인 때문이다. 왼팔의 촌맥이 무력함은 심기가 쇠했기 때문이다. 관맥이 홀로 성함은 간장에 이상이 있기 때문이다. 목기(木氣)간가 잘 통하지 않게 되면 반드시 위로 비장을 침범하여 입맛을 잃게 되고 심지어 성하게 되면 폐까지 반드시 재앙을 입게 된다. 기(氣)가 정(精)을 흘러내리지 않으면 그것이 굳어서 가래가 되고, 피는 기를 따라 솟구치는 것이기 때문에 기침과 구토가 따르게 된다. 그러므로 간을 통하게 하여 폐를 보호하고 심장과 비장을 보양해야 한다. 보양제를 쓰되 너무 급하고 과하게 써서는 안 된다. 그러므로 먼저 '흑소요'(黑逍遙)를 써서 다스린 후 다시 '귀폐고금'(歸肺固禁)을 쓰고자 한다. 고루함을 무릅썼으니 의술이 고명한 이를 청해 약을 쓰시라. 제83회(5권, 77쪽)

이 처방을 읽으면 환자의 생활과 병증의 패턴과 몸의 메커니즘이 한눈에 환히 들어온다. 한 편의 시처럼 아름다운 처방전이다. 여기선 대옥의 병을 정상인과 구분되는 임상환자의 병으로 보는 것이 아니라, 자연의 이치와 동일한 흐름의 소우주로서 생명의 에너지, 즉 정·기·신이 어떻게 흘러가다가 어디가 막혀 있는지를 기술하고 있다. 의원은 그녀가 평소에 본인과 상관없는 소리에 화를 내고, 의심도 많고, 겁도 많을 것이라는 걸 알아맞힌다. 참 용하다. 그러나 의사가 아무리 용한들 본인이 삶의 태도를 바꾸지 않으면 나아질 수 없다. 그러려면 자기의 병, 아니 삶에 대한 통찰이 필요하다. 끝도 없이 의심하는 생각의 도발을 멈춰야만 하는 것이다.

누구나 감정의 치우침이 있다. 이토록 가냘픈 대옥뿐 아니라 건강하고 투지에 불타는 왕희봉도 바로 그 투지 때문에 병이 든다. 처음엔 유산을 했을 뿐이었다. 그러나 희봉은 정양은 소홀히 하고 온통 일 생각뿐이다. 그녀는 "문밖에 나가지는 않더라도 계획을 짜고 셈을 하며 무슨 일이든 생각이 나면 곧 평아를 시켜 왕부인에게 아뢰곤 하였다".제55회(3권, 361쪽) 희봉은 뭐든 자기가 나서야 직성이 풀린다. 병상에서조차 샅샅이 신경쓰고 치밀하게 계획을 짜는 희봉의 성정은 한 번 꺾어진 건강 상태를 지병으로 흘러가게 만든다. 사실 그녀는 인정욕망과 질투, 경쟁심 때문에 언제나 초조한 좌불안석의 계략가가 아닌가. 이렇게 감정을 엄청 쓰는 워크홀릭이라면? 당연히 그녀의 생명에너지 정(精)은 점점 졸아든다. 칠정(七情)에 요동치는 혈이 넘쳐 버렸기 때문이다. 희봉은 무리하거나 일이 잘 안 풀릴 때마다 급격한 피로감을 느꼈고 하혈을 했다. 어느 날 병상의 희봉이 또 쓸데없이 시녀들의 일에 참견을 하려고 하자 시녀 평아가 만류한다.

> "아씨도 참 공연히 왜 그렇게 신경을 쓰시는 거예요? '손을 떼야 할 때는 손을 떼라'고 했잖아요. 그게 무슨 대단한 일이라고 선심 베풀 생각은 안 하시고 그렇게 엄하게 다스리려고만 하세요? 제 생각에는요, 이 세상에서 아무리 마음 졸이고 온갖 신경을 다 쓴다고 해도 결국 우리는 저세상으로 가게 마련이잖아요. (……) 아들 하나 가졌는가 싶었더니 예닐곱 달 만에 그만 유산하고 말았잖아요. 평소 너무 근심 걱정을 하고 신경을 많이 써서 그런지 누가 알아요. 그러니 이제부터는 반쪽만 보시고 반쪽은 못 본 척하는 게 좋겠어요." 제61회(4권, 40쪽)

평아의 좌우명은 언제나 '큰일은 작게, 작은 일은 없게 하라'다. 희봉이처럼 일 만들기 좋아하는 주인을 모시며 잔소리를 하다 보니 그런 좌우명을 갖게 되었는지도 모른다. 희봉은 이 가문이 망할 때, 자신의 책임이 크다는 것 때문에 그 부끄러움을 견뎌 낼 수가 없었다. 한 푼 두 푼 모은 전 재산도 압수당하고, 가족들에게 원망 듣는 처지가 되자 그녀는 무너졌다.

하혈이 멈추지 않는 여성의 병증을 '붕루'(崩漏)라고 한다. 『동의보감』에서는 붕루가 "높은 자리에 있다가 세력이 떨어졌거나, 부자였다가 가난해졌을 때 발생한다"안도균, 『동의보감, 양생과 치유의 인문의학』 304쪽고 한다. '부의 몰락과 명예의 실추'가 야기한 '지나친 슬픔'이 비(脾)를 허하게 만들어 하초에 습열을 만들어 내는 것이다. 희봉에겐 가문의 영화를 지속시키려는 마음과, 그것을 자기의 수완으로 이뤄 내어 영광의 자리에 오르고픈 욕망이 컸다. 그수완과 능력 때문에 가문에도, 자기 몸에도 돌이킬 수 없는 병을 불렀다. 가모가 희봉에게 남긴 유언도 "넌 너무 영리하구나. 그러니 앞으로는 복을 좀 쌓도록 해라"제110회(6권, 220쪽)다. 이 말은 평아의 '반쪽만 보고 반쪽은 못 본 척하라'는 말과도 연결된다. 그녀의 병은 가문이 망한 이후 하루아침에 생긴 것이 아니라, 가세가 승승장구할 때부터 그녀의 마음과 태도로부터 비롯된 것이다. 병이 밖으로 드러났을 땐 그것이 이미 몸에 '습'으로 뿌리내린 다음인데, 어떤 고명한 의술과 약인들 바로잡을 수 있으랴!

약보다 양생(養生)

청나라를 강하고 거대한 제국으로 이끈 강희제에게는 쉰여섯 명의 자녀가 있었다. 그중 죽지 않고 성인이 된 자녀가 스물여덟 명으로 딱 절반이다. 이 시대는 여전히 이런저런 병으로 쉽게 죽는 시대였고 의원의 역할도 한계가 있었다. TV 사극에서 신묘한 의술로 왕들의 병을 척척 고쳐 내는 장면은 분명 과장된 부분이 있는 것 같다.

『홍루몽』에는 사람이 무수히 많이 나오는데, 또 그만큼 많이 죽는다. 제각각인 죽음의 원인은 지금 우리가 보기엔 참 사소하다. 보옥의 친구 진종은 아버지에게 매를 맞았는데, 그 아버지는 아들을 때리고서 실망감과 화병으로 죽었다. 진종은 죄책감에 삶의 의지를 잃어버리고 앓다 죽는다. 전자는 급작스러운 분노가 간과 심장을 열받게 한 것이고, 후자는 걱정과 자책으로 몸의 정기가 사그러든 것이다. 이 부자의 죽음에서, 한 가난한 선비 집안의 홀아비가 아들에 대한 기대 하나로 지탱해 온 삶과 그 기대에 눌려 살던 소년의 모습이 그려진다.

정기가 상하기로는 상사병으로 죽은 '가서'의 이야기를 빼놓을 수 없다. 남자에게 정(精)은 좁은 의미에선 정액의 형태로 존재하는데, 과연 남자들의 몸에서 이 정이란 무엇일까? 가서는 형수뻘인 희봉에게 반해서 몇 번이나 껄떡대다가, 희봉의 잔인한 계략으로 사기(邪氣)가 뼛속까지 들게 된 가련한 인물이다. 한겨울 찬바람 부는 통로에 하룻밤을 갇혀 있기도 하고, 똥물을 뒤집어쓰기도 하는 바람에 거의 얼어죽을 지경에 처했을 터이다. 그러나 그는 몸을 정양할 생각은 않고 여전히 희봉에 대한 성욕에 휩싸여 '용두질'(자위)로 생명의 진액인 정을 쫙쫙 뽑아 버렸다. 그 결과…

가슴속은 부어오르고 입안은 바짝바짝 마르며 다리는 솜처럼 힘이 없어지고 눈은 식초를 친 것처럼 시큰거려 제대로 뜨기가 어려웠다. 한밤중에도 열이 오르고 한낮에도 몸이 한없이 늘어지며 아랫도리에선 연거푸 정액이 흘러나오고 기침을 하면 가래 속에 피가 섞여 나왔다. 제12회(1권, 269쪽)

오 마이 갓! 성욕 탱천의 끝에는 언제나 이런 흉측한 몰골이 나온다. 『변강쇠』의 마지막 모습도 끔찍하기 이를 데 없었고, 영화 〈옥보단〉의 남주인공도 마지막엔 퀭한 눈을 뜨지도 못하는 해골 같은 모습이었다. 성욕의 무절제는 생명을 좀먹는다. 『동의보감』에서 정에 대해 말하길 "정을 사람에게 베풀면 사람을 낳고, 나에게 남기면 나를 살린다. 사람을 낳는 데도 아껴야 할 터인데 하물며 헛되이 버리면 되겠는가"안도균, 『동의보감, 양생과 치유의 인문의학』, 98쪽라고 하였으니, 가서의 생명에너지는 헛되이 바닥을 드러낸 것이다. 가서의 할아버지가 온갖 약을 달여 먹여도 차도가 없을 수밖에 없다.

이런 그에게도 살아날 방법이 있었다. 『홍루몽』의 치료법은 도교적 양생술에 바탕을 두고 있는데, 불현듯 나타난 도사가 그에게 내린 처방 역시 양생과 수련에 바탕을 두고 있다. 도사가 가서에게 준 '풍월보감'이라는 거울은 "오로지 사악한 생각과 경거망동으로 인한 병을 치료하며 세상을 구제하고 목숨을 보존하는 공력을 가진 거울"제12회(1권, 271쪽)이다. 도사는 앞면은 보지 말고 뒷면만 봐야 한다고 당부했다. 그러나 가서의 병이 '경거망동'으로 인한 병이거늘, 그가 이 말을 지킬 리가 없다. 결국 가서는 앞면 거울 속의 희봉을 만나 마지막 남아 있던 생명에너지 '정'을 다 쏟아 내고 죽는다.

도사의 진단과 처방에서 알 수 있듯이, 우리 병은 보통 경거망동 때문에 일어나기에 그 치료법은 행동의 절제에 있다. 뭔가를 자꾸 해대던 '습'의 욕망이 절제되지 않으면 백약이 무효다. 도사가 보라고 했던 거울의 뒷면엔 뭐가 있었을까? 해골이 있었다. 이 해골은 바로 우리가 죽으면 돌아갈 모습으로, 희봉의 요염함 역시 한낱 껍데기에 불과한 것임을 보여 준다. 도사는 생명과 욕망에 대한 통찰을 요구한 것이다. 그 덧없음을 알아챌 때만이 멈출 수 있다. 이것은 불교의 부정관수행(不淨觀修行)더러운 것을 보며 깨침이기도 하다. 썩어 가는 시체를 보며 성욕을 다스리고 눈에 보이는 것의 허망함을 깨닫는 수행이다. 풍월보감의 가르침 역시 성욕을 억지로 참고 억누르도록 하기보다는 깨달음을 통해 자기 생명을 소중히 여길 수 있는 길을 일러 주려는 것이었다. 이러한 지혜가 바탕이 되었을 때만이 고통스러운 절제가 아닌 양생의 수련이 될 수 있다.

병중으로 만나는 너머의 세계

보옥이에겐 심각한 지병이 있다. 보옥이가 뚱딴지같은 말과 엉뚱한 행동을 하면 자매들은 지병이 도졌냐며 핀잔을 주는데, 사실 가족들이 무서워하는 보옥의 지병은 그가 발작을 일으키는 것이다. 보옥과 대옥이 처음 만난 장면에서, 보옥이 대옥에게 누이도 옥이 있냐고 묻자 대옥이 '그런 옥은 아주 귀하고 드문 것인데 아무나 가질 수가 있나요?'라고 했더니, 옥을 냅다 집어던지고는 소리 지르고 울며 난리를 피운다. 이렇게 이해할 수 없는 고집을 부리고 괴팍한 행동을 하며 결국 정신줄을 놓아 버리는 것이 보옥이의 병이다. 보옥이는 이 외에도 혼잣말을 하거나, 울다가 웃는 등의 행동을 하는데 이런 부분들이 바로 그가 인간세계를 맛보러 온 순수하고 영험한 '돌'이자 지극정성의 '신영시자'라는 전생담과 연결이 된다.

하지만 현실적으로 이런 아이는 심리적으로 동요하기가 쉽기 때문에 정신적인 안정이 매우 중요하다. 가족들이 그를 보살피느라 쩔쩔매는 것도 이런 맥락이다. 이런 예민한 소년에게 어느 날 대옥의 시녀 자견이 충격적 발언으로 그를 떠보는 일이 있었다. 자견은 대옥과 보옥의 애틋한 사이를 누구보다 잘 알고 있는 동시에, 대옥이 항상 아픈 이유가 보옥의 마음을 의심하기 때문이라는 것도 알고 있다. 그래서 자기가 나서서 보옥의 확실한 마음을 알아보고자 한 것이다. 자견은 대옥의 고향에 친가 쪽 친척이 남아 있는데, 손녀를 계속 외갓집에 맡겨 둘 수가 없어 임씨 집안에서 곧 데리러 올 계획이라고 거짓말을 한다. 그러자 이 말에 보옥은 넋이 나가 버렸다. 자기 거처에 돌아온 보옥의 상태는…

> 멍하니 넋을 잃은 채 머리에서는 열이 나고 진땀을 흘리며 얼굴은 파랗게 질려 있었다. (……) 두 눈알이 굳어 있고 입가에는 침이 줄줄 흘러내리는데도 전혀 감각이 없는 것이었다. 습인이 그에게 베개를 받쳐 주면 눕고 부축하여 일으키면 일어나 앉았다. 또 차를 따라 주면 말없이 받아 마시기만 했다. (……) 유모 이씨가 와서 한참을 보고 몇 마디 물어도 아무 대답이 없자 손으로 그의 맥을 짚어 보고 입술 위의 인중을 두어 번이나 힘껏 눌러 보았다. 손가락 자국이 선명하게 날 만큼 눌러도 아프다는 반응조차 보이지 않았다. 제57회 (3권, 418쪽)

충격을 받으면 보통 정신을 잃고 쓰러지는데, 보옥은 가끔씩 정신만 탈출하는 것 같은 증상을 보인다. 이렇게 껍데기만 남은 것 같던 보옥은 급히 불려온 자견을 다시 보자마자 와앙! 하고 울음을 터뜨렸다. 그야말로 '기가 막힌' 곳이 뚫린 것이다. 자견이의 협박이 거짓말이었다는 걸 알고서 보옥은 정신이 돌아왔지만 한동안 '임'이라는 소리만 들어도 "큰일났어요! 임씨 댁에서 누이를 데리러 왔나 봐요!"라며 안절부절 못하고, 방 안 진열장의 배 모형을 보고서는 "저게 뭐예요? 그들이 타고 온 배가 아닌가요? 저기 부두에 배가 닿아 있잖아요!"라고 소리쳤다.

의원이 진단한 병명은 '급통미심증'(急痛迷心症)으로 담(痰)이 경락을 막아서 정신이 혼미하게 되는 증세다. 음식이 체했을 때, 너무 화가났을 때, 급한 통증이 있을 때 이런 증상이 있다고 하는데 보옥의 경우는 심장 쪽이 막힌 것이다. 한의학에서 심장의 역할은 정신과 관련된다. 이를 일러 심장이 신지(神志)를 주관한다고 하는데, 신지란 사유, 감정, 정서 등의 정신 활동을 이른다.

심장으로 침입한 사기는 신지를 어지럽혀서 감정이 혼란해지고 심해지면 혼백이 불안해져서 정신질환으로 이행되기도 한다. 전증(癲症)지랄병과 광증이 그러한 정신질환들이다. 안도균, 『동의보감, 양생과 치유의 인문의학』 176쪽

이런 사람들은 평소에도 꿈을 많이 꾸고 혼백이 제멋대로 나다닌다고 하는데, 보옥이 역시 꿈속에서 태허환경의 신선세계를 경험하기도 하고, 대옥에게 자기 마음을 보여 준다며 심장을 꺼내 보이는 등, 꿈을 통해 다른 세계로 건너간다. 그런데 『홍루몽』

에서는 이 다른 세계를 꿈으로만 만나지 않는다. 이 세계는 기이한 병증의 형태로 현실세계에 섞여 들어온다. 못된 주술사가 주술을 써서 보옥과 희봉의 목숨을 위태롭게 하기도 하고, 도사의 도움으로 그 위험을 빠져나오는 것이다. 또 가부 사람들이 폐허가 된 대관원을 지나다가 음습한 사기가 몸을 습격하여 줄줄이 헛소리를 하며 앓아누웠는데, 집안 사람들은 귀신 쫓는 의식을 치러서 알 수 없는 그 세계의 기운을 물리쳐 내기도 했다. 저 너머의 세계는 항상 병의 증상으로 우리의 몸과 현실세계에 그 영향력을 행사하는 것이다.

눈부신 의학기술을 향유하는 현대에도 과학은 여전히 몸에서 일어나는 일에 대해 명쾌히 설명하지 못하는 것이 많다. 오장육부에서 일어나는 일도 그렇지만, 특히 그것이 정신과 어떻게 연관이 되는가에 대해 말하자면 아주 어렵고 장황해진다. 그러나 뇌과학과 심리학까지 동원되어도 쉽게 납득하지 못하는 경우, 우리는 전생과 팔자를 얘기하고, 조상과 귀신까지도 들먹인다. 그건 무지해서가 아니다. 우리는 몸과 정신에 대해 납득할 만한 서사를 구성하고자 하는 욕망이 있다. 그렇게라도 몸에 일어난 증상의 필요성을 이해하고 문제를 해결하고 싶어서다. 알 수 없는 현상에 허구의 세계를 구성해 채워 내는 것은 어떻게 살 것인가를 찾기 위한 길이다.

병의 윤리학

인간이 이야기를 만들어 내는 건 물론 재미가 있기 때문이지만, 이야기란 삶의 훨씬 더 많은 부분에 영향을 미친다. 『홍루몽』의 병증을 통해 만나는 세계는 신체의 치우침에서 삶의 태도(업식)를 읽어 내고 해결 방법까지도 제시한다. 의심과 걱정이 많아 생긴 병이면 억측으로 치닫는 생각을 멈춰야 하고, 부와 권력을 향해 온갖 계략을 짜며 달려가서 정이 소진되었다면 한쪽 눈은 감고 살아야 복도 쌓고 몸도 쉴 수 있다. 병에서 어떻게 살아야 할지도 나온다. 몸에서 윤리가 나오는 것이다.

이렇게 서사를 통해 윤리를 구성할 수 있다면, 몸 안에서의 병뿐 아니라 바깥에서 몸으로 덮쳐 오는 사기(邪氣)와 사고들도 얼마든지 서사로 엮어 낼 수가 있다. 감기가 들었을 때도, 작은 사고가 났을 때도, 체했을 때도, 『홍루몽』의 사람들은 일상적으로 기미들을 알아채고 어떻게 살아야 할지를 생각한다.

희봉의 딸 교저가 찬바람을 맞으며 떡을 먹는 바람에 체하고 열이 난 일이 있었을 때, 병의 원인과 길흉을 점쳤더니 꽃의 신을 만났기 때문이란다. 유노파가 조언했다. "대갓집에서 자라는 아이들은 워낙 귀하게 커서 자연히 조그만 일에도 견디지 못하고 병이 들곤 하지요. 따님도 너무 귀하게만 커서 이겨 내지 못하는 것이라고요. 앞으론 고모 아씨께서도 아기씨를 너무 애지중지

하지는 마셔요."제42회(3권, 45쪽) 의원은 교저를 두 끼 굶기라고 했고, 유노파도 지전을 살라서 꽃의 신을 달랬지만, 그보다 중요한 것은 앞으로 어떻게 해야 건강하게 자라느냐다. 대갓집에서 아이를 키울 때 가장 필요한 조언이 바로 이런 것일 게다. 고귀한 신체는 면역력이 약해 쉽게 병든다. 궁중에서 더할 나위 없이 고귀한 존재였던 원춘귀비는 비만에 감기가 겹쳐 호흡기에 가래가 차서 죽지 않았던가. 그리고 또, 가부를 찾아온 여도사는 보옥이 얼굴에 화상을 입은 것을 보고 가모에게 이렇게 아뢴다.

"대체로 왕후장상의 대갓집 자제들이 일생 동안 잘 자라지 못하는 건요, 암암리에 수많은 잡귀들이 달라붙어 다니면서 틈만 나면 꼬집고 할퀴거나, 밥 먹을 때 밥그릇을 뒤집거나 걸어갈 때 밀어서 넘어뜨리기 때문이죠. 그래서 왕왕 대갓집 자제들이 잘 자라지 못한다고 하잖아요."
가모가 그 말을 듣고 깜짝 놀라 물었다.
"그러면 어떻게 해야 그 재앙을 물리칠 수 있는 거지?"
"그야 쉬운 일이지요. 오로지 인과응보를 생각하고 선행을 많이 베풀면 되는 거지요. (……) 경건한 마음으로 지성을 다해 공양을 올리면 자손의 영원한 강녕과 무사평안을 기약하고 사악한 귀신이 붙어 재난을 당하는 일은 없도록 할 수 있답니다."제25회(2권, 120쪽)

왕후장상의 가문에서 태어나는 것도 그냥 나 혼자 잘나서가 아니라 연기 조건 속에서 이루어진다. 이 조건들 때문에 누군가의 시기를 받을 수도 있고 더 아플 수도 있다. 모든 태어남은 너머의 세계와 맞닿아 있다. 그럼 그런 조건 속에서 어떻게 살아갈 것인가? 복을 쌓으라고 한다! 이 여도사는 보옥 도련님이 어리니까 쓸데없이 많이 보시하면 복을 깎아 먹으니 조금만 하라고 조언했다. 그러나 매일 다섯 근의 기름을 공양하는 걸로 할미의 간절한 마음이 채워지지 않았던 가모는 다른 사람에게 따로 이르기를 "앞으로 보옥이 외출할 때는 언제나 돈 몇 꾸러미를 시동에게 들려 나가도록 하고 스님이나 도사를 만나면 늘 시주하라고 하여라"라고 지시한다. 얼마나 멋진가! 감기나 화상 같은 작은 사고에서도 몸을 어떻게 삼가며, 자기가 누리는 부귀의 조건들에 어떻게 보답하며 살아갈 것인가를 구성해 낸다.

몸은 정·기·신의 흐름과 저 너머의 세계들과의 만남으로 온종일 바쁘다. 거기에 욕망과 습이 만들어 내는 치우침으로 여기도 아프고 저기도 아프다. 이것이 병과 함께 가는 우리의 삶이다. 내 몸은 우주의 리듬과 어떤 박자를 맞춰 가고 있는가. 상상력을 발휘해서 자기만의 서사를 구성해 보자. 나만의 윤리가 나올 것이다. 이게 바로 몸의 인문학이 아니겠는가.

13장 가부의 경계인 — 중, 도사, 창극 배우 들

지붕 밑 연예인과 종교인

가부가 과시하는 재력과 문화역량 중에서 가장 놀라운 것은 그들이 때마다 집 안에서 자체적으로 보유한 극단의 공연을 본다는 사실이다. 명절, 생일잔치, 손님맞이 등등 건수가 있을 때마다 열리는 연회에는 온갖 산해진미와 더불어 메뉴판 하나가 올라온다. 이 메뉴판에 나열된 것은 음식 이름이 아니라 각종 희곡 작품, 창극의 일부 대목들이다. 사람들이 보고 싶은 극을 주문하면 무대에선 잠시 후 그 극이 연출된다.

옛날에 TV가 처음 들어왔을 때, 동네에 한두 집만이 TV를 보유해서 동네사람들이 저녁마다 그 집에 모여 문화생활을 즐겼다고 하고, 20~30년 전엔 LP판을 수집하는 사람들이 많았는데 얼마나 고사양의 음향시스템을 갖췄는지가 부의 척도가 되기도 했다. 또 집의 한구석을 영화관으로 꾸미는 사람도 있다고도 하던데, 그들도 아마 이것까진 상상하기 힘들었을 것이다. 명절이나 잔칫날에 연극 한 번 보기 위해 극단을 통째로 사고 연극선생까지 집 안에 들여놓고서는 밥 먹여 가며, 훈련을 시켜 가며 관리하는 데 돈을 쓰는 것은 아무나 할 수 있는 일은 아니다. 집에서 연습생을 키우면서 그들의 무대를 감상하는 클래스! 오락 문화의 생산과 순환이 지붕 아래에서 이루어지니, 진정 '리스펙'할 만한 재력이 아닐 수 없다.

가부에서 치르는 행사가 연회만 있는 것은 아니다. 제사도 있고, 기원의식, 장례식 등등을 치르려면 흥을 돋우는 배우가 아니라 믿을 만한 '영빨'로 기도해 줄 사람이 필요하다. 바로 도사와 중 들이다. 그들은 평소 가문에 딸린 절과 도관에 기거하며 수행하다가 의례가 있을 때마다 불려와서 염불을 외기도 하고, 기도도 드린다. 가부에서 조상을 모시는 제사를 지낼 때는 유교의 제례를 따르지만, 다른 행사엔 도사와 중이 빠지지 않는다. 어쩔 땐 한쪽엔 중, 다른 한쪽엔 도사들이 도열하여 나름의 경을 외우니, 그야말로 한 공간에서 유불도가 회통하며 부처님, 신선들, 조상들의 가호가 가문을 겹겹으로 둘러쳐 주고 있는 것이 아닌가.

도사와 중과 배우 들은 가부에 붙박이로 있는 사람들은 아니다. 가부에선 이들을 사 오기도 하고 팔기도 하며 초청해 오기도 하고 쫓아내기도 한다. 가문의 시스템과는 별도로 운영되는 독립

된 기관이면서 동시에 가부에 임시의 적을 두고 있는 불안정하고 유동적인 존재들이다.

귀비의 성친행사를 준비할 때, 가부는 어린 여도사 열 명과 어린 비구니 열 명(이들은 2권에서 도사 열두 명과 비구니 열두 명으로 숫자가 바뀐다), 그리고 창극하는 어린 여자애들 열두 명을 새로 들였다. 성친행사를 위해 창극반은 스무 곡의 잡극을 연출하고, 비구니와 여도사 들은 몇 권의 경전과 주문을 낭송하도록 준비했다. 행사 준비는 가문의 주요한 일자리다. 놀고 있던 가부의 젊은이 중, 가장이 창극반 관리를 맡고 가근은 스님과 도사 관리를 맡았다. 가장과 가근은 행사가 있을 땐 그녀들이 차질 없이 연습을 하도록 관리하는 한편, 평소엔 각 집단의 의식주를 안정시키고, 월비도 지급하고, 윤리기강이 무너지지 않게 해야 한다.

가부는 경제적 관계와 혈연관계, 그리고 주종관계로 얽힌 질서 안에서 돌아가는 공동체다. 한데 이들 세 집단은 그 어디에도 걸리지 않는다. 그들에겐 그들만의 고유한 임무를 수행하기 위한 리듬과 윤리가 따로 필요할 터이다. 가부의 경계에서 그들은 어떻게 살아갈까?

배우들의 연애사

성친행사가 끝나자 가근은 중과 도사들을 수레에 태우고서 철함

사로 옮겨가서 그네들이 그곳에서 수행과 수련을 할 수 있도록 해준다. 가근은 한 달에 한 번 생활비를 지급하러 방문하기만 하면 되었다. 그러나 창극배우들은 가부를 떠나지 않고 대관원과 인접한 '이향원'에 기거하면서 노래와 연극을 연습하며 지낸다. 대관원의 아이들은 지나가다가 노래 연습하는 걸 들으며 감상에 젖기도 하고, 정원에서 배우들을 마주치기도 하면서 함께 대관원 생활을 해간다.

배우들은 모두 꽃다운 어린 나이의 소녀들인 데다가, 부모형제를 떠나 집단생활을 하는 터라 서로 정서적으로 끈끈하게 연결되어 있다. 매일 사랑과 이별의 아픔을 노래하며 감수성을 극대화시키니, 이들 사이에서 연애사건이 안 터질 수가 없을 것이다. 영관은 소단(젊은 여자 주인공) 역할을 맡은 아이인데, 극단을 관리하는 도련님 가장과 어느새 사랑에 빠졌다. 보옥은 장미꽃 아래서 하염없이 '장'(薔) 자를 쓰던 그녀를 목격한 적이 있는데 그녀가 미친 듯이 쓰던 글자가 바로 가장의 이름이었던 것이다. 몸이 안 좋아진 그녀를 위해 가장은 재주 부리는 애완용 새를 한 마리 사 가지고 왔지만 그녀에게 슬픔만 더 안겨 주고 말았다. 박수를 받으며 깃대를 물어 나르는 새장 속의 새를 보자 영관은 자신의 처지가 새와 같다고 생각했기 때문이다.

"당신네 집안에서 멀쩡한 사람을 데려와 이런 감옥 같은 우리

속에 가두어 두고 무슨 창극이니 뭐니 배우도록 하고 있으면서 그것도 모자라 이번에는 새장에 갇힌 새 한 마리를 사 와서 굳이 그따위 놀음을 시킬 게 뭐예요. 틀림없이 그놈을 데려다 우리가 이렇게 사는 모습을 보이며 놀려 주려는 심보가 아니면 도대체 뭐란 말이에요? 그러고도 나한테 좋으냐 어떠냐 하고 따져 묻는 건 또 무슨 심보예요, 네?"제36회(2권, 374쪽)

당황한 가장은 그녀를 달래 주려 비싼 돈 주고 사 온 새를 날려 보낸다. 어찌할 바를 몰라 의원을 부르러 가려는 그를 영관은 붙잡아 세운다. 그를 땡볕에 다시 내보내고 싶지 않아서다. 아니, 가부의 보이지 않는 곳에서 이런 달달함이 싹트고 있었다니! 이들의 사랑은 이 집에서 가장 주목받는 후계자이면서도 '공명'(功名)의 언어가 아닌 '정'의 언어로 세상을 보려는 보옥이의 눈에 포착되어 묘사된다. 누구에게나 관심과 사랑을 받아 오던 보옥이로 하여금 모든 인생에는 '각자의 사랑과 눈물'이 있다는 것을 깨닫게 해준 이 커플의 이야기는 여기서 끝나고 그 뒷이야기는 나오지 않는다. 그리고 영관의 이름도 그 이후엔 찾을 수 없었다. 결국 병을 이기지 못했던 것일까? 감옥 같은 가부를 떠나 집으로 돌아간 것일까? 가부의 경계에서 그녀는 소리 없이 증발했다.

우관은 소생(젊은 남자 주인공)의 역할을 맡은 아이다. 극단은 동성으로 구성하기 때문에 모두 여자뿐인 가부의 극단은 남자 역할 역시 여자 배우가 한다. 우관이 대관원에서 몰래 지전을 태우다가 어떤 어멈에게 들켜서 사달이 날 위기에 처한 일이 있었다. 지나가던 오지라퍼 보옥이 자기가 시킨 일이라며 거짓말을 해서 그녀를 구해 주었다. 그들의 사연은 이홍원의 방관을 통해 전해 들을 수 있는데, 우관이 지전을 태워 제사를 지낸 것은 소단(여자 역할)을 하다가 죽은 적관을 위한 것이란다. 무대에서 그들은 연인이거나 부부였는데, 우관은 소생을 연기하던 연극 무대에서 내려온 후에도 남자의 역할을 이어 가려 했다. 그래서 자신의 상대역인 적관에게 남편인 듯 행동했고 마치 현실의 부부인 양 동성 커플이 되었던 것이다.

> "매일 그렇게 창을 부르며 무대에 출연하더니 결국은 진짜로 서로를 아끼고 사랑하는 마음이 생겼던가 봐요. 그래서 두 사람이 그만 미쳐 버린 거죠. 공연하지 않을 때도 언제나 함께 밥 먹고 함께 활동하며 거의 사랑스런 부부처럼 행동했어요." 제58회(3권, 464쪽)

적관이 죽자 새로 여자 역할의 배우가 들어왔는데, 우관은 그녀에게도 다시 남편이 된 듯 행동했다. 주위의 동료 아이들이 놀리자 우관은 '남자가 상처했을 때 당연히 후처를 맞이해야 하고 (……) 죽은 전처는 마음속으로 잊지 않고 있기만 하면' 된다고 하며 그녀들을 진심으로 아내로 대하고 있음을 드러냈다.

　　방관에게는 이해할 수 없는 미친 것 같은 일이 보옥에겐 감동과 슬픔을 주는 러브스토리다. 사랑이란 상대에게 쏙 빠져서 미치는 것에 다름 아니지 않은가. 그래서 '때로는 바보처럼, 때로는 미친 듯'한 정의 화신인 보옥은 "하늘이 그런 기막힌 사람을 내면서 왜 또 나같이 수염 나고 더러운 인간을 보내어 세상을 더럽혔을까"제58회(3권, 464쪽)라고 한탄을 하며 그녀들을 위해 자기가 해줄 수 있는 최선의 조언을 해주었다. 지극한 마음으로 제사를 지낼 때는, 공자님의 가르침과도 거리가 먼 지전 따위를 태우지 말고, 그저 향을 사르고 맑은 차 한잔으로 정성을 다하는 것만으로 충분하다고 말이다.

세속에서 탈속으로, 출가하는 배우들

궁중의 황가에서 상을 치르게 되면 온 천하가 함께 슬퍼해야 한다. 그래서 국상(國喪)의 기간 중에는 귀족이나 대갓집에서 데리고 있던 극단을 해체하여 모두 내보내는 것이 관례다. 성친행사 때 가부에 들어온 창극반 아이들은 돈을 주고 사 온 아이들이니 각 처소의 시녀로 활용하자는 우씨의 말에 왕부인은 그들을 내보내자고 한다.

"창극을 배우던 아이들은 보통 시녀들하고는 달라. 이 아이들
은 모두 양가의 자식들이란 말이야. 다른 재주가 없으니까 팔
려서 창극을 배우고 얼굴에 분칠을 하고 무대 위에서 몇 년을
지냈던 거지. 지금 이런 기회에 그 애들에게 몇 냥씩 노잣돈을
쥐어 주고 각자 돌아가게 하면 좋겠구나. 예전에도 조상님들
중에 그렇게 하신 전례가 있거든. 우리는 그동안 조상의 음덕
을 제대로 따르지 못하고 속 좁게 인색하기만 했잖아."제58회(3
권, 447쪽)

그리하여 창극반 아이들에게 일일이 의견을 물었더니 너댓
명만이 집으로 돌아가기를 원하고 대다수는 가부에 남겠다고 했
다. 갈 데가 없거나 가 봤자 또 팔려 가기 때문이다. 이렇게 남은
배우들은 각 처소에 배당되어 이제 시녀의 역할을 하면서 살아가
게 되었다. 하지만 시녀도 아무나 하는 건 아니다. 배우 훈련만 받
은 이들은 침선에도 재주가 없고, 힘쓰는 일도 못한다. 배우로서
분칠하고 손톱 기르며 남의 시중을 받던 자들이라 다른 사람의
시중도 들지 못한다. 그저 "갇혀 있던 새들이 새장을 나온 듯 매일
대관원 안을 노닐며 즐기기만"제58회(3권, 449쪽) 하는 것이다.

배우들이 창극을 할 때는 그녀들의 생활을 담당하는 수양어
미들이 한 명씩 있었다. 이 어멈들은 당초 배우의 심부름꾼 같은
역할을 했었으나 이제 그녀들이 창극을 안 하게 되어 시중을 들

필요가 없자 그녀들 몫으로 나오는 월비나 갈취하려는 마음을 품게 되었다. 그래서 이 수양어미들은 수시로 대관원의 처소를 드나들며 자기가 담당하는 수양딸들을 찾아가 돌보는 척만 하며 돈을 챙긴다. 하지만 별다른 재주는 없어도 눈치는 고단수인 전직 배우들의 성격이 만만할 리가 없으니 수양어미에게 따지며 대들고, 이 어멈들은 툭하면 그녀들을 구박하고 때리기 일쑤다. 이제 배우도 아니고 내 딸(=밥)인데 좀 때리면 어떠랴는 심보다.

배우도 아니면서 시녀 노릇도 할 수 없는 그녀들은 그야말로 가부의 그늘에 있는 잉여와도 같은 존재다. 대관원의 아가씨, 도련님, 시녀들과 어울려 놀기만 하는 전직 배우들에 대해 왕부인은 내내 탐탁지 않게 여기고 있었다. 왕부인이 조상님의 전례를 따라 그녀들을 내보내는 은덕을 베풀자고 한 것은 아마도 내심으론 내쫓고 싶어서였을 것이다. 왕부인은 '춘화' 사건으로 대관원의 기강을 바로잡으며 춘화 사건의 범인뿐 아니라 아무 상관없는 청문이마저 외모가 요염하다는 이유로 내쫓는다. 그리고 내친김에 왕부인은 시녀로 전환된 배우들을 모조리 함께 엮어 대관원 밖으로 내쫓아 버렸다.

"창극을 부르던 애였으니 보나마나 불여우가 분명하겠지. 지난번 너희더러 나가라고 했는데도 억지로 남아 있더니, 안분지족하면서 조용히 있지 못하고 왜 요물처럼 찧고 까불어서 보

옥이를 부추기며 온갖 못된 짓을 다 하였느냔 말이다!"제77회(4권, 467쪽)

　왕부인에겐 여자애들의 얼굴이 예쁘면 그저 보옥이를 꼬시는 불여우로밖에 안 보인다. 돌아갈 집이 없다면 빨리 아무 남자에게나 시집을 보내서라도 치워 버려야 한다. 그래서 이때 쫓겨나 팔려 갈 위기에 처한 배우 몇 명이 출가시켜 달라며 단식을 하고 난동을 부릴 때도 왕부인은 그녀들을 비웃었고, 불문은 아무나 들어가는 데가 아니니 매를 때려서 정신을 차리게 하라고 했다. 왕부인은 집안의 막내딸인 석춘이 출가하려고 할 때도, 아들 보옥이 중과 도사를 따라갔을 때도 그들의 출가를 하늘이 무너지는 일로 받아들였다. 한번 조건 지어진 삶에 어떤 변화도 인정하지 않으니, 왕부인은 그들의 불성을 믿지 않는 것이다.

　때마침 가부에 인사하러 와 있던 몇 명의 비구니 스님이 왕부인을 설득한 덕에 방관, 예관, 우관은 가부의 절인 수월암과 지장암으로 들어가 스님들의 심부름을 하면서 속세를 떠난 삶을 살게 되었다. 사실 그녀들은 배우도 할 수 없고, 시녀도 할 수 없지만 시집가는 건 죽어도 싫은 오도 가도 못하는 처지를 피하려고 출가를 결심했을 수도 있다. 그녀들을 구제해 준 비구니 스님들 역시도 그녀들을 데려다 잔심부름이라도 시킬 요량으로 왕부인을 설득한 것일 수도 있다. 그러나 삶은 정해진 길이 없다. 그녀들이 배우로 태어나지 않았으나 가부로 들어와 연극을 배우면서 배우의 삶을 살았듯, 이제 다시 현실적인 조건에서 또 다른 삶의 문이 열렸다. 그들은 이제 절에서의 규율과 윤리를 하나씩 배우면서 수행자의 삶을 살게 될 것이다.

어딘가에 견고하게 뿌리박고 속해 있지 않은 이들은 미래의 목표를 바라보며 예정된 길을 걸어갈 수 없을 것이다. 하지만 안정된 삶을 보장받지 못한 대신, 삶의 지루함을 느낄 틈도 없다. 배우들은 눈앞에 주어진 조건에 부초처럼 떠밀려 가듯 살면서 그때마다 변용해 간다.

속세로 돌아가는 중과 도사 들

그렇다면 절에 들어간 어린 도사와 중 들은 어떻게 살고 있을까? 그녀들은 철함사에 속한 수월암이라는 암자에 기거하며 궁중이나 가부에서 부를 것을 대비하여 경을 외우며 보냈다. 처음에는 나이든 여승이 경 읽기를 가르치며 관리했으나 궁에서 부르는 일이 뜸해지자 '차츰 공부가 게을러'졌다. 게다가 "점점 나이를 먹게 된 여자아이들은 이성에도 눈을 뜨게"제93회(5권, 309쪽) 되었지 뭔가! 그들을 관리하는 가부의 담당자는 하필 가근으로 원래도 여색을 심히 밝히는 놈이었는데, 수월암의 분위기가 해이해지자 일없이 자주 드나들며 여자 수행자들과 희희낙락 노닥거리기 시작했다.

이 무렵에 배우였던 방관이 수월암에 오게 된다. 가근은 쾌재를 부르며 수작을 걸어 보려고 했지만 방관은 수양어미에게 얻어맞으면서도 출가를 하겠다고 결연하게 여기까지 온 터라 가근 따위의 마수에 걸려들지 않고 꿋꿋하게 수행을 해나갔다. 반면 사미승 심향과 여도사 학선은 가근과 부적절한 관계가 되었고 자주 어울려 칠현금을 타거나 호궁을 배우는 등 풍류를 즐기며 노는 지경에 이르렀다. 배우는 수행자가 되고, 중과 도사는 풍류를 즐기는 이 아니리니!

결국, 문란한 수월암의 풍류가 바깥으로 소문이 나서 누군가의 투서가 벽에 나붙는 지경에 이른다. 가문의 체면을 떨어뜨린 일이라면 엄중히 다스려야 마땅하지만, 일이 커져서 좋을 게 없다고 판단한 가련에 의해 가근에 대한 책임 추궁은 쉬쉬 덮어 버렸다. 이유는 벽보를 붙여 소문낸 자의 기를 살려 줄까 봐, 또 영국부의 추태가 소문날까 봐 우려해서다. 이렇게 '팔이 부러져도 소매 속에 있다'는 속담처럼 덮고 가는 일들이 차곡차곡 쌓여 간다. 제대로 다스려 바로잡지 못했던 집안의 이런 건달들이 이후엔 결국 다른 사건들의 화근이 되고 가문의 몰락을 앞당기는 역할을 한다. 물론 그건 나중의 일이다.

열두 명의 여승과 열두 명의 여도사는 어찌될까? 역시, 소매 속 팔이 아닌 그녀들은 모두 쫓겨났다. 궁중에서 부르는 줄 알고 수레에 태워져 오랜만에 대관원에 들어온 그녀들은 콧바람을 쐬며 즐거워하다가 영문도 모른 채 쫓겨나고 말았다. 이제 그녀들은 가부에 적을 두지도 않았고, 수행자도 아닌 평범한 여자아이로 돌아간 것이다.

중과 도사, 배우 들은 가부의 지붕 아래서 관리를 받았지만, 결코 가부의 사람이 아니었다. 그들은 마치 연극무대의 어떤 역할을 맡은 듯 가부라는 무대 위에서 잠시 단역을 했던 것일 뿐, 그 배역을 빼앗기면 다시 거리로 나선다. 그들은 이렇게 또 다른 삶으로 흘러간다.

14장 중중무진의 홍루에서 단 하나의 '지금-여기'

진가(眞假)와 양자역학의 문제

『홍루몽』은 신령한 돌이 인간세상을 맛보고 싶어해서 중과 도사가 그를 사람으로 태어나게 해주는 이야기로 운을 뗐다. 이렇게 신선계의 이야기로 시작했으니 그다음엔 그가 태어날 인간세상을 본격적으로 이야기하면 된다. 소설의 중심 이야기는 가보옥이 인간세상에서 겪는 이야기가 될 테니까. 그런데 본 무대로 넘어오기 전에 뜬금없이 진짜와 가짜에 관한 수수께끼 같은 이야기가 펼쳐진다. "가짜가 진짜 되면 진짜 또한 가짜요, 무가 유가 되면 유 또한 무가 된다"제1회(1권, 36쪽)라는 대련과 함께 '진사은'(甄士隱)이라는 인물과 '가우촌'(賈雨村)이라는 인물이 등장하는 것이다.

또 가우촌이 지인과 얘기를 나눌 때, 화젯거리로 괴상한 성격의 부잣집 도련님들에 관해 떠드는데, 신기하게도 그들이 각자 얘기한 두 도련님은 여자아이를 심히 예찬하는 똑같은 성정을 가졌다. 그들은 이름마저 똑같은 가보옥과 진보옥이다. 오, 뭐지? 이 책은 진짜와 가짜로 대립하는 인물들에 관한 얘기일까? 진사은vs가우촌, 진보옥vs가보옥. 그러나 곧 (가)보옥이를 제외한 다른 인물들은 슬그머니 사라진다. 그들은 녕국부·영국부라는 본무대에 거의 등장하지 않는 변두리의 인물들이다. 그리고 진짜와 가짜라는 대비 역시, 스토리의 전개에서는 드러나지 않는다. 중간에 잊을 만하면 잠시 등장할 뿐, 소설은 진가(眞假)가 대칭적으로 나뉘지도 않는다. 결국 누가 진짜라는 건지, 왜 그런 이름들을 거론하는 건지도 알 수 없었다.

그런데 요즘 심심치 않게 회자되는 양자물리학에서 비슷한 느낌을 받는다. 양자역학 이론을 설명할 때 예로 드는 유명한 사례로 '고양이 상상(사고)실험'이 있다(슈뢰딩거의 고양이). 밀폐된 이중 슬릿 실험 상자 속에 고양이를 독극물과 함께 넣어 둔다. 그런데 누군가 관측하기 전까지는 고양이가 살아 있는 상태와 죽어 있는 상태가 동시에 존재하고 있다는 것이다. 황당한 헛소리같이 들린다. 게다가 설명을 들으면 더 어렵다. 다행히 그런 어려운 헛소리를 이해하지 못해도 생활하는 데 지장이 없어서 열심히 눈앞의 삶만을 살아간다. 하지만 우리가 누리는 21세기 과학 발전의 세계는 양자역학 이론이 있기에 가능하다고 하며, 그 기술은 현대인의 실생활에 안 쓰이는 곳이 없다고 한다. 과학자들조차 그

이론을 확실히 아는 사람은 없다고 우스개를 하지만, 요지는 세상은 우리가 이해할 수 있는 물리법칙의 시간과 공간, 인식의 범위를 넘어선 것이고, 그것이 우주라는 것이다.

그럼 다시 '신'으로 돌아가는 걸까? 그건 눈 가리고 아웅이다. 확실한 답을 가장한 미망일 뿐이다. 언제나 확실하게 답을 주던 과학이 불확실을 얘기한다면, 이제는 그 '불확실한' 세계에 대해 떠들어 봐도 좋을 것 같다. 그럼 다시 『홍루몽』으로 가 보자. 이제는 몰라서 치워 뒀던 진짜와 가짜의 문제를 들여다볼 때다. 수많은 수수께끼들에 관해 답이 아닌 질문을 만들어 가는 과정으로 말이다.

진심을 담은 가짜 이야기

소주(蘇州)의 한 동네. 넉넉한 살림에 명망 있는 진사은이란 사람은 근처에 사는 가난한 선비 가우촌이 큰 뜻을 품었지만 가난해서 뜻을 펼치지 못하는 것을 안타깝게 여겼다. 하여 그는 가우촌을 초대해 식사를 대접하고 과거를 보러 갈 수 있도록 여비와 옷을 마련해 주었는데, 가우촌은 취한 술이 깨기도 전에 새벽 나절 짐을 꾸려 쏜살같이 출발한다. 이렇게 소설의 첫 부분에서 헤어진 이들은 맨 끝에 가서야 다시 스치듯 만난다.

신선세계에서 인간세상으로 넘어가기 전에 이 두 사람이 나오는 것은 둘의 인연이 두 세계의 경계를 이루기 때문이다. 이때 헤어지면서 두 사람의 운명도 두 세계로 갈라지게 되는데, 가우촌은 과거에 급제하고는 인정세태를 맛보면서 부침을 겪어 나가는 속세의 인물이 되고, 진사은은 딸을 유괴당하고 뜻밖의 화재를 겪는 불운 속에서 깨달음을 얻어 출가하여 신선 같은 존재가 된다.

이렇게 엇갈린 두 사람 중 속세로 간 가우촌은 가부의 주변을 맴도는 인물로 간간이 등장한다. 그는 같은 '가'씨라는 연줄로 가부와 연결되어 덕을 본 것이 좀 있으므로, 관리를 지내면서 이 가문을 계속 의식하는데, 처음엔 순진하고 강직한 면모를 보이기도 하지만, 결국 부귀와 권력에 빌붙어 자신의 지위를 유지하기 위해 조금씩 타협해 간다. 그는 탄핵을 받기도 하고, 복권되기도 하면서 오르락내리락 굴곡진 삶을 산다. 가씨 가문의 흥망성쇠가 커다란 포물선 그래프라면, 행성처럼 매달린 채 이 가문의 바깥에 존재하는 가우촌 개인은 빈번한 흥망성쇠를 겪는 물결무늬다.

그런데 진사은은 왜 '진'(眞)이고 가우촌은 '가'(假)일까? 신선이 되는 것이 좋은 삶이고 속세에 사는 것은 거짓된 삶인가? 이들의 이름 끝자리에 실마리가 있다. 진사은(甄士隱)은 중국어로 진사은(眞事隱)과 같은 발음이다. 진짜의 일은 숨겨서 드러내지 않는다는 의미다. 그는 소설의 초입에서 홀쩍 선계로 가 버리고선 이후에 전혀 등장하지 않는다. 이름대로 드러나지 않는 것이다. 그 사람이 안 드러난다기보다는 그가 속한 세계를 우리는 인식할 수 없다는 뜻일 것이다. 그리고 그것이 진짜의 일, 진짜 세계라고 암시하고 있다.

그럼 가우촌은 어떤가? 가우촌(賈雨村)은 가어존(假語存)과 같은 발음이다. 가짜의 이야기를 남겨 둔다는 것. 속세에서 부귀공명을 쫓으며 살아가는 그의 삶을 거짓되었다고 비판하는 것은 아니다. 그가 살아가는 속세, 즉 소설에서 얘기하는 인간세상의 일들 모두가 가짜 이야기(假語)이고 그것을 써서 남겼다는 말이다. 작가의 말을 보면,

> "내 비록 배운 것이 없고 글솜씨가 형편없다고 해도 세상 사람들의 속된 몇 마디 말로 부연하여 이야기를 끌어나가면 그 또한 규중의 일을 세상에 밝히는 것이 되리라. 이는 다시 세인의 눈을 즐겁게 하고 사람의 근심 걱정을 덜어 주는 데도 마땅하지 않겠는가 생각했다. 그래서 가우촌이란 사람을 등장시킨 것이다." 제1회(1권, 24쪽)

조설근은 앞으로 펼쳐질 규중의 여인들과 보옥이의 이야기가 '속된 말'로 꾸며 낸 것이라 밝히고 있다. 가우촌이 맴맴 돌고 있는 가부라는 본 무대가 꾸며 낸 이야기이라면, 작가는 왜 이 이야기를 굳이 남길까? 그저 심심풀이일 뿐인 거짓 이야기를 말이

다. 여기엔 두 가지 중첩된 역설이 있다. 우선, 소설의 주요 스토리를 '가어'(假語)라고 하는 것은 현실을 가짜라고 말하는 역설이다. 마치 현실은 이데아의 그림자일 뿐이라고 하거나, 영화〈매트릭스〉안에선 현실세계가 가짜인 것처럼 말이다. 책 제목 속 '홍루'(紅樓) 역시도 홍진세계의 화려한 누각으로, 홍진이란 먼지처럼 덧없이 사라질 속세를 일컬으니 홍루가 의미하는 것은 가짜에 불과한 화려한 현실세계다. 그러나 조설근의 시선은 숨겨진 진실이 아니라 남겨진 거짓에 꽂혀 있다. 안 보이는 진실을 찾아 헤매는 게 아니라 홍진에 불과한 세계를 촉촉한 시선으로 관찰한다. 그는 혼신의 힘을 다해 기억 속 여인들과 규중 풍경을 아름다운 언어로 그려 냈다. 마치 그것이 삶의 소명이기라도 한 것처럼, 흩어진 '홍루'를 되살려 낸 것이다.

언어는 세상을 다 담을 수 없고 진실인 것도 아니지만, 모든 존재는 언어를 통해서만 명명되고 기록된다. 마치 어떤 사건을 눈앞의 현실태로 만드는 이중 슬릿 장치의 관측자처럼 말이다. 그래서 '규중의 일을 세상에 밝히'고 거기에서 깨달음을 얻는 과정을 얘기하고픈 조설근의 진심은 이렇게 '가짜 이야기'(假語)를 통해서만 전달될 수밖에 없는 것이다. 이것이 두번째 역설이다. 그러니 무엇이 진짜고 무엇이 가짜일까.

중중무진의 가능세계, 무한한 홍루

보옥이와 똑같은 진보옥은 누구일까? 이 아이도 전생에 돌이었다. 대옥의 전신인 강주초 옆에서 묵묵히 신영시자와 강주초의 인연을 지켜봤을 영하강가의 삼생석이 그다. 그들의 환생에 섞여 들어온 또 하나의 돌! "얼굴도 똑같을 뿐만 아니라 행동거지도 똑같은"제114회(6권, 326쪽) 진보옥과 가보옥은 요즘 말로 하면 '도플갱어'인 셈이다. 이 진보옥 역시 진사은처럼 등장은 하지 않고 그저 똑같은 아이가 있다는 사람들의 말로만 그 존재가 드러난다.

　어느 날, 둘은 서로의 소문을 듣고 꿈에서 서로를 찾아 나섰다. 가보옥이 만난 진보옥의 시녀들은 자기 집 시녀인 습인, 청문이만큼 예뻤고, 집도 이홍원에 버금가는 대저택이었다. 둘은 꿈에서 만나서는 "네가 바로 보옥이야? 이게 꿈속은 아니겠지!" "이게 어찌 꿈일 수가 있어? 진짜 중에 진짜지"제56회(3권, 408쪽)라고 손잡고 반가워하다가 꿈에서 깬다. 꿈인 줄 의심하지 않는 꿈… 여기서 깨면 '아, 꿈이었구나' 하지만 깨어난 그 상태도 꿈이 아니라고 말할 수 없다. 깨어야만 꿈인 줄을 안다. 『홍루몽』에선 깨어난 이 현실이 꿈(가짜)이고, 꿈(잠)이야말로 진짜 세계를 엿볼 수 있는 틈이다.

　그런데 보옥이가 꾸는 꿈에는 하나의 장치가 있었다. 마치 마법세계로 들어가는 입구가 '옷장'인 동화처럼 말이다. 시녀 사월이는 '보옥아'라며 자기 이름을 부르며 깨어나는 보옥에게 "어린아이의 방에는 거울을 많이 두어선 안 된다고 하시더니만 그게 맞는 말이네요. 어린아이는 아직 혼백이 덜 온전하여 거울을 많이 비치면 잠자다가도 못된 꿈을 꾸게 된다고 하셨거든요"라고 하며 거울을 덮개로 가려 놓는다. 거울은 중중무진의 세계를 만들어 내는 장치다. 마주보는 두 거울이 만들어 내는 무한한 영상은 아찔하다.

진보옥과 가보옥은 거울에 비친 것처럼 똑같은 세계를 살고 있는 두 사람이다. 도플갱어라는 말이 있기도 전에 등장한 '또 다른 나'라는 존재. 지킬과 하이드 같은 자아의 두 모습도 아니고, 여우가 변해서 둔갑한 것도 아닌, 정말로 똑같은 사람이 현실에 살고 있다는 설정인데, 이것은 양자역학의 다중우주이론 가설에서나 나옴 직한 얘기다. 앞에 나온 '슈뢰딩거의 고양이'의 죽은 상태와 산 상태가 중첩되어 있다는 그 황당한 주장이 바로 이 다중우주이론의 근거가 된다. 우리가 관측을 하기 전에는 가능한 여러 상태가 중첩되어 있다가, 보는 순간 그중 하나가 관측자의 세계에 현실태가 되고, 내가 인식하지 않은 또 다른 상태 역시 분화되어 어딘가 존재할 수 있다는 것. 모든 선택이 이렇게 분화된다면 아마 그 다중우주는 마주보는 거울처럼 무한대의 세계이자, 무한히 펼쳐지는 홍루일 것이다.

신영시자와 강주초의 환생에 여와(女媧)가 남긴 돌이 따라온 것은 가보옥이 되었고, 삼생석이 따라오면 진보옥이 되고⋯ 더 상상해 보면 어디선가 날아온 수많은 돌이 이 애정의 업보에 끼어들어서 수많은 보옥이 되어 살고 있을지 모를 일이다. 단, 우리는 오직 관측한 하나의 세계만을 현실로 인식하며 살아간다. 보옥이 처음 태허환경에 가서 미래의 일을 적어 놓은 책을 보게 되었을 때의 일이다. 그게 자기가 사는 성(省)에서 가장 뛰어난 여자들에 관한 책이라더니 오직 자기네 집 여자들 이름만 적혀 있었다. 어떻게 그럴 수가 있을까? 선녀의 설명으론 제일 뛰어난 여인이 모조리 가부의 보옥이네 집에 모여 있어서 그렇다지만 그건 말이 안 된다. 꿈에서 확인했다시피 마찬가지로 금릉에 사는 진보옥의 집에도 수많은 예쁜 여자애들이 있었다. 보옥이가 관측한 것, 즉 아는 만큼만 보옥이의 세계인 것이다.

그러니 아마도 또 다른 세계인 진보옥에게도 세상에서 제일 아름답고 훌륭한 소녀들이 존재하는 것이고, 진보옥 또한 태허환경에 가서 그녀들의 이름만이 쓰인 금릉십이차 책을 보았을 것이다. 그 역시 부모 속을 썩였을 것이고 가슴 아픈 사랑을 했을 것이다. (가)보옥의 홍루에선 관측되지 않은 그의 우주에서 말이다. 너무 비현실적인 얘기일까? 하지만 요즘 과학서적을 볼 때마다 이보다 더한 비현실성을 느낀다. 우리 은하에는 태양이 2천억 개나 있고, 우주엔 이런 은하가 천억 개나 있다고 하지 않던가.김상욱, 『떨림과 울림』, 동아시아, 2019, 34쪽 그것도 '관측 가능한' 우주에 말이다. 우리의 인식의 한계와 상상력 앞에서 우주의 광활함은 아찔한 비현실 그 자체다.

결코 서로의 세계를 확인할 수 없는 과학이론과 달리, 진보옥과 가보옥의 세계가 드디어 만나게 되었을 때, 그들은 이미 생김새만 같을 뿐 서로 다른 길을 선택한 후다. 보옥은 대장부의 길과 공명 운운하는 진보옥에게 크게 실망을 했고, 과거시험이 끝난 후, 선택의 갈림길에서 둘은 다른 세계로 갈라지는 것이다. 여기서는 속세에 남는 보옥이 '진'이고, 출가하는 보옥이 '가'이다.

나는 어떤 인연 조건으로 태어나고 살아가는 것일까? 수많은 인연들의 갈림길마다 온갖 경우의 수로 가지 쳐 갈 삶을 상상해 본다. 그 인생들이 어딘가에 모두 존재하고 있다면? 아마도 수백만, 수백억의 '내'가 있을 것이다. 황당한 상상이긴 하지만 그 수백억의 가능인생 중, 지금 살고 있는 하나가 내 앞에 펼쳐져 있다고 생각하니 삶이 기적처럼 느껴지며 미련과 후회가 사라진다. '좀 더 노력할걸', '그러지 말았어야 했는데'라는 후회를 하는 경우는 세상엔 오로지 이 현실과 이 인생만이 있다고 여기는 때다. 선택의 갈림길에서 다른 선택을 했을 경우의 삶을 상상하고, 그 길을 가지 않은 것에 대한 미련이 남아 있기에 후회를 한다. 그러나 그 모든 삶이 전부 실현되어 어딘가에 겹겹으로 펼쳐지고 있고, 수많은 나 중 인식 가능한 내가 그중 하나의 선택지에서 그 시나리오에 따른 역할을 하는 거라면? 수많은 내가 살고 있는 우주가 있다면? 놀랍지 않은가! 지금 이 순간도 우리는 관측을 하면서 현실 세계를 만들어 가는 중인 것이다. 나의 관측은 중중무진의 세계에서 어떤 선택에 공명하여 어떤 미래를 만들어 낼까?

보이는 것이 전부가 아니다. 그 미지의 세계에 대해 전혀 알지도 못하면서 눈앞의 삶을 급급하게 사는 현실.『홍루몽』에서 말하는 가짜[假語]이자 한낱 꿈같은 인생이 바로 우리의 '지금 여기'다. 그러나 우리는 이 삶만을 살아갈 수가 있고, 이 삶만을 얘기할 수가 있다. 우리에게 남겨진 이 가짜 이야기[假語存]에 우리의 진심을 담아야 하지 않을까.

15장 자유의 낙원에서 놀고 배우고 사랑하라

대관원에서 누리는 청춘의 봄날

지금도 중국의 남경에 가면 도심의 중심가에 '대행궁'(大行宮)이라는 전철역이 있고, 바로 앞에 강녕직조부 박물관과 조설근 기념관이 있다. 행궁(行宮)이란 임금이 행차할 때 묵었던 곳이라고 하니, 바로 여기가 부지런한 군주 강희제가 남쪽 지방을 순시(南巡)했을 때 묵었던 조씨 가문의 강녕직조부 관청과 저택이 자리 잡고 있던 곳이다. 『홍루몽』의 무대 역시 남경의 다른 이름인 '금릉'이라는 도시에서 가장 큰 대로를 사이에 두고 있는 가씨(賈氏) 가문의 두 형제 집안이다. 그중에서도 저택에 딸린 '대관원'이라는 정원이 가장 핵심적 배경이 되는 공간이다. 보옥의 집안은 강남 경제를 주름잡는 가부(賈府)라는 권문세족이며 황제가 아끼는 귀비를 배출한 가문이다. 어느 날, '효'를 숭상하는 황제의 특별교지로 황제의 비(妃)들이 친정을 방문하여 인륜의 덕을 두텁게 할 기회를 얻게 되었다. 궁에 들어갈 때와는 완전히 다른 신분이 된 귀비는 이제 딸도 아니고 누나도 아닌 황제의 총애를 받고 있는 존귀한 몸이기에 가족들은 황제를 맞듯이 정성을 다해 맞이해야 한다.

가부는 귀비가 된 큰딸의 친정나들이를 위해 거대하고 아름다운 정원인 대관원을 건축했다. 조설근의 자전적 색채가 가장 짙게 배어나는 장면이 바로 이런 황족의 행사 장면이다. 경험하지 못한 사람은 묘사할 수 없는 현장감 넘치는 장면들이다. 하룻저녁의 성친행사가 끝나고서 궁으로 돌아간 귀비는 동생들과 시를 짓던 그날 밤을 생각하며, 그토록 아름다운 대관원이 행사 후 텅 비게 될 것을 안타까워한 끝에, 친정집에 '공간 재활용'을 제안한다. 성친행사의 존엄한 장소를 훼손하면 안 된다는 이유로 꽁꽁 닫아 두지 말고, 가문 내의 어린 소녀들을 모두 그곳에 들어가 살게 하라는 것이다. 더불어 귀비의 특별한 애정으로 남동생 보옥이도 거기에 끼워 준다. 집안에는 보옥이 말고도 가환, 가란 등의 다른 도련님들도 있었지만, 보옥만이 남자아이임에도 예외적으로 대관원에 들어간 것이다.

대관원의 모든 건물과 곳곳의 다리, 누각 등에는 모두 이름이 있고 대련이 붙어 있다. 놀랍게도 이 이름들은 대부분 보옥이지었다. 아버지가 손님들과 대관원을 구경하며 대련 짓기를 고심

할 때, 우연히 거기에 끼게 된 어린 보옥이 마냥 천진하고 명랑한 기질을 발휘하여 건물 이름과 대련을 지었다. 아버지는 시종일관 보옥이에게 호통을 치지만 속으로는 흡족해하는 눈치였으며, 손님들도 어린아이의 예민한 감성을 칭찬하기도 하고 기발한 아이디어를 대견해하면서 보옥이를 추켜 준다. 이 이름들은 나중에 큰누님인 원춘귀비가 와서 감상하고 부분적으로 고쳐 주지만, 대관원은 기본적으로 보옥이의 감수성이 짙게 배어 있는 공간이다.

대관원은 가부의 유교적 위계질서가 미치지 않는 구멍 같은 곳이다. 별도로 떨어져 있으니 보옥은 일단 엄격하고 무서운 아버지를 안 만날 수 있고 집안 어른들의 걱정과 참견에서도 안전거리를 확보한 것이다. 입주한 아이들은 모두 같은 항렬의 언니, 동생이니 대관원은 평등한 자매애의 공간이자 아가씨들의 놀이터인 셈이다. 시녀들조차도 주인과 엇비슷한 어린 나이로, 주인을 살뜰히 보살펴 주면서도 조언도 하고 말벗도 하는 친구 같은 관계다. 아가씨 한 명의 처소당 대여섯 명의 시녀들을 데리고 있으니, 대관원은 그야말로 여중 운동장만큼 시끄러운 웃음소리가 끊이질 않는다. 그러니 어떻겠는가? '대관원에 있는 대부분의 여자애들은 마치 혼돈의 세계처럼 천진난만한 시절이라 퍼질러 앉거나 드러눕는 것도 전혀 가리지 않았다. 이 정도 자유로운 행동은 보옥이의 거처인 이홍원이 유독 두드러지지만, 그렇다고 시녀들이 난장판인 것은 아니다. 명령과 감시의 시스템에서 한숨 돌릴 수 있는 공간이라고나 할까? 대관원에 입성한 보옥은 그야말로 '흡족하고 기분이 좋아져서 다른 것에는 일절 욕심을 부리지 않았'다. 사춘기 때 비좁은 다락방이어도 자기만의 공간에서 느꼈던 자유의 공기가 얼마나 큰 우주를 선사하던가. 이곳은 보옥이와 자매들, 또 시녀들에겐 자유로운 봄날의 낙원인 것이다.

배움이 돋아나는 놀이

그런데 그토록 싫어하는 공부를 팽개치고서 노는 것만 좋아한다던 보옥이가 자매·시녀들과 대관원에서 무얼 하는지 살펴보면, 노는 게 아니라 아주 실제적인 공부를 하고 있다. 이 자유의 공간이 놀이를 통한 생동하는 배움의 현장이 되는 것이다. 아이들은 책 읽기, 그림 그리기, 천연 화장품 만들기, 풀 이름 맞히기, 노래 부르기 같은 걸 하며 소일을 한다. 여기서 이러고 지내는 걸 보면 보옥의 아버지는 울화통이 터지겠지만, 사실 이 과목들은 동서고금을 막론하고 아이들에게 절대적으로 필요한 예체능과 철학 과목이 아닌가. 그들 놀이의 화룡점정은 '해당화 시사 모임'이다. 보옥의 셋째누이인 탐춘이 모임 발기를 주도하여 새언니(보옥의 형수) 이환을 수장으로 모임의 형식과 규칙들을 만들고 함께 각자의 필명도 지었다. 모든 걸 놀이로 만들다 보니 우수작을 뽑기도 하고 못했을 땐 벌칙을 준다. 규칙도 그때그때 달라지는데, 향초가 다 타 들어가는 동안 짓기, 릴레이로 짓기 등 순발력도 필요하다. 웬만큼 공부하지 않으면 시제(詩題) 앞에서 쩔쩔매야만 한다.

보옥이는 이 시 짓기 놀이에서 한 번도 뽑힌 적이 없다. 대관원 편액을 지을 때의 재주는 어디로 간 건지, 오히려 시간 내에 다 쓰지도 못하여 매번 간신히 써서 내니 꼴찌를 하기 일쑤다. 그도 그럴 것이 자기 것보다는 다른 자매들의 시를 감상할 생각에 들떠서 야단법석을 떨며 온갖 참견에, 수다를 떨기 바쁘다. 이건 잘 됐네, 이건 이상하네, 이 시어는 아주 교묘하네… 하면서 비평하는데, 반면 보옥이의 시는 자매들에게 놀림거리가 되고 만다. 그나마 보옥이 약간의 재주를 보이는 시사 부문에서마저 대관원의 자매들에게는 이토록 '쨉'이 안 되다니! 이 도련님은 정말 어떤 소설의 주인공보다 무능한 모습을 선보이는 것이다.

어느 날, 그들이 눈 덮인 대관원에서 사슴고기를 구워 먹으며 '설경시'를 연작(連作)할 때였다. 천천히 시작한 연작시는 마치 우리의 끝말잇기처럼 속도를 높여 가는데, 그들은 어느 순간부터 포복절도를 하며 마구잡이로 내뱉기 시작한다. 나는 한시를 모르니 그들의 긴장감과 웃음 포인트를 몰라서 궁금하기 이를 데 없었으나, 어쨌거나 웃음이란 전염성이 있어서 책을 읽는 내 입꼬리도 슬며시 올라간다. 뜻도 모르고 덩달아 웃는 처지에도 나는 이 장면을 가장 사랑하는 장면 중 하나로 꼽는데, 그 이유는 놀이와 공부의 경계가 없는 배움의 유희가 책 밖으로까지 넘쳐흐르기 때문이다.

　이번에도 꼴찌를 한 보옥에게 주어진 벌칙은 괴팍한 비구니가 사는 암자의 담 안에 핀 매화 꽃가지를 얻어 오는 일이다. 무능력의 역설이라고나 할까? 시 짓기는 꼴찌이지만 이 벌칙은 보옥이만이 완수할 수 있는 정말 어려운 과제다. 그 비구니는 너무 고고해서 아무에게나 문을 열어 주지 않기 때문이다. 하지만 보옥은 풍류를 사랑하는 사람들로부터 호감을 얻는 캐릭터인 데다, 이 비구니 역시 아취 가운데 풍류를 즐기는 부류였다. 보옥이 성공적으로 홍매화를 얻어 오자, 그들은 그걸 화병에 꽂아 감상하며 또다시 매화를 감상하는 시를 한 수씩 짓는다. 아, 이 풍류 넘치는 꼬마 시인들 같으니라고! 그들은 고기를 굽고, 술을 마시면서 가무를 하는 게 아니라 시를 쓰고 매화를 감상한다. 이들이 노는 걸 보고 있으면 품격 있는 언어와 예술적 감각을 기르는 시작(時作) 놀이가 가무보다 훨씬 더 재밌어 보인다. 놀이에서 얻을 수 있는 가장 큰 즐거움은 누가 뭐래도 창발(創發)이다. 창의적 발상은 집중을 해야만 나오는 것이고, 사람을 집중시키는 데에는 놀이만 한 것이 없다.

　'시간빈곤층'이라는 말이 있다. 학벌과 스펙, 승진을 위해 달리고 또 달리는 우리 시대의 자화상을 나타내는 말이다. 한가한 시간이야말로 사색과 창의력의 요람이라는 걸 아무리 강변해도 감히 시도하지 못하는 건 사회의 구조가 이미 경쟁의 구도에 간혀 있기 때문일 것이다. 그래서 창의력과 예술성이 암기 위주의 주입식 교육의 틀을 깨고 그 바깥에서 행해지는 것이 아니라, 기존의 교육에 또 하나의 과목으로 추가되어 수행평가의 항목이 된다. 글쓰기와 예술에 대한 안목도 그렇게 스펙으로 키워 간다. 그래서 스펙을 아무리 쌓아도 노는 법을 모른다. 스펙을 못 쌓은 경우에도 노는 법을 모른다. 『홍루몽』에서 가장 부러웠던 것이 바로 대관원이라는 공간에서 행해지는 고급진 유희와 그들이 누리는 한가한 시간이었다.

소녀들의 공간, 여성스런 청일점

한가한 옛날 옛적이었기에 대관원의 분위기가 가능했다고 생각하면 오산이다. 청나라 시대 역시 더 심하면 심하다고 할 수 있을 정도로 주입식 교육과 암기 위주의 공부로 과거를 보던 경직된 관료 중심 사회였다. 높은 공무원시험 경쟁률을 자랑하는 우리나라의 현실보다도 더 빡센 경쟁률! 이 시대 남자의 길은 오로지 관리가 되는 단 하나의 길밖에는 없었다. 공부 방식은 오로지 달달 외기와 달달 왼 것으로 작문하기다. 평생을 과거시험에 매달리는 선비가 적지 않았다. 보옥의 집안도 두 개의 세습관직을 받지만 보옥의 아버지 가정은 세습관직과 상관없이 공부를 해서 관리가 된 사람이므로, 보옥이에게도 달달 외기 공부법을 강요한다.

하지만 보옥은 '공부' 소리만 들어도 기절할 지경이다. 어렸을 때부터 사서(四書) 외에는 모조리 베낀 글이므로 다 없애야 한다는 주장을 펼치지를 않나, 그 사서마저도 읽기를 거부하기 일쑤다. 그러니 보옥의 아버지가 보옥을 매우 못마땅하게 여길 수밖에. 글을 읽어야 과거 보고 관리가 되어 이 크디큰 가문을 이어갈 것이 아닌가? 하지만 보옥이에게 이런 얘기는 씨알도 안 먹힌다. 보옥은 아주 어렸을 때부터 여자애들만 쫓아다니며 놀아 달라고 졸라 댔다. 그저 게을러서가 아니다. 그는 나름의 철학이 있는데, "여자는 물로 만든 골육이고 남자는 진흙으로 만든 골육이라, 여자아이를 보면 마음이 상쾌해지지만 남자를 보면 더러운 냄새가 진동한다"는 기상천외한 말로 어른들을 깜짝깜짝 놀라게 한다. 후각은 본능적인 것이다. 한 다큐멘터리(EBS다큐프라임 〈남과 여〉)에서는 시각 위주로 정보를 인식하도록 진화한 인간마저도 후각만으로 자기와 맞는 면역세포를 가진 상대에게 본능적으로 성적인 끌림이 있다는 걸 보여 줬다. 재밌는 것은 피실험자들이 가장 혐오감을 드러내는 냄새가 자기 냄새라는 점이다. 보옥이 냄새로 여자와 남자를 구분한다는 것은 정말 본능적인 끌림과 혐오다. 이런 괴벽이 다른 성(省)까지도 소문이 날 정도니, 보옥이는 예외적으로 대관원에 들어간 것이 아니라, 당당히 입성했다고할 수 있겠다. 그는 여성스러운 것들의 맑고 영롱함을 예찬하며 남자의 길에서 달아나는, 가장 여성스런 청일점인 것이다.

대체 이런 특이한 캐릭터로 이 특별한 공간에서 펼쳐질 이야기는 무엇일까? 조설근이 밝혔다시피 『홍루몽』의 주제는 '정'(情)이요, 소재는 여성들의 이야기다. 돌이켜보니 행동거지와 식견이 월등히 뛰어난 여인들이 하나하나 떠올라, 그녀들의 삶을 들려주고자 한다는 것이다. '규중에서 진솔한 삶을 치열하게 살았던 여인들의 이야기가 폄하되어선' 안 된다는 사명감도 있다. 그러나 『홍루몽』은 단순히 그녀들을 관찰한 기록이 아니다. 자매들의 한가운데에 있는 보옥은 그들의 꽃 같은 아름다움을 사랑하고 존경하며 다양한 관계를 맺어 간다. 대관원은 그 관계의 풋풋하고 지극한 마음이 펼쳐지며, 희극과 비극이 교차하고, 죽음과 깨달음의 세계로 통하는 생명력 가득한 공간이다.

16장 이홍원—웃음과 눈물과 에로스의 공간

서비스 말고 에로스

청경봉 아래의 석두가 보옥이로 환생할 장소는 "인간세계의 창명 융성한 나라, 시례잠영의 가문, 화류번화의 지방, 온유부귀의 고을"제1회(1권, 27쪽)이었다. 순서대로 보면 중국 장안 대도-영국부-대관원-이홍원이다. 이홍원이 '이번 생'의 최종 목적지인 셈이다. 가부에서 '대관원'은 비밀의 정원 같은 아가씨들의 공간이고, 그 대관원 안에 자리 잡은 이홍원은 보옥이 혼자 수많은 시녀들과 함께 지내는 처소다. 정말 신기하다. 대갓집 도련님에 대한 우리의 상상력은 방자 같은 시동을 한둘 대동하고 다니는 이도령이 전부라서, 어린 시종 명연이마저 들어가질 못하는 보옥의 처소는 과연 어떨지 궁금하다.

이홍원에선 보옥이 유일한 주인이고, 유일한 남자다. 물론 더 넓은 범위인 대관원에서도 청일점이지만 대관원 자매들과는 평등한 남매 관계인 반면, 이곳 이홍원의 시녀들은 모두 보옥이를 위해 존재한다. 영화 〈마지막 황제〉의 푸이(溥儀)가 신발끈을 혼자 못 매는 것처럼, 보옥이 역시 옷 입고 밥 먹는 일까지도 시녀들의 서비스를 받아야 한다. 이런 조건이라면 이홍원은 보옥이가 아방궁의 황제처럼 떠받들어지는 곳일 것 같지만 실상은 전혀 그렇지가 못하다.

어느 날 도련님이 없는 동안, 지나가다 잠시 들른 창극배우들과 시녀들이 이홍원 대문을 잠가 놓고 웅덩이에서 노느라, 비 맞으며 뛰어온 보옥이가 문을 두드렸는데도 시녀들이 열어 주지를 않았다. 자기들이 떠드는 소리에 문 두드리는 사람이 누군지 분간이 안 된 것이다. 분간이 되건 안 되건 그게 누구든지 용무가 있어서 온 사람일 텐데 자기들 노느라고 신경도 안 쓰다니! 이홍원에서만 가능한 방자하기 이를 데 없는 행동이다. 아이들이 너무 재밌게 놀고 있으니 제일 높은 시녀인 습인이가 나가 보았는데, 생쥐처럼 젖은 보옥을 보자 너무 황당하고 웃겼나 보다. 박장대소하느라 허리를 꺾고 있는데 화가 난 보옥이 그녀를 냅다 발로 차 버렸다. "이 못된 년들아, 내가 평소 잘해 주니 득의양양하여 겁나는 게 없나 보지? 이제는 나를 조롱하기까지 하는구나"제30회(2권, 253쪽) 그러나 눈앞에 넘어져 있는 사람이 습인인 것을 알자 어쩔 줄을 모른다. "아이쿠야, 어떻게 네가 나왔어? 도대체 어딜 채인 거야?" 그냥 하급 문지기 시녀일 줄 알고, 아무 생각 없이 발길질을 했으나, 습인은 보옥이의 누나이자 연인이요, 가정교사가 아닌가. 그는 후회막급이라 며칠 동안이나 미안해하며 그녀를 간호한다. 이 일 직후에 보옥은 청문이와도 한바탕 난리를 피우며 싸웠는데 싸운 뒤엔 화를 풀어 주기 위해 부채까지 찢으라고 갖다 주며 그녀의 비위를 맞춘다. 마치 지체 높은 아가씨와 연애라도 하는 것처럼 말이다.

이홍원엔 시녀를 혼내는 주인은 없고, 시녀와 울며불며 싸우는 도련님이 있다. 보옥은 도련님인데도 호통 한번 시원하게 치지도 못하고, 큰소리 쳤다가는 자기 마음이 더 상하니 폼이 안 난다. 왜? 기계적인 주종관계가 아니라 감정을 주고받는 관계이기 때문이다. 신선세계까지 소문난 홍진세계의 즐거움을 맛보기 위해 놀러 온 최종 목적지 이홍원에서 그가 누리는 것은 쾌락의 서비스가 아니다. 태어나 보니 서비스해 줄 시녀 누나들이 줄서서 기다리고 있었지만, 보옥은 오히려 자기가 그녀들에게 서비스해 주기를 열망한다. 상처 주고 상처도 받지만 그렇게 사랑과 우정이 깊어진다. 보옥이가 누리는 인간세계의 좋은 것이란 바로 이 관계에서 생겨나는 것들, 생을 충만하고 즐겁게 만드는 에로스(情)였던 것이다.

출세냐 에로스냐, 거리를 좁혀라

모든 시녀가 보옥과 똑같이 우정을 나눌 수 있는 건 아니다. 발길 질당한 것이 얼굴이 낯선 하급 시녀였다면 보옥은 그렇게까지 사과하지 않았을 것이다. 도련님이 없으면 평상에 드러누워 이홍원의 주인 행세를 하는 청문이조차 도련님과 습인에게 서운한 것이 있다. "전부터 언니 혼자서만 도련님을 모셨으니까 우린 아예 모셔 본 적도 없었지요."제31회(2권, 260쪽)라는 말은 이홍원의 시녀들 사이의 갈등과 알력이 모두 도련님과의 물리적 거리에서 비롯됨을 알 수 있다.

보옥이 방에는 습인, 청문, 사월, 추문, 이렇게 네 명의 시녀가 있다. 나머지 시녀들은 이들의 심부름을 하거나 정원에서 바깥일을 한다. 새로 들어온 아이들은 도련님 얼굴 한 번 못 보고 바깥일만 하는 경우도 많다. 이홍원의 시녀들이 보옥과 친해지기 위해서는 말 그대로 몇 개의 문턱을 넘어야 하는 것이다.

어느 날, 보옥은 주위에 아무도 안 보여서 혼자 차를 따라 마시려는데 등 뒤에서 "도련님! 뜨거운 찻물에 손 조심하세요. 제가 따라 드릴게요" 하며 한 시녀가 튀어나왔다. 그녀를 처음 본 보옥이 어떻게 자기 처소에 있는 시녀인데 모르는 얼굴이냐고 하자 그 시녀가 이렇게 대답했다.

"모르는 사람이 어찌 저뿐인가요? 아주 많지요. 저는 한 번도 차를 따라 드리거나 물건을 옮겨 드리는 일은 하지 못했거든요. 어쨌든 도련님 눈앞의 일은 하나도 할 수가 없으니 어떻게 저를 알 수가 있겠어요?"제24회(2권, 108쪽)

보옥은 왜 그런거냐고 물었지만 대답을 들을 수는 없었다. 방의 시녀들의 텃세가 심해서라는 말을 대놓고 할 수는 없잖은가. 이 시녀는 단지 차를 한잔 따라 올렸을 뿐인데, 이 일로 추문과 사월에게 엄청 욕을 먹었다. "이 뻔뻔스러운 년아! 너보고 물을 길어 오랬더니 무슨 일이 있다고 핑계 대며 우리한테 가라고 하더니 바로 그 틈을 노리고 있었단 말이지? 한 걸음 한 걸음 기어오르려고 하는구나."제24회(2권, 109쪽) 추문과 사월은 호시탐탐 도련님 눈에 들려는 말단 시녀에게 뒤통수를 맞았다는 생각에 흥분하여 야단법석을 떤다. 아… 이렇게 이 말단시녀 소홍의 야심은 단박에 물거품이 되었다. 얼마 후 그녀는 왕희봉의 눈에 들어 희봉의 처소로 옮겨가게 된다.

가부의 오래된 집사어멈의 딸인 데다가 전략가 기질까지 갖춘 영리한 소홍의 재간은 이홍원에선 무용지물이다. 그녀는 자기 위로 첩첩이 쌓여 있는 상급시녀를 뚫고 올라가기만 하면 보옥의 눈에 띄어 출세할 수 있다고 여겼겠지만, 안타깝게도 이홍원에선 보옥과의 관계가 출세의 도구가 되지 못한다. 보옥이와 얼만큼 가깝냐에 따라 권력 구도가 생긴다 해도, 이홍원을 벗어나서는 눈곱만큼도 소용이 없는 권력이다(불쌍한 청문을 보라). 보옥과 가까워진다면, 특이하기 짝이 없는 도련님을 좀 더 가까이에서 관찰하고, 그와 자주 희롱하며 놀 수는 있다. 에로스 충만한 관계 속에서 그와 친구가 되고 연인이 될 수도 있다. 그러나 훗날 높은 직급의 시녀가 된다든가, 집사가 되거나, 혹시 첩이 될 거라고 기대한다면 얼른 나가는 게 좋다. 이홍원은 출세와 가장 거리가 먼 곳이기 때문이다.

내 마음의 콩밭, 오매불망 이홍원

이홍원에서 어른들 몰래 열렸던 보옥의 생일잔치는 이홍원의 분위기를 여실히 전달한다. 어느 해인가, 어머니와 할머니가 장기간 집을 비웠던 때여서 생일잔치를 크게 열지 못하게 되었다. 그 대신 각 처소마다 상을 차려 놓고 보옥을 불러 조촐하게 나름의 축하를 하는 바람에 보옥은 훨씬 더 바삐 돌아다녀야만 했다. 전청(前廳)에 가서 천지신명께 향을 사른 후 사당에 가서 조상님께 절하는 걸 시작으로 '자기보다 나이 많은 사람의 방은 다 돌아가며 인사'하고, 밥 내오면 밥을 먹고, 술 권하면 술 마셨다. 하도 많은 사람들이 들락날락하고 계속 먹고 마시고, 청하고 찾아와서 도대체 생일날 몇 번이나 밥상·술상을 받고 놀았나 헤아려 봐도

셀 수가 없을 지경이다. 영국부의 주방에선 국수 삶고 요리해서 대청에 생일상을 준비했고, 자매들은 자기들끼리 돈을 모아서 대관원에서도 따로 조촐하게 차리자며 풍경 좋은 야외에 연회를 마련했다. 설부인도 생일상을 준비해서 기다렸고, 보옥을 키웠던 네 명의 유모도 그를 기다렸다.

　모두들 이홍원 밖에서 흥청망청 즐겁게 노는 사이, 정작 이홍원은 주인을 빼앗긴 듯 무료함에 빠져들었다. 사실 보옥도 바깥에서 아무리 흥겹게 놀아도 이홍원의 시녀들이 자기 없이 심심할까 봐 내내 걱정이었다. 방관은 심심하다 못해 토라져서 낮잠을 자는데, 잠깐 이홍원에 들른 보옥은 걱정하던 대로 그녀들이 무료해하는 것을 보고 깨워서는 미안해하며 함께 밥을 먹었다. 자기는 배부르지만 방관을 먹이기 위해서다. 그는 '고양이 식사'처럼 그저 냄새만 맡고도 좋다며 먹는 시늉만 할 뿐이지만, 이따가 밤에 화끈하게 파티를 하자며 그녀들을 달래 주고 또다시 자기를 기다리는 다른 처소로 향했다. 마음은 여기에 두고 말이다.

　그런데, 화끈한 파티라니? 그렇다. 하루 종일 바깥에서 먹고 마셨지만, 보옥이가 기대하고 있는 본격적인 생일잔치는 따로 있었다. 바로 시녀들이 준비하고 있는 이홍원의 밤잔치다. 보옥은 한 시녀에게 "너도 술을 잘 마시냐? 우리 오늘밤에 아주 기분 좋게 한잔 하자꾸나. 너희 습인 언니나 청문 언니도 주량이 꽤 된단다. 마시고 싶어도 평소에는 좀 거북했으니까, 오늘은 다들 마음을 푹 놓고 규율을 벗어나서 대판 마셔 보자"제62회(4권, 70쪽)라며, 아주 신이 나 있다. 생일날 내내 바깥에서 그 많은 생일상을 받아도 그의 마음은 그날 밤 이홍원의 파티에 대한 기대로 꽉 차 있는 것이다.

주(酒)와 색(色)의 즐거운 향연

생일날의 모든 일정이 끝나고 집사어멈이 밤마다 도는 숙직 점검까지 끝난 후, 보옥과 시녀들은 문을 걸어 잠그고 도둑고양이처럼 행동을 개시했다. 미리 주방에 주문해 두었던 요리와 다과 40가지가 찻잔 크기의 접시에 아담하게 담겨져 나왔다. 급이 높은 네 명의 시녀는 닷 푼씩 내고, 그 아래 네 명의 시녀들은 서 푼씩 내서 십시일반으로 차려 낸, 도련님을 위한 생일상이다. 왜 애들한테까지 돈을 내게 했냐는 보옥의 핀잔에 청문이가 말대꾸를 안할 리가 없다. "그 애들이 돈 없다고 하면 우리는 돈이 남아돈다는 말인가요? 다 각자 마음에서 우러나는 대로 하는 거예요. 어디서 훔쳤겠어요? 그냥 정으로 생각하고 받으시면 돼요."제63회(4권, 82쪽) 지위가 높건 낮건, 돈이 있건 없건 시녀들의 도련님에 대한 마음은 한결같아서 모두 정성으로 모았다는 것! 흔쾌히 청문의 말을 인정한 보옥은 시녀들이 축수하는 걸 질색하며 말리더니, 모두 옷을 벗고 편하게 놀자며 파티를 개시한다. 어라… 옷은 왜 벗지?

다들 자리에 앉기 전에 먼저 머리 장식을 풀고 웃옷을 벗었다. 격식에 맞는 치장을 벗어던지고 모두들 머리는 적당히 묶어서 늘어뜨렸으며 몸에는 긴 치마와 짧은 저고리만 걸쳤다. 보옥은 붉은 면사 적삼을 입고 아래는 초록색 바탕의 검은 물방울무늬 겹바지를 입었는데 대님은 풀어 버렸다. 그리고 각양각색의 매괴꽃잎과 작약꽃잎을 넣은 옥색 베개에 기대어 방관과 화권놀이부터 시작하였다. 제63회(4권, 86쪽)

원래도 권위의식이라고는 없는 보옥이지만, 보옥은 오늘 억눌러 왔던 일탈의 기쁨을 누리기라도 하듯, 아주 풀어지기로 작정을 했다. 격식을 차려 겹겹이 입은 옷은 불편하니 벗어 버리고, 꼬아서 땋아 올린 머리도 무겁고 조이니 풀어 버리고! 잘 때 입는 옷 한 겹씩만 입고선, 실컷 놀다가 자는 파티… 이건 바로 파자마 파티가 아닌가! 낮 동안의 긴장과 격식이 완전히 해소된 시공간을 공유하면서 서로 더욱 가까워지는 마법의 시간이다.

흥겹게 주령놀이를 하던 그들은 곧이어 다른 아가씨들을 불러 오자고 나선다. 술 먹다가 생각나면 전화해서 '우리 지금 술 마셔. 너도 빨리 와!'라는 말을 해본 왕년의 술꾼들은 아마도 이들의 흥겨움이 가늠이 될 것이다. 이홍원의 밤잔치 풍경은 좀 놀아 본 사람들을 흐뭇한 향수에 빠져들게 한다. 사실 조설근 역시 대단한 주당이어서 술을 마시고 취하면 주정하는 모습이 광자(狂者)

와 같다고 하는데, 친구들은 그의 그런 모습을 사랑하여 시로 남겨 두었다고 한다.苗懷明, 『曹雪芹』 197頁 야경꾼들을 피해 몰래몰래 다녀오라는 보옥의 명을 받은 시녀들은 잠잘 준비를 하고 있던 보차와 대옥, 탐춘, 이환 등에게 이홍원으로 가자고 졸라 댔다. "어쨌든 저희 체면을 한번 세워 주셔야지요. 잠시 앉아 계시다가 나오시면 되잖아요." 끌고 가는 솜씨도 프로급이다. 이렇게 대관원의 자매들마저 이홍원의 밤잔치에 끌려 들어와 함께 둘러앉았다. 야밤에 문제적 공간 이홍원에서 몰래 벌어지는 생일 파티! 시녀와 주인을 가리지 않고 한자리에 둘러앉아 게임을 하고 술을 마시면서 주령놀이와 산가지 뽑기 놀이를 하고, 방관의 노래도 감상했다.

보옥은 이 시간이 끝나지 않기를 바란다. 그의 성정은 "오직 모이는 것만을 원하며 헤어져 슬프게 되는 것을 두려워했다. 저 꽃들도 항상 피어 있기만을 바라며 떨어져 재미없어짐을 두려워했다".제31회(2권, 259쪽) 그래서 사월이 뽑은 산가지의 내용을 보고는 그것을 감추고 얼버무렸다. "도미화가 피어난 곳에 꽃의 일은 마무리되도다. (……) 좌석에 앉은 사람이 모두 석 잔을 마시고 봄을 보내시오"제63회(4권, 95쪽)라는 시구가 나오면 꼼짝없이 꽃이름 뽑기 놀이를 그만두어야 하기 때문이다. 하지만 시간은 가고, 다른 처소의 자매들은 돌아갔다. 이홍원 사람끼리 남아 끝까지 놀려고 했지만 모두 취해 쓰러져선 뒤엉켜 잠들고 말았다. 천릿길 차려진 잔칫상도 끝날 날이 있다더니, 끝남을 애석해할 수는 있어도 막을 수는 없다. 내려앉는 눈꺼풀도 막을 수 없다.

문 닫은 이홍원, 즐거움의 끝

가부에서 오래 일한 어멈들은 자기 딸을 이홍원에 시녀로 들여보내고 싶어한다. '사람은 많지만 일거리는 별로 없기에' 지내기가 편하고, 특히 "보옥이 애들을 다 내보내 준다는 말도"제30회(3권, 498쪽) 있기 때문이다. 그래서 주방일을 맡고 있는 유씨댁도 자기 딸 오아를 이홍원에 들여보내기 위해 호시탐탐 기회를 엿보며 기다렸다.

희봉은 자기가 이홍원에서 데려간 소홍이를 대신해 다른 예쁜 시녀를 들여보내기로 약속했었는데 집안에 시끄러운 일들이 겹치면서 늦어지다가 보옥이 보차와 결혼하기 전 즈음에 유씨댁의 딸 오아를 이홍원에 보내주었다. 그런데 오아는 그렇게 바라던 이홍원에 들어왔지만 자기와 친했던 방관은 이미 출가하여 나가 버렸고, 보옥은 바보가 되는 병이 깊어져 있었다. 게다가 보옥과 보차의 신혼집은 대관원에 있지 않다. 보옥과 보차의 결혼을 기점으로 주인 잃은 처소들은 하나둘 문을 닫고, 이홍원도 대관원도 폐쇄되었다.

오아는 죽은 청문이와 외모가 닮았던 터라 보옥이는 청문이를 그리워하면서 보차나 습인의 눈을 피해 그녀에게 은근하게 대하는데, 오아 입장에서는 정신 나간 도련님의 희롱이 반갑지도 않고, 보차와 다른 시녀들에게 들킬까 봐 좌불안석이다. 이제 보옥은 보차의 것이며, 또한 모든 시녀들의 주인 역시 보차다. 도련님에 관해서라면 가장 빠삭하게 꿰고 있는 습인도 이제 보옥에 관해서 보차의 지시를 따라야 하고, 보옥에게 과거 공부에 매진하라고 잔소리를 하는 것도 둘이 함께다. 예전에 방관에게 이홍원의 분위기를 전해 들으며 그곳에 들어가길 고대했던 오아에겐 모든 것이 자기가 기대했던 것과는 다른 풍경이다. 이홍원을 떠나자 도련님의 살뜰한 정도, 시녀들의 웃음소리도 없다. 이홍원의 즐거움은 모두 끝났다.

애초에 청경봉 아래의 석두가 두 선사에게 '홍진세계에 들어가 부귀의 고을, 온유의 마을에서 단 몇 년 만이라도 지낼 수 있게' 해주길 청했을 때, 두 선사는 "좋은 일이로다, 좋은 일이야! 저기 저 인간세계에는 진정으로 즐거운 일이 있고말고. 허지만, 그걸 오래도록 간직할 수는 없는 게야"제1회(1권, 26쪽)라며 아예 가지 않는 게 좋다고 했다. 하지만, 끝이 있다고 하면 더 맛보고 싶은 법. 결국 홍진세계에 내려온 보옥은 '진정으로 즐거운 일'들, 자매들과 시녀들과의 우정과 사랑을 실컷 누렸다. 그리고 오래 간직할 수 없다는 걸 알기에 보옥은 그토록 사력을 다해 울고, 웃고, 사랑하는 일에 매진했으리라.

17장 공명과 방탕의 탈코드, 의음意淫의 길

후회도 반성도 없이

보옥이가 10세 무렵부터 시작된 이야기는 19세가 되는 해에 끝이 난다. 어린아이에서 청소년, 그리고 성인이 되기까지를 망라하는 시간들이다. 그에게 시간의 분절은 초딩·중딩·고딩이 아니다. 몇 번의 장례식이 있고, 명절의 잔치가 반복되며, 쫓겨 나가는 시녀가 있는가 하면 새로 들어오는 시녀가 그 자리를 채운다. 건강하던 사람이 병을 얻고, 자매들은 점차 커서 시집을 간다. 이렇게 병풍처럼 펼쳐지는 120회의 긴 호흡을 따라가다 보면 소설 속의 시간 흐름을 하나도 건너뛰지 않고 오롯이 이 10년을 그와 함께한 것만 같다. 감수성 넘치는 보옥이의 좌충우돌 성장을 한 걸음씩 따라가는 것은 그의 깨달음의 지도를 그리는 일이 될 터이다.

　우선 10대에 하는 일이라면 지금 우리 현실이나 중국 청나라 소년의 현실이나 공부가 1순위다. 그런데 보옥이는 아버지 앞에 불려가서 시험 볼 것을 생각하면 벌벌 떨며 걸음도 제대로 걷지 못할 지경이면서도, 돌아서 나오면 누이들한테 쏜살같이 달려가는 구제불능이다. 누이들 앞에선 어찌나 폼을 그럴싸하게 잡는지, 책이란 모두 "옛사람들이 성인의 말씀을 이해하지 못하고 자신의 생각을 멋대로 끌어다 묶어 낸 것들뿐"이라고 하고, 과거 공부하여 출세하려는 사람한테는 '녹을 파먹는 벌레 같은 도둑놈'이나 다름없다고 한다. 그래서 자기는 도둑놈이나 되는 공부 따위는 더럽게 여긴다는 것. 이 정도면 떡잎이 다른 걸까?

하지만 말은 당차게 했어도 실제로 보옥의 노는 꼴을 보면 주위에서 왜 그렇게 잔소리를 하는지 이해할 만큼 대책이 없긴 하다. 아침에 눈 뜨면 시녀들이 세수하는 데 쫓아가서 같이 세수하고 머리 빗겨 주고 지분이나 장신구에 심취하여 시시덕거리는 것이 하루 일과의 시작이니 말이다.

보옥의 아버지는 아기 때부터 여자애들을 지나치게 좋아하는 아들이 색마가 될까 봐 걱정을 하는데, 어느 날 사건이 터지고 말았다. 보옥과 희롱하다가 쫓겨난 시녀가 자결을 한 것과, 보옥과 은밀히 교류하던 남자 창극배우가 다른 가문에서 도망친 배우였다는 것이 들통나는 바람에 보옥의 아버지가 꼭지가 돌아 버린 것이다. 이런 자식은 조상과 가문에 누가 될 뿐이니 죽는 게 낫다며 눈물을 철철 흘리며 곤장을 치는데(집에 곤장이 있다니!), 아랫

도리가 피떡이 되고 실신을 할 지경이었다. 천만다행으로 뒤늦게 이 사실을 안 할머니와 어머니에 의해 가까스로 구출이 된다. 그런데 보옥이 침대에서 잠시 눈을 붙였다가 슬쩍 깨 보니 자매들이 너도 나도 병문안을 와서 한숨 짓거나 눈물을 흘리는 것이 아닌가! 이때 그는 통증이고 뭐고 다 잊고 황홀한 행복감을 느낀다.

'나는 단지 몇 차례 매를 맞았을 뿐인데 이들 한 사람 한 사람은 모두 이처럼 가련히 여기고 슬퍼하는 자태를 드러내는구나. 그야말로 참으로 재미있고 볼 만하며 가상하고 소중한 일이 아닐 수 없다. (……) 내가 설사 어느 순간에 죽는다고 해도 저들의 한 가닥 동정을 얻게 된다면 내 일생의 사업이 모두 다 물거품이 되어 흘러간다고 해도 하나도 아까워할 까닭이 없을 것이다.'제34회(2권, 315쪽)

재갈을 물고 곤장질을 당했으니 붓고 터진 정도가 처참할 지경일 터인데, 보옥이 생각하는 꼴 좀 보소. 정말 어이가 없어서 울다가도 웃을 지경이다. 자기가 뭘 잘못했는지를 모른다 하더라도 (혼날 때 아이들 심정이 다 그렇다) 자기 때문에 가슴 아파하는 부모나 자매들을 보면 최소한 미안한 감정이라도 드는 것이 보통 사람인데, 자기 앞에 와서 우는 걸 보고 고통도 잊을 정도로 흐뭇해하다니! 어떤 훈육도 먹히질 않는 보옥은 정말 구제불능인 걸까?

그런데 철학자 니체에 따르면, 보옥이가 이상한 게 아니라 형벌이란 게 원래 사람에게 죄책감을 심어 주거나 그 행동에 대해 뉘우치게 만들지는 않는다고 한다. 오히려 자신의 잘못을 형벌로써 탕감받았다는 후련함을 느끼고, 다음부터는 형벌만 더 조심하게 만드는 역할을 한다는 것이다. 그러니 형벌을 피하는 영리함이 늘어나는 효과가 있을 뿐이다. 보옥이 역시 아버지가 어디에 출장 갔다가 돌아올 때가 되면 부랴부랴 몰아서 글쓰기 숙제를 하는데, 이제는 여러 시녀와 자매들까지 덩달아 밀린 숙제에 나선다. 자매들의 처소로부터 반듯한 해서체로 쓴 글씨 연습 종이가 오고, 자매들이 시를 지어 가지고는 십시일반으로 숙제 분량을 채워 주는 것이다. 매서운 훈육의 효과는 보옥이보다 훨씬 더 가슴 아파했던 자매들과 시녀들을 영리하게 만들었다.

후회는 진리가 될 수 없다

사실 남자애들이란 대부분 공부하기 싫어하고 여자를 좋아하지 않던가. 어릴 땐 이랬던 애들도 크면서 교육과 학습을 통해 경세치국의 욕망을 주입받고, 책임감을 갖게 되며 사회의 질서를 체득하게 된다. 철이 드는 것이다. 보옥의 주변에도 그런 친구들이 있었다.

진종은 보옥이 조카 부인의 남동생이다. 친구를 맺을 당시,

둘 모두 처음 본 순간부터 속으로 탄복하고 마음이 끌려, 그날로 마음을 터놓고 함께 문중 서당에서 공부하기로 약속을 했다. 뭐, 공부에 마음이 있겠는가. 그 핑계로 함께 놀고자 하는 심보다. 그런데 서당에 나가 봤더니, 거의 개판 5분 전이다. 서당이 아니라 남색의 전당?! 예쁘장한 남자애들에게 여자 이름을 붙여 호시탐탐 안아 보려고 하고, 붙어다니는 애들에겐 의심의 눈초리를 보이며 사귄다는 말을 퍼뜨려 댄다. 진종은 가부에 드나드는 어린 비구니와도 썸을 타는 관계였는데 그들은 진종 누나의 장례식 때 절호의 찬스를 얻어 깊은 관계를 맺는다. 보옥은 그들이 몰래 운우지정을 나누는 현장에 나타나 그 둘을 골려 주고 협박하는 등 짓궂은 짓을 서슴지 않는다.

보옥과 진종이 함께 보낸 시간은 짧지만 강렬하다. 마치 호기심과 장난기 넘치는 혈기왕성한 사춘기의 학창 시절 같다. 서로에게 느끼는 친밀감을 바탕으로 자신들의 호기심과 즐거움에 관해서 끈끈한 연대의 우정을 나누는 관계다.

진종에게 시련이 찾아온 것은 비구니와의 관계를 아버지에게 들키면서이다. 그의 아버지는 진종을 찾아온 그녀를 쫓아내고 진종에게 매를 때리고서는, 그만 화병에 지병까지 도져 죽고 말았다. 이후 충격에 빠진 진종 역시 시름시름 앓게 되었다. 진종은 죽는다. 그가 저승길에 들어서서도 마지막까지 저승사자에게 애걸하며 쫓아가지 못한 이유가 구구절절 마음에 와닿는다. 집안일 할 사람이 없는 것, 아버지가 남긴 삼사천 냥의 돈이 신경 쓰여서…, 행방이 묘연해진 어린 비구니에 대한 소식이 궁금해서….

앗! 그러다 눈물바람을 하며 뛰어온 친구의 목소리를 듣는다. "이것 봐 경형! 나 보옥이 왔어, 여기 보옥이가 왔다구!" 진종은 저승사자에게 제발 친구와 단 한마디만 나누고 돌아오게 해달라고 매달려 겨우 허락을 얻어내어 다시 눈을 뜬다. 아! 절박한 순간이다. 궁금한 순간이다! 도대체 우리는 세상에 딱 한마디 말을 남기고 죽으라면 무슨 말을 하고 죽을까? 이미 죽어 저승사자에게 잠시의 말미를 얻어 온 이상, 다시는 돌아오지 못할 진종이 남기는 말은 분명 그의 진정일 것이다.

> "전에 우리 둘은 남보다 뛰어난 식견을 가졌다고 자부했는데
> 난 지금에서야 그게 잘못이라고 깨달았어. 앞으로는 의지를
> 세우고 공명을 이루도록 힘써서 가문의 영광을 찾고 스스로
> 출세하는 것이 옳은 일인 것 같아." 제16회(1권, 349쪽)

아니, 이것이 무슨 재미없는 소리란 말인가! 이것이 죽음 앞에서 깨달은 삶의 의미이자 지향이라니… 하지만 진종은 정말 그렇게 느꼈고, 진심을 다해 친구에게 그 한마디를 해주기 위해 잠시나마 이생으로 달려왔다. 이것은 정말 진종의 뉘우침과 깨달음인 것이다.

보옥이 대답할 겨를도 없이 진종은 저승사자에게 가 버려서 보옥이 그 마지막 말을 어떻게 받아들였는지는 모르겠다. 그저 깊은 슬픔에 빠져들어 이후 한동안 혼이 나간 듯 시간을 허비하고 마는 것을 보면, 친구의 죽음은 슬프지만 충고는 귓등으로 들은 것이 확실하다.

보옥은 평소에 저런 말을 냄새가 난다고 하며 딱! 싫어했다. 그래도 그렇지, 가장 친한 친구가 그를 위해 마지막으로 해준 말이니 귀 기울여 듣고, 진심으로 한 번 생각해 봐야 하는 것이 아닐까? 그것이 유언이 가지고 있는 무게에 대한 예의가 아닐까? 왜냐하면 내가 경험해 보지 못한 죽음이라는 사건에 직면하여 깨달은 내용이니까. 내가 모르는 걸 얘기해 줄 테니까.

하지만, 그런 무게는 보옥이에게 아무런 영향을 주지 못한 듯하다. 생각해 보면, 우리에게 충고를 하는 사람들은 대부분 우리가 경험하지 못한 시간을 산 사람들이다. 부모나 선생 모두 '내가 살아 보니'라는 말로 우리가 경험하지 못한 그 세월 속에서 자신이 느낀 것을 이야기해 준다. 그것도 우리가 잘되길 바라는 마음으로, 진심을 담아! 그런데도 왜 우리 귀엔 그저 '라떼는'을 부르짖는 '꼰대의 잔소리'로 느껴질까? 그렇다. 깨달음은 각자의 몫이기 때문이다. 우리보다 먼저 살았다고 해서 그 말이 나에게 진리가 되는 것이 아니기 때문이다. 그렇다면 그가 나보다 먼저 죽는다고 해서 그 말의 무게가 나의 삶을 짓누를 수도 없을 것이다.

유언을 특별하다고 생각하는 이유는 죽음이라는 사건에 의미를 부여하고, 그 때문에 그 마지막 말을 내 삶의 소명으로 삼기 때문이다. 그래서 아버지가 못 다 이룬 정복전쟁도 아들이 이어받고, 아버지가 남긴 유언대로 역사에 길이 남을 역사책을 쓰기도 한다. 그러나 보옥은 권위와 역사적 소명 같은 것에 끄떡도 않는다. 성현의 말씀마저도 이리저리 되는 대로 한 것이라고 여기지 않던가. 이탁오도 그리 말했다. 성인도 그 당시 상황에 딱 필요한 말을 했을 뿐, 그 말이 지금의 진리가 될 수 없다고. 다른 사람이 느낀 삶의 의미를 내 어깨에 짊어지는 순간, 그것은 삶의 굴레가 된다.

혼자서 가는 길

진종뿐 아니라 보옥이와 똑같은 성향과 외모를 지니고 이름도 똑같은 진보옥이란 자는 가문이 망하자 철이 들었다. 보옥은 그가 자기와 똑같다는 소문을 듣고 마음이 통할 거란 생각에 만나기를 고대했지만 정작 만나 보니 입신양명과 대장부의 대의를 읊어 대는 전도유망한 훈남청년인 것을 보고 너무나 실망한다. 이 정도면 보옥의 무책임은 무능력이 아니라 필사적인 노력과 의지가 드러나는 뛰어난 능력인 것은 아닐까?

진종과 진보옥을 철들게 한 것은 죄책감과 책임감이다. 모두 타인의 기대가 기준이다. 부응하지 못했거나, 부응하려 하거나. 이런 식으로 철이 든다는 것은 결코 자신의 삶을 사는 것이 아닌 것 같다. 니체는 이러한 삶을 노예도덕의 삶이라고 했다. 후회와 반성의 자책을 하며, 가장 오래된 '국가'라는 기계장치의 작업에 의해 길들여지는 것이다.니체, 「도덕의 계보」, 『선악의 저편/도덕의 계보』, 김정현 옮김, 책세상, 2015, 433쪽 참고 그러니 철들어 어른이 되는 것은 달리 말하면 타락의 길이기도 한 것이다.

나는 진종의 깨달음을 보고, '깨달음은 각자가 다 다르다'는 너무나 흔한 말이 새삼 가슴에 다가왔다. 각자의 깨달음이 있을 뿐, 그것이 다른 사람에게 적용될 수는 없다고. 그리고 아리송한 의문을 남겨서 항상 머릿속을 맴돌던 루쉰의 글이 떠올랐다.

'인생'이라는 긴 여정을 가는 데 가장 흔히 만나는 난관이 두 가지 있습니다. 하나는 '갈림길'입니다. 묵적 선생의 경우에는 통곡하고 돌아왔다고 전해집니다. 그런데 나는 울지도 않고 돌아오지도 않습니다. 우선 갈림길에 앉아 잠시 쉬거나 한숨 자고 나서 갈 만하다 싶은 길을 골라 다시 걸어갑니다. 우직한 사람을 만나면 혹 그의 먹거리를 빼앗아 허기를 달랠 수도 있겠지만, 길을 묻지는 않을 것입니다. 왜냐하면 그도 전혀 모를 것이라고 집작하기 때문입니다.루쉰, 『루쉰전집13: 먼 곳에서 온 편지』, 루쉰전집번역위원회 옮김, 그린비, 2016, 42쪽 왜 진실한 사람에게 묻지 않는가? 나는 친구의 진실함으로 자기 인생을 고민하지 않는 보옥을 보며, 진정 누구에게 길을 묻지 않고 산다는 것이 무엇인지를 본 것 같다. 우리는 진실한 이로부터 계속 살아갈 힘을 얻지만, 깨달음은 각자의 몫이며, 오로지 혼자서 길을 내며 갈 뿐인 것이다.

소유와 지배로 코드화된 신체

그러면 사회화의 기대를 저버린 사람은 자신의 삶을 사는가? 『홍루몽』엔 이런 놈들도 많이 나온다. 여색·남색을 가리지 않는 주색잡기에 살인강도까지 하는 설반. 부인과 첩에도 만족 못하고 다른 집 유부녀를 탐내는 가진, 가용, 가련 등. 그들은 온전한 자기 삶을 살기는커녕, 양심도 없고 탐욕에 절은 부잣집 망나니다. 철이 든 사람과 정반대의 인간군으로 보이지만 사실 놀랍게도 이들 역시 매일 후회와 반성을 한다.

녕국부의 가진과 가용 부자는 무절제한 성욕으로 집안 망신을 톡톡히 시키는 자들이다. 그들은 우이저와 우삼저 자매를 농락하기 위해 몰래 가련을 부추겨 바깥 살림을 차리게 했는데, 시시때때로 재미 볼 생각에 가족 간의 의리마저 저버린 짓이다. 나중에 희봉에게 발각됐을 때, 가용은 싹싹 빌면서 "숙모님 제발 화내지 마세요. 숙모님 손이 아프실 테니 제 손으로 제 뺨을 때리겠어요. 제발 진정하세요."제68회(4권, 228쪽)라며 비굴한 반성을 한다.

설반은 『홍루몽』의 대표적인 망나니다. 그는 다른 남자에게 시집갈 예정이던 '향릉'을 빼앗기 위해 살인을 저질러 초반부터 독보적인 말종임을 과시한다. 그는 매번 잘못을 저지르고서 다시는 방탕하지 않겠다고 얼마나 반성을 반복했던가? 그러나 돌아서면 또다시 아무나 홧김에 때려죽인다. 자기의 일행을 좀 쳐다봤다는 이유로 주점의 점원을 죽이고도 자기 목숨은 너무 소중해서, 감옥에 갇혀 있는 동안 재판부에 뇌물을 팍팍 쓰라고 끊임없이 집에 편지를 보낸다. 설반의 손에서 술사발이 미끄러질 때 하필 주점의 점원이 머리를 들이밀어서 재수 없이 죽고 말았다는 조서의 내용은 말도 안 되고, 재판을 코미디로 만드는 일이지만, 권력과 돈으로 목숨을 부지하려는 자들은 정말 염치가 없다. 이런 자식을 위해 뇌물을 마련해서 기어코 형벌을 면하게 해주려는 설부인 역시 끊임없이 윤회의 수레바퀴를 굴려 대는 듯하다.

설반이 창극배우 유상련에게 집적대다가 심하게 얻어맞았을 때, 그는 너무나 억울해했다. 보옥과는 은밀히 만나면서 왜 자기는 상대도 안 해주는지는 도저히 모르겠지만, 매를 피하기 위해 그저 싹싹 빌며 유상련에게 아버지, 할아버지라고 부르며 용서를 구할 뿐이다.

자기가 뭘 잘못했는지 모르는 이유는 어렸을 때부터 주입된 성욕의 코드 때문이다. 성욕이 발동하면 '저건 내 것'이라는 소유의 욕망이 함께 일어난다. 그들에게 사랑은 상대를 알고 이해하는 게 아니고, 가지고 지배하는 것이다. 설반처럼 쾌락을 위해 대상을 소유하려는 관계에서 여주인공 역을 맡는 남자배우는 여자만큼 예쁜 쾌락도구다. 상대를 욕망의 대상으로 보는 것. 이것이 어린 남자애에게 주입되는 첫번째 코드다. 남자아이는 지배의 욕구를 신체화하고 사회화되며 이로써 '욕망하고 지배하는 역사가 만들어진다'.들뢰즈·가타리, 『천 개의 고원』, 김재인 옮김, 새물결, 2001, 524쪽 욕망이 회로화되어서 몸에 붙어 있다고 해도 과언이 아닌 것이다.

설반, 가진, 가용 같은 자들은 게으르고 무능력해서 출세를 못했을 뿐, 국가가 남성에게 부여한 코드를 작동시키고 있다는 면에서는 입신양명하여 부귀공명을 누리는 자들과 동일하다. 남자들이 입신양명하고 성공하려는 이유 역시 모두 여자, 재물, 권력에 대한 소유의 욕망을 실현하기 위한 것이지 않던가. 합법적인 단계를 거쳐 고상하게 취하느냐, 그냥 마구 취하느냐만 다를 뿐. 이것이 봉건시대 남자들의 다르지만 동일한 두 길이다.

의음(意淫)과 동심(童心), 탈코드화 신체

그럼 보옥이의 길은 다른가? 보옥은 후회와 반성을 하지 않는다. 아버지가 철철 울면서 살이 터지도록 매를 때려도, 친구가 죽으면서 당부해도, 가문이 망해도, 그들이 자기에게 요구하는 기대에 결코 부응하지 않는다. 아니, 못한다. 그렇다고 그가 타락한 길을 가는 것도 아니다. 보옥이에게는 두 길에 동일하게 작동하는 코드를 해독하고 받아들일 능력, 즉 권위주의적 남성의 신체가 없기 때문이다. 탈규범이 아닌 탈코드화된 신체! 규범은 사회의 질서를 유지하는 형식적인 예절의 관습인 반면, 코드는 신체에 새겨지는 학습된 의미부여, 곧 욕망의 회로다. 보옥은 형식적 관습은 적당히 따라갈 수 있지만, 무엇을 욕망하라는 명령은 따를 수가 없다.

이것은 여자애들과의 관계에서 가장 두드러지는데 『홍루몽』에선 이것을 다른 남자들과 구분되는 '음란'으로 '의음'(意淫)이라 부른다. 뜻이 넘친다는 뜻으로, 세상에 사랑깨나 한다는 작자들이 모두 음란하고 말초적인 쾌락만을 추구하지만, 의음을 지닌 보옥이는 그저 깊은 사랑에 빠질 뿐이다.

이 '의음'이란 두 글자는 입으로는 전할 수 없고 오직 마음으로만 느낄 수 있을 뿐이며, 말로는 밝힐 수 없고 정신으로만 통할 수 있을 뿐이다. 지금 이 두 글자를 얻었다 함은 규중에서 진실로 좋은 벗이 된다는 것을 의미하지만 세상의 길과는 어긋나고 엇갈리어 백방으로 비난받고 수없는 눈총을 받게 될 것이다. 제5회(1권, 141쪽)

보옥이가 대관원 소녀들과 맺는 관계는 그들에게 벗이 되는 것이다. 사랑하되 소유하지 않고, 보살피되 지배하지 않는다. 권위가 설정된 관계에는 언제나 위계와 폭력이 있다. 권위를 벗어나면 다른 관계가 열린다. 마음과 마음이 공명하는 정(情)의 세계이자, 평등한 자매애의 세계다. 보옥이 맨날 입만 열면 여자애들만 좋고 남자애들은 더럽다고 하지만, 아직 어리기 때문에 유치한 이분법으로 표현되는 것일 뿐, 그 밑에는 더 근본적인 호오가 존재한다.

보옥은 출세를 위한 학문, 공명, 권위와 같은 남성적 가치를 온몸으로 혐오하고 거부한다. 이것은 언제나 권력과 소유로 연결된다. 보옥이 부르짖는 남녀란 이념이나 사고방식의 차원이지 성별의 문제가 아닌 것이다. 이런 권력과 소유 중심의 사고방식이 코드화된 여성들이 얼마나 많은가! 그래서 보옥이는 감수성이 메말라 버린 나이든 여자, 결혼한 여자들을 거친 남자들과 똑같이 여긴다. 결혼은 규범적 질서의 최소단위로의 진입이다. 그 안에서 여자들은 도리와 위계를 내재화하면서 그 질서를 체득하고 힘을 행사한다. 몸이 통념적·기계적 신체가 되면서 공감능력은 사라진다. 할멈들은 종종 이렇게 호통친다.

"넌 이제 아가씨 다음가는 권세를 부릴 수 없단 말이야. 말을 듣지 않으면 때릴 수도 있어. 제멋대로 못되게 굴어도 전처럼

아가씨들이 싸고 돌 것으로 착각하지 마. 그렇게 얘기했는데
도 꾸물대더니 지금은 또 도련님한테 애걸복걸하며 매달리는
구나. 그 꼴이 뭐냐!"제77회(4권, 465쪽)

한 시녀가 쫓겨나게 되어 할멈들에게 끌려가는데, 사람들과
인사라도 나누게 해달라며 우는 것을 지나가던 보옥이 보고 함께
사정을 했다. 그저 시간을 좀 달라는 것인데도 할멈들은 그들의
슬픔이나 안타까움을 비웃으며 바삐 자기들의 할 일을 해치우려
고만 한다. 늙은 할멈들은 왜 이렇게 인정머리라고는 눈곱만큼도
없는 걸까? 보옥은 어렸을 땐 보배구슬 같던 여자들이 왜 결혼하
면 빛을 잃고, 더 늙으면 물고기 눈깔처럼 되는지 모르겠다며 통
탄을 한다.

남자의 경우도 마찬가지다. 생물학적 남자를 싫어하는 것이
아니라 권위와 권력과 폭력을 싫어한다. 공감의 능력을 간직한
남자들은 여성성의 코드로 보옥과 접속한다. 보옥이는 도학가의
냄새가 풍기지 않는 창극배우, 고아한 풍류를 사랑하는 왕족들,
가식적 관계를 못 참는 협객 같은 남자들에게 홀딱 반해서는 그
친구들과 정표를 교환하며 찐한 마음을 주고받는다. 그중 특히
창극배우들은 주류사회에서는 천하다고 여겨지고 남색의 대상
이 되곤 하는데, 보옥이가 창극배우와 맺는 관계 역시 동성애로
보일 정도로 은밀한 이유가 그것이다. 그래서 설반 같은 자는 보

옥이와 다정한 관계의 배우들을 보면 질투를 느끼는 것이다. 설반은 그저 그들이 보옥의 차지가 되었다고 여길 뿐, 보옥과 그들이 어떻게 관계 맺는지에 대해선 전혀 알지 못한다. 보옥은 그들의 재주를 사랑한다. 배우들이 재현하는 지극한 정의 세계에 매료되어 슬픈 노랫가락과 섬세한 감정에 정신없이 빠져드는 것이다. 이 예술적 공감의 장에서 서로에게 매료되고 존중할 수 있는 것은 높은 수준의 감수성이 없으면 불가능하다.

아이들은 인형에 이불을 덮어 주거나, 인형이 찢어지면 아플 것 같다고 슬퍼한다. 공감은 사리분별을 못하는 어리석음이 아니라, 사리분별이란 걸 배우기 전에 본성적으로 지니고 있는 아름다운 마음이다. 명나라 말 사상가 이탁오는 우리의 본연의 마음인 동심(童心)을 가리고 있는 것이 견문과 도리라고 했다. 견문과 도리라는 이름의 교육으로 사람은 자타를 구분하고 분별하게 된다. 옛 글을 암기하고 스스로 세뇌하면서 타고난 성정이 더러워진다는 것! 이것이 바로 국가가 만들어 내는 주류의 코드이자 보옥이가 그토록 견딜 수 없어 하는 권위와 공명의 냄새다. 보옥은 그것의 정체가 쾌락과 소유, 폭력이라는 것을 안다. 그리하여, 보옥은 반성하지도 후회하지도 않으며, 길들여지지도 않고, 자신의 동심을 꿋꿋이 지켜 나가는 것이다.

18장 기대를 저버려라! 해방의 도주선

가족과 함께 있으면 (그들이 자고 있을지라도) 나는 내 역할에서 벗어나기가 힘들다. 역할이 정해져 있다고 누가 강요한 적도 없고, 나한테 노골적으로 불만을 표시하는 용감한(!) 사람도 없다. 그런데도 이상하게 "오늘 아침 뭐야?" 따위의 가벼운 질문조차 내 할 일을 알려 주는 강력한 주문이 된다. 그럴 땐 집이 그런 역할에 대한 기대로 서로를 묶어 놓고 꼼짝 못하게 하는 꼭두각시 놀음의 무대처럼 느껴진다. 그래서 아무도 깨지 않은 주말 아침 새벽공기를 가르며 집에서 빠져나올 때, 그 보이지 않는 줄을 끊고 나오는 듯한 자유의 해방감마저 느낀다.

그래서일까? 나는 유독 보옥이의 외출이 눈에 띄었다. 가부의 높고 육중한 담을 넘어 쪽문으로 또는 후문으로 몰래 빠져나가는 모습은 은밀한 만큼 커다란 해방감을 느끼게 한다. 보옥이는 공식적 일정이 있거나 허락을 받은 일이 아니면 가부의 담장을 자유롭게 나갈 수 없는, 아직은 어린 귀공자다. 그런 보옥이가 몰래몰래 몇 번이나 집을 빠져나간다.

보옥이의 캐릭터가 남다르다고 해도 그의 몸은 가부의 안쪽에 있다. 가문이라는 이름과 형식은 언제나 그를 짓누른다. 그러나 대관원은 가부의 가장 은밀한 곳에 있으면서도 그 위계에서 벗어나 있기에, 보옥이에겐 이 깊숙한 내부가 가문의 외부와 통하는 역할을 한다. 가장 안쪽에서 바라보는 외부, 그의 시선과 동선은 지금 어디로 향하고 있는 걸까? 대관원에서 그가 집착하는 포인트는 바로 야터우, 여자애들이 아닌가? 그렇다! 그가 담 바깥으로 몰래 빠져나가는 모든 일 역시도 그가 예찬하고 사랑하는 소녀들을 쫓는 일이다.

사라지는 그녀들을 쫓다

진가경의 발인 날이 되자 장례 행렬은 문중의 절을 향해 출발한다. 온 집안 사람들이 천천히 영구를 따라 이동하는 화려하고 장엄한 운구 행렬이다. 가는 도중에 가마를 타고 있던 희봉이 옷을 갈아입을 겸 잠시 쉬겠다고 하여 희봉 일행은 행렬에서 잠시 이탈했다. 한 농가를 빌려 그 집의 사람들을 피하게 하고는 잠시 쉬어 가는 것인데, 희봉과 같은 가마를 타고 있던 보옥이도 함께 내렸다. 거기서 보옥이는 친구 진종과 함께 뛰어 놀면서 처음 본 농기구를 신기해하다가 방에 놓인 물레를 보았다. 이게 뭣에 쓰는 물건인고? 하며 만져 보려는 찰나, 한 처녀아이가 불쑥 나타나서는 물레가 고장난다고 핀잔을 주며 저지하는 것이 아닌가. 보옥이는 정중하게 사과하고, 그녀가 물레로 실 잣는 시범을 보여 주자 넋을 잃고 바라본다.

보옥이 존경해 마지않는 규방여자의 재주 중 침선이 있다. 그녀들의 손은 실과 바늘을 쥐게 되면 자수 무늬를 만들어 내고 옷과 신발도 지어 내는 마술을 부린다. 그런데 지금 이 소녀는 보옥이 처음 보는 물레라는 물건과 한 몸이 되어 실을 자아내는 것이다. 함께 있던 친구 진종이 "저 여자 끝내주는데"라고 하자, 보옥은 "그런 소리 집어치워, 한 번만 더 그런 소리 했다간 맞을 줄 알라"며 면박을 준다. 그러게, 진종은 이 마법 같은 경이로움 앞에서 무슨 생각을 한 걸까?

잠시 후 농가를 떠날 때, 그 집 사람들이 나와 사례를 받고 전송을 하는데 보옥의 눈은 바삐 그 물레질하던 여자아이를 찾는다. 그녀가 안 보여서 안타까워하며 가마에 올라탔는데, 가마가 출발하자마자 저 멀리서 동생을 안고 걸어가는 그녀의 모습을 발견한다. 시선 고정! 보옥은 그녀를 따라가고 싶어 죽을 지경이나 그럴 수 없어 눈으로만 멀어져 가는 그녀를 좇을 뿐이다.

짧게 스치듯 지나간 이 장면은 이상하게도 내게 강렬한 여운을 남겼다. 보옥이가 속한 행렬은 앞꼭지와 뒤꼭지가 보이지 않는 길고 거대한 행렬이다. 가문의 위세를 길에 뿌리며 행차하고 있는 중인 것이다. 그런 그가 스치듯 만난 농가처녀에 대한 탄복과 존경심으로 자기의 처지와 신분을 잊고, 눈으로 그녀를 좇으며 행렬로부터 빠져나오는 도주선을 그린다. 시선의 도주선은 곧 욕망의 도주선이다. 몸은 가문의 행렬에 묶여 있지만, 고개를 돌려 상체를 뻗어 내며 멀어져 가는 그녀를 시선으로 좇는 보옥을 상상하면 나는 묘한 감동에 사로잡힌다.

시야에서 사라지는 것을 눈으로 좇는 것만큼 강렬한 것이 또 있다. 죽어서 사라진 이들을 향한 애도의 마음이다. 어머니 방의 시녀 금천아가 자기와 가벼운 희롱을 하여 쫓겨났다가 억울함과 수치심을 견디지 못해 죽었다. 충격과 슬픔에 빠진 보옥은 이 감정을 수습하기도 전에 아버지에게 엄청나게 매를 맞았다. 집안 사람들은 매 맞은 보옥에 대해서만 기억할 뿐, 시녀의 죽음쯤은 쉽게 잊었다. 모두들 자살 사건이 있었는지도 모르고 지낼 즈음의 어느 날, 집안의 기둥이자 유쾌함을 몰고 다니는 희봉 형수의 생일날이 되었다. 잔치 준비로 온 집안이 시끌벅적한 가운데, 잔치 당일 새벽같이 소복을 챙겨 입고 바람처럼 사라진 보옥이. 행사 자리에 보옥이 없는 것을 보고 모두들 난리가 나서 수소문하지만, 북정왕의 첩이 죽어서 조문을 갔다는, 시동들의 미심쩍은 대답이 돌아왔다.

보옥은 어디 갔을까? 그는 시동 명연이와 정처 없이 말을 달려 들판으로 나갔다. 명연이 어딜 가냐고 몇 번을 물어도 대답 없던 보옥이가 뜬금없이 향과 향로를 찾는다. 명연은 보옥의 괴벽스러운 성품을 익히 아는지라, 근처의 작은 암자로 안내해서 보옥이가 제사 지내는 것을 도와준다. 명연은 그 대상이 누군지는 모르지만 보옥이 눈물을 글썽거리며 정성을 다하는 모습을 보고서 분명 '총명하고 우아한 누이'일 거라고 짐작한다.

그가 넓고 깨끗한 들판을 찾아 제사를 올려 준 사람은 바로 금천아다. 다정했던 시녀 누나의 허망한 죽음에 대한 슬프고 미안한 마음을 전달하기 위해, 자기를 기다리는 가족들은 아랑곳없이 몰래 집을 빠져나간 것이다.

"오늘은 보옥이 무슨 일이 있든 말든 절대로 외출해서는 안 되는 날이잖아. 우선 희봉 아씨의 생일날이어서 노마님이 전에 없이 즐거워하고 계시고 양쪽 집안의 식구들이 모두 모여 떠들썩하게 노는 날인데 혼자 나가 버렸단 말이야? 또 하나는 오늘이 첫번째 정식 시모임 날인데 아무 말도 없이 제멋대로 사라졌다니 있을 수 있는 일이야?"제43회(3권, 78쪽)

사람들은 보옥의 빈 의자가 가모의 눈에 뜨일까 조마조마하다가 결국 들켰고, 뒤늦게 참석한 보옥이는 가모에게 혼이 났다.

그를 기다리는 의자는 바로 그가 그 가문에서 해야 하는 역할이다. 가정주부처럼 뭘 해서 먹여야 하는 일은 아니지만, 가족들 모두 그에게 거기에 앉아 있는 도련님의 역할을 기대하고 있다. '집'이란 '꼭두각시 놀음'이 아니던가. 보옥은 그 역할을 하기 위해 불편한 마음으로 그 의자에 앉아 있는 대신, 금천아를 애도하기 위해 빈 몸으로 말을 타고 새벽을 달린 것이다.

시녀의 집을 찾아서—그리움의 도주선

습인의 본가에서 설 명절을 앞두고 습인을 하루 데려갔다. 보옥은 습인이 잠시 외출한 것뿐인데도 그녀가 없으니 허전했는지 시동과 함께 몰래 빠져나가 습인의 집을 찾아간다. 습인의 집은 일반적인 서민의 집이다. 중국말로는 라오바이싱(老百姓). 습인네 정도면 평범한 수준이건만 가부의 화려함에 비교한다면야 한없이 쪼들리고 보잘것없다. 가부의 설날은 어떠한가? 온갖 신기한 명절음식을 맛볼 수 있으며, 연극이니 노래니 하며 떠들썩하기가 이를 데 없는 흥겨운 축제 분위기다. 하지만 보옥은 그런 건 하나도 재미가 없나 보다. 그저 외출한 습인이가 궁금하다. 사실 시녀 한 명 없다고 무료하거나 불편할 리는 없다. 단지 습인이 '집'에 갔다는 사실이 보옥이에게는 너무나 신선하게 다가왔을 것이다. 습인이에게 여기 말고 '집'이 있다니, 가족이 있다니! 그녀는 거기에서 어떤 모습일까? 정작 자기 집에서 화려한 설날 행사가 거행되는 와중임에도 뽀르르 가부의 바깥세상으로 쫓아 나간다.

시녀의 집을 찾아간 경우는 또 있다. 청문이는 보옥의 어머니인 왕부인이 외모가 너무 요염하게 생겼다는 이유로 쫓아낸 시녀이다. 대관원의 풍기문란 사건으로 대대적으로 수색이 이루어질 때, 억울하게 그 폭류 속에 묻혀 쫓겨난 것이다. 아픈 몸으로 치욕스럽게 쫓겨난 청문이 걱정되어 가슴이 터질 것만 같던 보옥은 이번엔 혈혈단신으로 쪽문을 통해 빠져나간다. 사안이 엄중한지라 시동도 대동할 수가 없다. 청문의 집을 모르니 어떤 할멈에게 '죽어라 하고 애원하고 돈까지 건네' 주어 간신히 찾아간다.

가난한 백정 오빠의 집으로 돌아간 청문은 돌봐 주는 사람도 없이 더러운 곳에 누워 있었는데, 보옥은 눈물을 흘리면서 그녀의 병수발과 시중을 들며 극진히 보살펴 준다. 자기 시녀의 집에 찾아가 시녀 노릇을 해주는 보옥이. 백년가약을 맺은 것도, 사사롭게 정을 주고받은 사이도 아닌 관계에서 과연 보옥이가 아니면 어떤 도련님에게 가능한 일일까? 보옥이가 사람들과 관계를 맺을 때 마음을 쓰는 법을 가장 잘 보여 주는 것이 바로 청문을 만나러 빠져나간 이 일화다. 한없이 바보 같고 미친 듯이, 조바심치며 달려나가는 도주선. 자기를 내려놓고 온 마음을 다하는 태도는 마치 자기를 텅 비운 것 같다.

보옥의 도주선들이 보여 주는 공통점은 모두 가문에서 큰일을 치르고 있었다는 점이다. 보옥은 집에서 무슨 중요한 일이 있든지 그런 건 안중에도 없고, 그저 자신의 마음이 향하는 곳으로 쫓아간다. 보옥이의 친누나인 원춘이 귀비에 책봉되었을 때도 그랬다. 가문이 부귀공명의 정점을 찍게 된 결정적인 경사가 될 귀비 책봉 소식에 온 가족이 흥분의 도가니에 빠져 있을 때도 그는 혼자만 심드렁했다. 단짝 친구가 아파서 누워 있는 게 속이 상하고 걱정될 뿐….

남들이 열광하는 것에 심드렁하고 무관심한 이 마음은 얼마나 강력한 것인가! 거대한 가문의 철옹성 같은 문을 몰래 빠져나가게 하고, 장례 행렬에 속한 자신의 처지도 잊게 하면서 뒷문, 쪽문을 통해 끊임없이 바깥으로 흐른다. 거대한 욕망의 풍선에 뚫린 아주 작고 하찮은 구멍처럼, 이 힘들이 결국 가문을 무너뜨리는 균열이 되었다. 바로 기대를 저버리는 균열, 가문의 기둥이 될 수 없는 배신 말이다.

주말 아침의 외출은 나의 도주선이다. '가족'이라는 강력한 중력에 빨려 들어가지 않는 방법은 그 질서에 미세한 균열을 내는 것으로, 틈틈이 그들의 '기대를 저버려야'만 할 것이다. 나로부터 시작되는 구멍이 나뿐 아니라 가족 모두의 해방이 될 때까지. 우리의 도주는 계속되어야 한다.

경계 없이 유동하는 마음

보옥으로서는 남들이 자신을 무서워하는 걸 싫어했다. (⋯⋯)
'형제란 모두 부모로부터 교육을 받고 자란다는 점에서 다를
바 없는데 굳이 서로 간에 거리를 둘 까닭이 있는가. 하물며
나는 정실 소생이고 저 애는 서자로 태어났는데, 그래서 사람
들이 뒤에서 말이 많은데 내가 형 노릇을 하겠다고 달려들 수
있겠는가.' 게다가 보옥은 (⋯⋯) 결코 자신이 사내대장부로서
자제들의 본보기가 되어야 한다는 생각은 털끝만큼도 없었
다. 제20회(1권, 441쪽)

어린아이 같은 마음(童心)엔 분별이 없다. 자기에게 온갖 못
된 짓을 하는 이복동생 가환에 대해서도 보옥은 아무런 적개심이
없을 뿐 아니라, 서출과 적출의 경계도 짓지 않는다.

그러나 동심이란 것이 나이가 어리다고 갖고 있는 것은 아니
다. 보옥보다 어린 가환은 보옥에 대한 질투로 뜨거운 촛농을 그
의 얼굴에 부어 버리는 짓도 서슴지 않는다. 그의 어린 마음엔 온
갖 경계의 벽이 가득하다. "내가 무엇으로 보옥 형과 비교가 되겠
어. 너희는 다들 보옥 형을 겁내고 보옥 형하고 잘 지내려고 하면
서 나는 마님이 낳지 않았다고 항상 무시하고 업신여기는 거지!"
제20회(1권, 440쪽) 쪼끄만 녀석이 시녀들에게 도련님 권위부터 내세

우려 한다. 또 시녀들이 자기를 보옥이만큼 귀하게 여기지 않는 이유가 서출이라서 그렇다고 여긴다. 이는 그의 어미 조이랑이 가환에게 주입한 것이기도 하다. 그녀는 "누가 너더러 그런 높은 사람들한테 찾아가라 했더냐. 천한 몸에서 태어난 이 못난 놈아" 라고 하면서 자기 자신과 가환을 항상 단단하고 높은 신분의 벽 바깥에 세워 둔다. 그래서 조이랑은 똑같이 자기가 낳은 딸인 탐춘이가 대관원에 들어가 어떤 차별도 없이 어울리고 있는 것이 의아할 뿐이다.

조이랑과 가환 모자는 스스로를 경계 밖에 두고 미움받는 천덕꾸러기를 자처한다. 가부의 유교적 신분질서가 월급의 액수 등으로 갖가지 위계를 드러내고 있기에 그 질서를 고스란히 받아들인 것이다. 하지만 마음은 이런 형식적 위계를 뚫고 흐를 수 있다. 이것이 마음의 횡단이다. 대관원의 시사모임을 발기하고, 희봉을 도와 가문의 일을 맡아 보는 탐춘을 보라. 신분의 벽, 빈부의 벽은 이 횡단하는 마음 앞에서 허물어진다. 보옥이나 탐춘이는 그런 경계를 의식하지 않거나 무시한다. 이것은 대빵 할머니 가모가 가부의 모든 아이들에 적용하고 있는 원칙이기도 하다. 심지어 가모는 자기의 밥상에 (마님인) 며느리들과 어린 시녀들을 함께 앉혀 놓고 밥을 먹게 하면서 그걸 지켜보며 즐거워하거나, 아이들끼리 모여 놀고 있는 곳에 깜짝 방문을 해서 즐겁게 끼여 논다. 가문의 위계는 언제나 가모를 통해 부드럽고 유연하게 변주되기에, 보옥이의 성향은 가모의 품 안에서 온전하게 지켜질 수 있었다. 물론 보옥은 가모의 상상을 초월하지만.

　　보옥이가 맺는 관계는 성별뿐 아니라 신분과 위계의 구분이 없다. 집안의 자매들이건 시중드는 시녀들이건, 모든 관계를 사랑과 우정의 관계로 만들어 버린다. 그는 청나라 귀족답게 밥 먹고 옷 입는 것조차 시녀들의 시중을 받지만, 거기서 신분의 귀천과 권위를 배우며 자기가 누리는 지위를 고착화해 가기는커녕 시녀가 아플 땐 발을 동동 구르며 그녀들이 자기에게 해준 것처럼 차를 따라 주고 옆에 붙어서 지극정성으로 돌본다. 보옥은 정말 바보 같지만 그런 모습 때문에 모든 시녀들이 보옥을 좋아한다. 상대가 내게 마음을 열 때만큼 내가 존중받고 있다고 느낄 때는 없다.

벽을 파괴하는 선들

뭔가를 구별하고 나누려면 분별지가 필요하다. 세상을 배워 가며 익힌 학식과 가치가 반영된 분별지다. 우리는 그것을 소중한 나침반처럼 여기지만, 조금만 자세히 들여다보면 그 분별지는 내게 유리한 것들을 가려 내는 의미 부여와 합리화의 장막인 경우가 많다. 보옥에겐 이런 장막 같은 분별지가 없기 때문에 언제나 자유롭고 가볍게 흐른다. 그런데, 여기까지 보옥이만 따라오다 보니 문득 의문이 든다. 분별지가 나쁜 건가? 없으면 편안할까? 분별지가 없으면 인간관계가 좋아지고 자원방래하는 친구들이 넘쳐날까?

인간의 인식은 분별을 통해 세계의 질서를 만들었고, 비로소 카오스인 세계가 코스모스가 되었다. 우리는 질서가 있어야 안정감을 느낀다. 그런데 보옥이의 동심은 계급의식을 타파하지만 평등사상은 아니다. 평등이란 또 다른 인위의 질서다. 그럼 소통 잘 되고 잘 타협하는 사람을 말하는 걸까? 그건 분위기와 시류에 영합하는 향원(鄕愿)이기 십상이다.

동심은 카오스를 향하는 힘이다. 질서를 파괴하는 위험한 힘인 것이다. 사실 어린아이의 천진함만큼 위험한 것도 없다. 그들은 무한한 상상력과 경계를 횡단하는 마음이 넘쳐나지만 뭘 해도 되고 하면 안 되는지를 모른다. 그래서 위험천만한 유괴범도 따라갈 수 있다. 또 그들이 막무가내로 행사하는 힘은 권위로 지배하려는 힘보다 위태롭고, 우리의 상식마저도 허물어 버려서 상대하기 힘든 기피인물이 되기도 하는 것이다.

보옥이는 여성적인 것에 심취한 말랑한 소년이 아니라, 우리의 상식의 경계를 깨 나가는 파괴자다. 들뢰즈는 양성애자를 성 분류의 가장 낮은(무거운) 셋째 층위로 분류하고 '성의 횡단'(transsexuel)질 들뢰즈, 『프루스트와 기호들』 서동욱·이충민 옮김, 2004, 민음사, 211쪽이라고 칭한다. 우리는 표면적으로 하나의 신체적 성을 가지고 있지만, 우리 안에는 수많은 성들이 있다. 이성애자와 동성애자는 자기 안에 있는 파편화된 수많은 욕망들 중 하나만을 자신의 정체성으로 갖지만, 양성애자는 이 욕망, 저 욕망이 대상에 따라 자유자재로 나온다. 한마디로 여러 자아가 공존하는 분열자의 상태인 것이다. 이런 상태로 사람뿐 아니라 온 우주와 소통한다면 심각하게 미친 사람이 되는 것이다. 가부 바깥의 사람들에게 보옥이 "제비를 만나면 제비하고 말하고 물고기를 만나면 물고기하고 말하며 별이나 달을 보면 하릴없이 그저 깊은 한숨을 쉬거나 알 수 없는 말을 뭐라고 주절"제35회(2권, 352쪽)대는 모자란 놈으로 소문이 나 있는 것처럼 말이다.

이런 능력 때문에 그는 수많은 여자와 남자들을 사랑하지만 상대에 따라 다른 관계 맺기가 가능하다. 누구에게나 똑같은 욕망으로 대하면서 '다 좋아, 많을수록 좋아'의 상태가 아니라, 그때그때 다른 강밀도와 형식으로 접속하면서 그 순간 둘만의 공감의 장을 형성한다. 보옥이는 자기 안의 n개의 성을 끊임없이 횡단하면서 대상과 접속하는 흐름 자체다. 그래서 가부의 담장 안에서 경계 없이 소녀들과 마음을 나누었고, 이렇게 보이지 않는 장벽에 구멍을 뻥뻥 뚫어 대던 마음의 행로가 실제로 가부의 담장을 빠져나가는 도주를 가능하게 한다. 이런 반복적인 도주선은 결국 그가 이 가문에서 도망쳐 탈속하는 것과 연결된다. 그가 가문과 세속으로부터 도망치는 마지막 도주선, 배반의 도주선은 이 세계의 모든 이름과 형식을 허물어뜨리는 해방의 깨달음인 것이다.

19장 정의 달인, 정으로 깨치다

보옥이의 질문들

유동하는 마음은 위험하다. 성인들의 말씀을 삶의 지침으로 받아들이질 않으니 마음에 중심이 없어 심약하기 쉽다. 이리저리 흐르기만 하고 머무르지 않는다면 분열자가 된다. 이홍원의 정원에 때 아닌 해당화가 피었을 때, 보옥은 가족들이 기뻐하니 덩달아 좋아하다가 이 꽃나무가 청문이 죽었을 때쯤 시들었다는 게 생각나자 슬픔에 빠져 버린다. 그러다가 희봉 형수가 새로운 시녀를 한 명 보내 준다고 약속한 것이 생각나 "금세 슬픔이 다시 기쁨으로 변하여 여전히 웃고 떠들고"제94회(5권, 330쪽) 했다. 울다 웃다를 반복하는 미친 사람의 생각을 들여다본다면 아마 이러하리라. 보옥을 묘사하는 시는 그의 이런 모습을 잘 담고 있다.

까닭 없이 근심걱정 찾아다니니,

때로는 바보처럼 때로는 미친 듯이

생김새 꼴 하나는 번듯하지만,

뱃속엔 원래부터 잡초 덩어리

세상만사 살아갈 줄 전혀 모르고,

둔하고 어리석어 공부 싫어하였네

언행은 괴벽하고 성질은 고약하니,

세상 사람 비난엔 상관인들 하리오!

부귀 속에 본업을 지키지 못하고,

빈궁하니 처량함을 견디지 못하네.

황금 세월 허송함이 가련하구나,

나라에도 가문에도 소용없는 일.

천하에 무능하기 세상 첫째고,

고금에 불초함은 짝이 없어라.

부잣집 귀족자제 내 말 들으소.

행여나 이런 아이 닮지를 마소! 제3회(1권, 89쪽)

행여나 닮을까 걱정할 필요도 없이 정말이지 닮기 힘든 캐릭터다. 하지만, 우리가 이런 보옥에게 매료될 수밖에 없는 이유는 사실 저자가 이 무능함 속에서도 그를 예찬하고 있기 때문이다. 조설근은 이토록 아리까리하고 아슬아슬한 경계에 있던 보옥이가 긴긴 방황을 끝내고 결국은 깨달음에 이르는 마음의 행로를 보여 준다.

우리가 무언가를 깨닫는다고 할 때는 모르고 있던 것을 알게 되는 순간을 말한다. 그래서 보옥의 깨달음을 알기 위해선 그가 뭘 모르고 있는지를 먼저 짚어 봐야 한다. 하지만 모르는 것이 한둘인가? 또 모르는 걸 알게 된다고 다 깨달음은 아니다. 몰라서 괴롭고 간절히 궁금한 것, 삶의 질문이 있을 때라야 그 앎이 깨달음이 된다. 그의 질문은 무엇일까?

『홍루몽』을 관통하는 여러 질문들 중 가장 두드러진 것이 삶의 무상성이다. 하지만 이 질문은 보옥의 입을 통하면 이렇게 변주된다. "지금 이럴 바엔 애당초에 왜 만났나?", "여자들은 왜 나이 먹으면 꼭 시집가야 하는 거야? 시집가서는 또 왜 그러한 고초를 겪어야 하는 거구?", "혼백이 다 나간다 해도 나는 어찌해야 좋을지 알 수가 없으니 어찌하란 말이야." 보옥이 간절히 궁금해하는 건 역시나 여자애들에 관한 것들이다. 요약하자면 여자애들의 마음을 도대체 알 수가 없다는 것과, 왜 떠나는지와, 왜 변하는지가 그의 질문이다. 이런 것도 화두라 할 수 있냐고 의아할 수 있지만, 보옥에겐 이것이 정말 생사를 넘나드는 절실한 문제인 걸 어쩌란 말인가.

한 뼘씩 크는 깨달음

깨달음은 대부분 실패와 함께 오기 때문에 그 협소한 자아가 던져지고 깨지는 과정은 통과의례의 고통처럼 아프다. 보옥이도 배움을 통해 성장하는 과정이 있다. 단지, 그의 통과의례는 고통스러워 보이기보다는 황당하지만, 용케도 하나씩 깨쳐 가는 것이 대견하다.

보옥은 항상 자기가 죽으면 눈물 흘려 줄 사람이 과연 누구일지를 궁금해했다. 어린 아이들은 자기가 죽는다면 주변 사람들이 얼마나 미안해하고 슬퍼할까, 라고 상상하면서 우쭐해지고 흐뭇해하는 특징이 있다. 특히 보옥은 죽도록 매를 맞고서도 자매들이 이처럼 자기를 위해 울어 준다면 당장 죽는다 해도 보람이 있다고 하지 않았던가!

그러나 그에게도 드디어 세상의 중심이 자기가 아니라는 냉엄한 자각의 순간이 오고야 만다. 성장의 고통치고는 사소하고 '웃픈'(웃기고 슬픈) 일화다. 온갖 따뜻한 배려와 시중을 받으며 자랐기 때문에 이 가문과 규중의 중심이 보옥이라는 사실은 공기처럼 자연스럽다. 보옥은 어느 날, 자기 가문에서 관리하는 극단 배우들이 기거하는 곳으로 찾아가 제일 노래를 잘하는 여주인공 영관을 찾았다. 그리고 그녀에게 노래를 청했으나, 자신의 기대와는 달리 바로 면전에서 거절을 당한다. 누구에게서도 싫어하는 기색을 받아 본 적이 없는 보옥은 민망했다. 이게 뭐지? 저 여자아이는 뭔데 나를 이렇게 대하는 것일까? 생애 처음 약간의 서러움을 느꼈을 것이다.

보옥은 곧 그 이유를 알게 된다. 그 배우 아이와 보옥의 가문 중의 한 사내가 서로 사랑하는 사이였던 것이다. 보옥은 그 사내가 와서 배우와 옥신각신 사랑싸움을 하며 애절한 자신들의 마음을 주고받는 것을 보며 넋을 잃었다. 그 순간, 보옥에게는 하나의 깨달음이 찾아온다. 그는 그 길로 처소로 돌아가 시녀들에게 선언한다.

"아버님이 늘 나를 보고 '대롱으로 하늘을 보고 바가지로 바닷물을 헤아리는 격'이라고 야단치시더니 그게 바로 맞는 말이야. 어젯밤에 내 죽으면 너희 눈물로 장사지내 달라고 한 말은 크게 잘못된 것이었다구. 나 같은 놈이 모든 사람의 눈물을 독차지할 수는 없어. 앞으로 각자 자기가 사랑하는 사람의 눈물로 장사지낼 수밖에는 없을 거야." 제36회(2권, 376쪽)

참 내, 역시 보옥이다운 깨달음이다. 자기가 세상의 주인공이 아니라는 걸 깨닫는 순간이 더 이상 아이가 아니게 되는 때라고 들은 적이 있다. 보옥은 이렇게 세계가 자기 뜻대로 돌아가는 작은 왕국이 아니라, 모두가 각자의 세계에서 각자의 인연 따라 살고 있다는 것을 어렴풋이 알게 되었다.

보옥은 이렇게 놀고 사랑하고 배우며 10대를 보낸다. 10대라고 하면, 우리는 으레 그 한가운데에 사춘기를 상정하고 질풍노도와 반항, 커진 몸과 성징(性徵)으로 대표되는 성장을 떠올린다. 그리고 거기에 의미를 부여한다. 그러나 『홍루몽』에선 그런 외부적 조건은 그냥 지나갈 뿐, 우리의 존재 변이의 원인이 될 수가 없다. 예를 들면 술을 마신다든가 여자를 처음 접한다든가 하는 일들은 보옥을 아이와 어른으로 가로지르는 분수령이 아니다. 그런 건 보옥에게 통과의례의 의미가 전혀 없이 열 살 무렵부터 그냥(!) 자연스럽게 하던 일이다. 어린 나이에 술도 그냥 막 마시고, 첫 경험도 스르륵 지나갔다. 10대 후반에 결혼을 하지만, 그것도 그가 성인이 되었다는 어떤 경계가 되지 못한다. 가문이 쫄딱 망하지만 그것도 그로 하여금 다른 삶을 살게 하는 계기가 되지 않았다. 소년에서 유부남으로, 부유한 상태에서 가난한 상태가 되었어도, 보옥은 그것과 자신을 연결해서 생각한 적이 없다. 이것이 보통의 성장소설에서 그려지는 역경의 아픔과 극복의 감동 드라마를 보옥이에게서 찾기가 힘든 이유다.

보옥이의 괴로움

보옥이 여자애들을 좋아하는 그 특이함을 '의음'(意淫)이라는 개넘으로 설명할 수 있다. 세상에 보기 드문 이 캐릭터를 설명하려고 저자가 발명해 낸 단어인지 참 낯선데, 발음마저 힘들다. 이 두 글자를 얻은 자는 쾌락에 목마른 남자들과는 달리 규중의 가장 좋은 벗이 되는 사람이라고 한다. 이는 보옥의 전생인 신영시자를 생각해 보면 짐작해 볼 수 있다. 그가 강주초를 얼마나 지극 정성으로 대했으면 화초가 사람이 되었을까. 여인의 옷을 입은 강주초 선녀는 이한천을 거닐며 이슬을 먹고 사는 자유로운 몸이 되었다. 존재의 물리적 성질까지도 바꿔 낼 정도의 공력을 들였음에도 서로 전혀 매이지 않는 쿨한 관계. 이것이 아마도 선계의 '의음'일 것이다.

보옥이의 유동하는 마음들을 살펴본바, 이생의 '의음' 역시 사랑하되 소유하지 않는 사랑, 머무르지 않고 흘러가는 사랑이다. 그런데도 보옥은 계속 마음이 아프고 괴롭다. 왜? 보옥은 소중한 사람들과 헤어지는 것이 너무나 싫고 슬프다. 그들이 떠나는 건 상상만 해도 눈물이 철철 나는 비극이다. 아니, 이상하다. 이건 모순이 아닌가! 보옥의 언행을 볼라치면 그의 마음은 강렬한 집착 덩어리처럼 보이고 만다.

보옥이의 곁에서 한시도 떨어지지 않는, 실질적으로 부인의 역할을 하는 사람은 시녀 습인 누나다. 먹고, 입고, 씻고, 외출하고, 공부하는 것까지 모든 것을 옆에서 한몸이 된 듯 챙겨 준다. 그녀가 이 도련님을 정신 차리고 공부하게 하려고 떠나겠다는 협박을 하였을 때, 보옥은 원하는 대로 다 하겠다며 울며불며 매달렸다.

> "어서 말해 봐, (……) 다 들어줄 테니까 제발 나하고 같이 있어주고 나를 지켜줘. 그러다 언젠가 내가 죽어 흩날리는 한 줌의 재가 되거든, 아니 (……) 아예 내가 한줄기 흩날리는 연기가 되어 바람이 한 번 불면 흔적 없이 사라지게 되는 날까지, 그래서 더 이상은 돌볼 수 없는 바로 그날까지, 그때가 되면 나는 나대로 가고 너는 너대로 가고 아무도 서로를 어쩔 수 없을 거 아냐." 제19회(1권, 421쪽)

이 얘기를 듣고 습인은 손으로 도련님의 입을 막아 버린다. 아니, 가지 말라는 말을 뭘 이렇게까지? 그런데 곰곰 생각해 보면 이 말은 당장의 헤어짐만을 얘기하며 붙잡는 차원이 아니다. 언젠가 죽음이 우리를 갈라놓을 텐데, 뭐 하러 미리부터 헤어지는 고통을 겪느냐는 것이다. 아이가 막무가내로 떼쓰는 말 같지만, 이 말은 죽음이, 그리고 죽은 뒤에 어떻게 되느냐의 고뇌가 언제나 이 소년의 뇌리에서 그를 괴롭히고 있음을 알게 해준다.

시녀들이 쫓겨나거나 죽거나, 자매들이 결혼을 하게 될 때도 보옥은 미친 사람처럼 슬퍼한다. 가씨 가문 순서상 둘째누나인 영춘이 시집을 갔는데(영춘은 가사의 딸로 보옥에겐 사촌누이), 남편은 귀하게 자란 영춘을 구박하다 못해 때리기까지 한다. 가부가 망했기 때문에 영춘과 결혼한 것이 후회가 되었던 모양인지 그녀에게 돈을 갚으라며 들들 볶아 댔다. 그런 그녀가 형편없는 몰골로 친정에 왔다가 하소연을 하고 간 후, 가족들은 모두 수심에 잠겼다. 슬퍼하던 보옥은 어머니에게 이렇게 말했다.

> "어젯밤에 한 가지 방도가 생각났어요. 우리가 할머님께 사실대로 말씀드려서 둘째누나를 다시 집으로 데려오는 거예요. 그리고 예전처럼 자릉주에 살게 하면서 우리 형제자매들과 함께 지내며 같이 먹고 같이 놀게 하자고요. 그래서 손가 같은 비열한 인간의 학대에서 벗어나게 해주자는 말이지요. 손가가 데리러 오면 우리가 못 가게 막으면 되질 않겠어요? 할머님의 뜻이라고 하면 되잖아요. 그렇게만 되면 얼마나 좋겠어요!"제
>
> 81회(5권, 24쪽)

그러나 보옥은 어머니에게 멍청한 헛소리를 한다는 꾸중만 듣고 물러났다. 한번 결혼하면 죽어도 시댁 귀신이 되어야지 어찌 친정에서 간섭을 하냐는 그 낡아 빠진 논리였다. 그는 대옥에게 찾아가 대성통곡을 하며 여자들의 운명에 대해 성토한다. 왜, 왜, 왜? 여자는 그러한 고초를 겪어야 하는 걸까? 다시 모일 수는 없는 걸까? 좋았던 시절은 왜 그토록 빨리 지나가 버리고 긴긴 고

난의 시간이 여인들의 삶을 짓누르는가?

　이 장면에서도 보옥은 단지 누나가 자기와 떨어져 살게 되는 것에 대한 슬픔만을 얘기하는 것이 아니라, 그녀들의 삶에서 비극이 되는 결혼에 대해 생각한다. 보옥이의 슬픔은 이 재주 있고, 아름답고, 맑은 존재가 더럽혀지고 파괴되는 것이다. 자기가 겪는 이별에 몸부림치는 자기중심적 괴로움이 아니다. 사랑하는 존재가 파괴되는 것을 목도하는 것은 더 괴롭다. 보옥이는 소녀들을 지극히 사랑했지만, 그것이 바로 보옥이의 고(苦)다.

사라지는 것들에 대한 통곡

어느 날, 보옥에게 단단히 화가 난 대옥이 혼자 꽃잎을 묻어 주고 있는 걸 지나가던 보옥이가 보게 된다. "꽃잎 묻는 나를 보고 남들은 비웃지만, 훗날 내가 죽고 나면 묻어 줄 이 누구인가. 하루아침 봄은 지고 홍안청춘 늙어 가면, 꽃잎 지고 사람 가니 둘 다 서로 알길 없네."제28회(2권, 182쪽)

　보옥은 화가 난 대옥 앞에 나설 수가 없어 그저 한 켠에서 그녀가 울며 읊조리는 시구절을 듣다가, 늙음과 죽음, 흩어짐에 대한 서글픈 마음이 그대로 전해지자 그 자리에 주저앉아 통곡을 한다.

듣기만 하여도 애절하기 그지없는 이 구절에 보옥은 그만 목을 놓아 통곡하며 땅바닥에 쓰러져 가슴에 안고 있던 꽃잎을 다 흩뿌리고 말았다. 생각해 보니 꽃잎 같고 달님 같은 대옥의 얼굴과 용모가 장차 어디서도 찾을 수 없을 때가 되면 그 어찌 가슴이 찢어지고 애가 끊어질 듯 괴롭지 않겠는가. 대옥의 몸을 찾을 길이 없어지면 다른 사람은 또 어떠하랴. 보차도 향릉도 습인도 다들 사라져 어디에서도 찾을 수 없는 날이 오고야 말 것이 아니겠는가. 결국 보차 등을 찾을 길이 없어지는 때면 나 자신은 또한 어디쯤에 가 있겠는가. 나 자신도 어디로 가서 헤매고 있을지 모를 일이니, 그리하면 바로 이곳, 이 정원, 이 꽃들과 버드나무는 또 누구의 것이 되어 있을지!제28회(2권, 182쪽)

사실, 이 장면을 자세히 눈앞에 떠올려 보면 너무나 아름다우면서도 슬프고, 한편으론 웃기기도 하다. 남자애가 꽃잎을 한 아름 안고 있다가 바닥에 철퍼덕 주저앉아 엉엉 우는 것도 그렇지만, 그 마음이 한 여자 생각에 집중되는 것이 아니라는 게 그렇다. 얘도 안타깝고, 쟤도 안타깝고, 오만 여자애들이 다 안타까운 이 천하의 오지라퍼! 그의 슬픔은 대옥이가 없어질 것에 대한 비통함에서 시작해서는 곧 다른 자매들에게로, 또 자신에게로, 그리고 정원의 꽃나무들에게로 점차 넓어지면서 결국은 아득히 먼

우주로까지 날아간다. 보옥은 삶 자체가 이렇게 흘러가서 덧없이 사라져 버릴 것에 대한 근본적인 비통함 때문에 운다. 모든 존재의 무상성을 절감하고 있는 것이다.

우리도 모든 것이 사라진다는 사실을 무의식 속에 절감하고 있다. 하지만 그걸 알아차리는 순간은 자주 오진 않는다. 나도 이런 경험이 있는데, 작은아들이 초등학교 1학년 때 일이다. 나는 부엌 창문으로 씩씩하게 등교하는 아이의 뒷모습을 바라보다가 보옥이와 똑같은 행동을 했다. 큰아이 때는 2학년 때까지도 내가 아침에 학교에 데려다 주고 하교시간에 학교 앞에서 기다렸었는데, 둘째는 형 덕분에 학교가 익숙하기도 했고 내가 바빠진 탓에 혼자 보냈다. 그래서 아침마다 부엌 창문으로 아이의 등교하는 모습을 눈으로 전송했는데, 그날따라 아이의 뒷모습이 유달리 귀엽고 대견해 보이더니 순간 눈앞이 아득해지는 것이었다. 나는 걷잡을 수 없는 두려움과 비통함에 휩싸여 싱크대에 매달려 눈물 콧물을 짰다.

뒷모습이 보여 주는 삶의 무게가 있다. 그것은 여덟 살짜리 아이의 뒷모습에도 고스란히 드러났고, 그 작은 어깨와 귀여운 걸음걸이 때문에 더욱 아득하게 느껴졌다. 엄마 손을 잡지 않고도 잘도 가는구나. 저렇게 혼자서 살아가는 거지. 그 길의 중간 어딘가에서 나는 영영 사라지고 아이는 어른이 되고 늙고 병들 것이고, 누구나 그렇듯 홀로 죽음을 마주하겠지. 그 늙은 아이는 나를 기억할까? 그때 나는 어디에 있을까? 그 순간, 발밑의 땅이 꺼지는 느낌이었다. 모든 것이 사라지는 세상, 존재도 사라지고 기억도 사라지고, 영영 사라지는 것이 삶이구나. 나는 아이에게 생을 준 것이 아니라 바로 고(苦)를 준 것이로구나!

그때의 전율은 꽤 오래갔다. 모든 것이 사라지는 세계에 던져진 삶이 무섭도록 허망하게 다가와서 내가 아이를 낳은 것이 마치 몹쓸 짓을 한 것처럼 여겨지기까지 했다. 이상하게도 그 이후로는 아이의 뒷모습을 보건, 앞모습을 보건 그런 생각이 들진 않았지만, 지금도 여전히 그 순간을 떠올리면 그때 느꼈던 아득한 두려움을 느낀다. 근원적인 무상성에 기반하고 있는 삶의 고통이 다시 생생히 살아난다.

깨달음으로

'삶의 무상성'이라는 말은 보옥이에게도 내게도 아직 깨달음이 아니다. 그의 질문들처럼 괴로움이자 화두일 뿐이다. 그런데 보옥은 매일 이 화두를 꺼내 그 무상성의 괴로움을 직면한다. 도대체 헤어질 거면 애초에 왜 만났냐고. 꽃 같던 누나들은 왜 떠나냐고. 풀지도 못할 숙제를 자꾸만 자꾸만 들이민다.

이렇게 십대를 보낸 보옥이 결혼을 하고 성인이 되더니 소설의 맨 끝에서 선계에 가는 꿈을 꾼다. 그리고 그 꿈에서 소녀들의 운명에 대한 예언책을 다시 훔쳐볼 기회를 얻었다. "이걸 베껴 가서 차근차근 읽어 봐야겠다. 그럼 자매들의 수명이나 행복과 불행 등을 미리 다 알 수 있을 게 아니겠는가? (……) 그렇게만 된다면 얼마나 많은 쓸데없는 걱정을 덜게 되겠는가?"제116회(6권, 358쪽) 그는 예전에 같은 꿈을 꾸었을 때와는 달리, 이번엔 책의 내용이 자매들의 운명과 관련 있다는 것을 깨닫고는 꼼꼼히 기억해 둔다. 또 꿈에서 죽은 줄 알았던 여인들을 마주쳤는데, 그녀들은 아무도 보옥을 몰라보며 반가워 매달리는 그를 꾸짖기까지 한다. 그녀들에게 쫓기다 꿈에서 깨어난 보옥은 왠지 홀가분함을 느꼈다. "하하하! 그래, 그랬었지!" 그는 깨어나자마자 크게 웃었다. 꿈에서 훔쳐본 책에 써 있던 암호문 같은 시들이 다 생각이 나고, 그것이 자매와 시녀들의 삶의 시나리오라는 것을 깨닫자 모든 것이 명료해진다. 그를 괴롭게 하던 번뇌가 사라진 것이다. 그토록 가슴 아파했던 비극적 삶은 이생에서의 역할극일 뿐이다. 저승의 그녀들이 자기를 매정하게 몰라본 것도, 그 시나리오가 이생으로 딱 끝나는 인연이기 때문이다. 그저 한바탕 꿈일 뿐인 것이다. 그러고 나니 보옥의 애면글면하던 마음이 모두 가라앉았다.

과거와 미래를,

지혜와 현명함으로

극복할 수 있다고 말하지 말라

원인과 결과는,

친한 이도 만날 수 없게 하느니라. 제116회(6권, 355쪽)

태허환경에 걸려 있던 이 대련의 내용은 인연과보의 힘에 대해 말하고 있다. 여기서 말하는 '지혜와 현명함'은 인간의 지식과 의지를 말한다. 인간이 아무리 지혜롭다 한들, 자기의 인연의 업보를 피해 갈 수 없다. 집요한 의지를 세워 운명을 개척할 수 있다고 하지만 사랑하는 사람과의 헤어짐과 만남조차도 어찌할 수가 없다. 모든 것은 인연과 과보의 힘으로 이루어질 뿐, 인간의 알음알이는 삶을 이해하는 데 아무 소용이 없다는 것이다.

그럼 여기서 궁금해진다. 인연과보의 시나리오는 숙명론처럼 미리 짜여지는 걸까? 『홍루몽』에선 풍류의 업보를 풀지 못한 자들이 그걸 해결하려고 환생했다는 설정이니 정해져 있는 것이 아니라 풀어야 하는 과제 같은 것이다. 마치 대옥이 전생의 감로수의 은혜를 눈물로 갚듯 말이다. 눈물로 갚든 땀으로 갚든 이건 어찌할 수가 없는 거다. 플러스된 것은 마이너스가 되어야 한다. 삶이란 숙명이 아니라 인연의 조건에서 이루어지는 필연성의 세계인 것이다.

보옥은 온 가족의 반대에도 죽음을 무릅쓰고 비구니가 되겠다는 석춘 누이에게 축하의 말을 전하고, 석춘을 모시며 함께 출가하겠다는 시녀 자견에겐 '네가 나보다 먼저 잘될 줄은 미처 몰랐구나'라는 묘한 격려의 말까지 한다. 가족들 모두 석춘의 출가에 보옥이가 또 울다가 정신을 잃을까 조마조마 걱정을 했더니만, 오히려 축하하며 마치 모든 걸 훤히 알고 있는 사람처럼 구는 걸 보고는 더 불안해진다.

그런데 이렇게 앞날을 훤히 보게 되어서 여자애들에 대한 걱정에서 자유로워진 보옥이에게 어느 날 새로운 질문이 날아들었다. "자네의 그 옥은 어디서 온 건가?"제117회(6권, 378쪽) 보옥은 대답을 못한다. 다른 건 알게 되었어도 자기 자신에 대해서는 전혀 생각해 본 적이 없는 보옥은 이 질문을 듣고 마치 뭔가에 머리를 얻어맞은 것 같았다. 어디서 왔냐는 내력을 묻는 것은 존재에 대한 질문이다. 어디로 가는지를 생각하는 자에게 어디서 왔냐는 질문은 오고 간다는 설정 자체를 깨 버린다. 이 순간 보옥의 머릿속에서 무슨 일이 벌어졌는지는 알 수는 없다. 너무나 궁금하지만 내가 깨닫기 전까지는 결코 알 수 없으리라. 그는 놀랍도록 갑자기 차분하게 변했다. 여유롭게 빙긋이 웃으며 가족들을 안심시키고 과거시험을 준비했다. 그리고 과거를 보러 집을 떠나 아무도 옆에 따라붙지 못하는 시험장에서 홀연히 사라져 버렸다.

무상성에 대한 보옥의 질문들은 그를 아프게 하는 괴로움들이었다. 하지만 그 괴로움이 있었기에 비로소 깨달음으로 도약할 수 있었다. 그래서 『홍루몽』의 다른 이름이었던 『정승록』(情僧錄)은 색(色)으로 인하여 공(空)을 본다는 색즉시공의 세계이자, 보옥이의 깨달음의 여정을 말해 주는 제목이었을 것이다.

중이 보옥이에게 던진 질문을 내게도 던져 보았다.──'너는 어디서 왔어? 네 아이는 어디서 왔지?' 아끼고 사랑하는 대상과 그 마음들이 사라지는 것만을 절감하는 무상성은 집착하는 마음을 버리게 하지 못했지만, 우리가 어디서 생겨나서 이렇게 살고 있는가를 감히 통찰할 수 있다면 그 괴로움의 전제는 사라져 버릴 것이다. 본래 없던 것이니 사라질 것이 없지 않은가. 내 것이 아닌 것을 가져가는 것이니 잃은 것이 없지 않은가. 보옥이를 따라가며 배운 깨달음의 한 걸음이자 놓치지 말아야 할 새로운 질문이다.

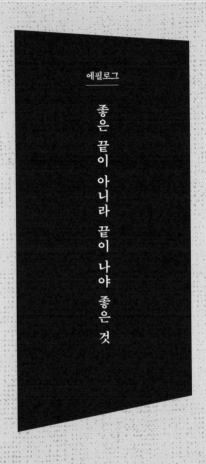

에필로그

좋은 끝이 아니라 끝이 나야 좋은 것

이제 『홍루몽』의 마지막 페이지다. "과연 한낱 부질없고 황당한 얘기로다! 지은 사람도 모르고, 베낀 사람도 모르며, 독자도 알 수 없구나."제120회(6권, 484쪽) 석두의 이야기를 베껴 가지고 세상에 알리기 위해 몇 겁의 세월에 걸쳐 인간세상을 돌아다닌 공공도인이 마지막에 베낀 책을 던져 버리며 한 말이다. 그런데 몇 겁을 기다린 공공도인을 이렇게 쉽게 손 털게(?) 만든 장본인이 바로 작품 속에 등장한 조설근이다. 실제 저자가 책 속에서 등장인물들에 의해 저자로 낙점되었으나, 책 속의 조설근은 저자 되기를 거부한다. 이런 황당한 이야기는 그저 사람의 마음을 기쁘게 해주는 심심풀이일 뿐, 기를 쓰고 전할 까닭이 없지 않냐는 주장을 하면서 말이다. 실제론 120회(후반 40회를 쓴 고악은 조설근이 구상했으나 소실된 원고를 수집하여 다시 쓴 것임)의 이야기를 써 놓고 소설 마지막에 '이게 뭐라고… 쓸 필요 없어!'라며 던져 버리고 끝내는 꼴이 아닌가.

호(好), 좋음에 관한 역설

정작 '끝남'을 이야기하려면 『홍루몽』의 맨 처음으로 가야 한다. 끝을 말해 놓고 시작하며, 여인들의 죽음을 예언해 놓고서 그 삶을 이야기하는 『홍루몽』은 '끝'에 대한 오마주다. 1회에 등장하는 「호료가」(好了歌)는 진사은이 출가하기 전에 그를 깨달음으로 이끈 절름발이 도사의 노래다.

세상 사람 모두 신선 좋은(好) 줄은 알면서도
오로지 부귀공명을 잊지(了) 못한다네!
고금의 장수 재상 지금은 어디에 있나?
황량한 무덤 위엔 들풀만 덮여 있다네(了).
세상 사람 모두 신선 좋은(好) 줄은 알면서도,
오로지 금과 은을 잊지(了) 못한다네!
하루 종일 모자라다 원망만 하다가는,
돈 많이 모여지면 두 눈 감고 만다(了)!
세상 사람 모두 신선 좋은(好) 줄은 알면서도,
오로지 예쁜 아내만은 잊지(了) 못한다네!
님 살아 있을 땐 날마다 은정 말해도,
님 죽어 떠나면 남을 따라 멀리 간다네(了).
세상 사람 모두 신선 좋은(好) 줄은 알면서도,

오로지 아들 손자는 잊지(了) 못한다네!

어리석은 부모는 예로부터 많았지만,

효도하는 자손을 그 누가 보았는가(了)?제1회(1권, 46쪽)

　　진사은은 덕이 있고 마음씨 고운 선비인데, 말년에 그에게
덮쳐 온 뜻밖의 불운은 그야말로 마른하늘에 날벼락이었다. 졸지
에 외동딸을 잃어버렸고, 집도 불타 없어졌다. 때문에 곤궁함과
괴로움이 깊어질수록 그는 '운명이란 어찌하여 이런가?'라는 한
탄을 하게 되었다. 어디 하소연할 데도 없이 억울한 일을 당하면
누구나 '왜 나한테 이런 일이!'라는 생각에 괴로움의 병을 키우지
않던가. 이때, 삶의 깊은 회한에 잠긴 그의 귀에 들려 온 노래가
한 자락 있었으니, 그 노래에는 온통 '호'(好)자와 '료'(了)자뿐이
었다. 한 글자씩 따로 떼어 내면 '좋음'과 '끝'의 뜻인데 도사는 이
두 글자를 이용해서 "세상의 모든 일이란 좋은 일이면 끝나는 거
고, 끝나면 좋은" 거라며 자기 노래를 소개한다. 이것은 바꾸어 말
하면 "끝나지 않으면 좋지 않은 것이며, 만일 좋고자 한다면 반드
시 끝나야 하는 것"이 된다. 그러나 보통 사람들은 모두 끝나는 걸
싫어한다. 보옥이가 사람들이 모이면 헤어지는 걸 싫어하고, 예
쁜 여자아이들이 시집가는 걸 싫어하고, 죽는 걸 사무치게 슬퍼
하는 것처럼 말이다. 또 우리는 꼭 끝나야만 한다면 좋게 끝나길
바라며 끝이 좋으면 다 좋다고 한다. 과정이야 어떻든 좋은 결말

을 맺으려고 노력하는 이유도 결과가 과정 전체를 결정한다고 여기기 때문이다.

그런데, 「호료가」를 부른 도사는 좋은 끝이 아니라 끝 자체가 좋은 거라고 한다. 이 말은 고통 속에 있거나, 뭔가를 견디고 있는 사람에게는 유효한 말이다. 괴로운 현실 속에 있는 사람들은 '이 또한 지나가리'를 되뇌며 얼른 '끝'이 오기를 기다린다. 하지만, 좋은 시절을 사는 사람에게 '끝'은 두려움이 된다. '사랑이 식으면 어쩌지?', '사랑하는 가족이 우리 곁을 떠나면 어쩌지?', '인기가 식으면 어쩌지?' 행복 속에서도 이런 걱정에 두려움이 엄습한다.

중년인 나도 짧지 않은 인생의 경험 속에서 '끝'이 필연인 것을 안다. 도사의 노래처럼 눈앞의 모든 것이 다 허망하게 사라지는 건 기정사실이다. 부귀도, 영화도, 연분도, 그 끈끈한 자식 사랑도! 그러나 그 끝을 피할 수 없다는 것을 아는 것이지, 좋다고 생각하지는 않았었다. 그런데 「호료가」는 좋건 싫건 모든 건 끝이 나는 것이 이치이고, 세상은 내가 원하는 대로가 아니라 이치대로 돌아가는 것이 좋은 거라고 말한다.

그래서 거꾸로 생각해 보았다. 만약 내가 두려워하는 끝이 안 오면 정말 좋을까? 행복한 순간이 끝없이 지속된다고 상상을 해보면 어떨까? 사랑하는 남녀가 10년, 20년이 지나도록 꿀 떨어지는 눈빛으로 서로를 바라본다면? 아이가 크지 않고 영원히 귀여운 짓만 한다면? 어떤 한 기업이 영원히 국내 1등 기업이라면?

끝나서 서글픈 것과는 비교도 안 되게 끔찍한 재난으로 느껴진다. 그거야말로 큰일이 아닌가.

무언가에 대해 '소중하다'라는 느낌과 집착을 갖는 이유는 바로 '끝'이라는 필연을 알고 있기 때문이다. 끝이 있기 때문에 '끝나지 말기를' 바라는 마음이 생기면서 그 순간을 붙잡고 싶어 한다. 끝이 없으면 소중함도 없고, 집착도 없고, 즐거움도 없다. '죽음'이 없어지면 '삶'도 없어진다. 그러니 무언가를 소중하게 여긴다면 우리는 먼저 그것의 '끝남'에 감사해야 할 일이지 않을까? 끝남이 있기에 그것이 비로소 내게 소중한 것이다. 오호라, 그렇다. 끝나는 것은 좋은 것이고 좋고자 한다면 꼭 끝나야 한다!

료(了), 생주이멸의 변화

'끝'에 대해 한 걸음 더 들어가 보자. 어떤 것이 끝난다는 이치가 물질적인 차원에서만 이루어지는 거라면 거기선 어떤 슬픔도 발생하지 않는다. 그 물질에 대한 우리의 집착 때문에 비극과 연민이 발생한다. 그럼 부귀니, 사랑이니 하는 그 집착의 마음들은 어디서 온 것인가?

『금강경』에는 "일체유위법은 꿈과 같고 꼭두각시(幻)와 같고 물거품과 같고 그림자와 같으며, 또한 이슬과 같고 번개와 같으니 마땅히 이와 같이 관할지니라"(一切有爲法 如夢幻泡影 如露

亦如電 應作如是觀)법륜, 『법륜스님의 금강경 강의』 정토출판, 2019, 477쪽라는 사구게가 나온다. 유위법이란 우리가 생각과 마음으로 세상을 분별하는 것을 말한다. 그래서 우리가 보고 듣고 맛보며 받아들이는 세상 모두를 유위법이라고 한다. 돈에 대한 집착과 자식에 대한 사랑도 모두 우리가 인식해서 만들어 낸 상(相)일 뿐이라는 것이다. 세상만사가 인식주관 안에서 만들어지는 것일 뿐, 원래는 그런 게 없다! 마음 역시도 물질처럼 없다가 생겼고, 생겼다가 없어진다. 눈앞에 보이는 존재는 매 순간 변하기 때문에 정해진 실체가 없다. 하지만 우리의 생각은 그 변화를 알아채지 못한다. 어떤 정보를 받아들여 인식하는 과정에서 상을 만들지만 그 순간 이미 대상은 변해 버렸기에 그 상은 실체 없는 허상인데도 머릿속에선 내가 만든 어떤 것을 계속 떠올려서 생각하고 말하고 미래의 계획도 짠다.

'了'는 단독으로 한 글자만 보면 '끝나다'이지만 「호료가」의 내용 안에서는 끝남의 뜻이 아니라 동사 뒤에 붙어서 시간에 따른 상황의 변화를 나타내는 어기사이다. 그래서 풀이(草) 덮이게 (没) 되었다(了)이고, 눈을(眼) 감게(閉) 되었다(了)이다. 동작의 '완성'을 나타내면서도 '변화' 중에 있음을 내포하는 것이다. 일체 유위법은 생주이멸(生住異滅)한다. 생겨났다 머물고 변화하다 없어져 버리는 것이다. '了'라는 글자 하나에는 '끝'과 '변화'가 함께 들어 있고 「호료가」는 그 둘을 모두 품고 있는 노래다.

진사은에게 있어 딸의 죽음과 화재 사건은 이미 지나갔고, 세월과 함께 몸도 늙어 가건만 왜 마음은 여전히 괴로울까? 괴로움이라고 변하지 않을 리 없다. 모든 것은 생주이멸하니까. 마음이 괴로움을 꽉 붙잡고 있던 건 아닐까? 「호료가」를 듣고서, 괴로움이 포말처럼 터져 버리는 순간! 진사은은 「호료가」를 해석한 답가를 부르고서 그 자리에서 도사를 따라 사라졌다.

누추한 집이언만 탁자 그득히 홀이 있었고,
황량한 폐허에도 노래하고 춤추던 곳이었다네.(……)
기름기 자르르 향내 진하다 말할 때가 언제인데
어이하여 귀밑머리 하얀 서리 내렸나.(……)
자식 잘 가르친다 소문났어도 훗날에 강도될 줄 그 누가 알 수 있나.(……)
어제는 해진 솜옷 가련하게 여기더니
오늘은 보라색 망포옷이 끌린다고 싫어하네(……)제1회(1권, 48쪽)

「호료가」에 대한 진사은의 답가는 모든 것이 변하기 때문에 누구도 미래를 알 수 없고, 어느 것 하나 머물러 있지 않다는 '변화'에 초점이 맞춰져 있다. 『금강경』의 사구게도 만사를 거품과 환영이라고 하면서 동시에 이슬과 같고 번개와 같다고 한다. 해가 뜨면 사라져 버리는 이슬과 치는 순간 사라지는 번개로 비유한 것은, 만사는 찰나에 지나가 버리는 현상일 뿐 아무것도 머무르는 것은 없으니 집착하지 말라는 뜻이다. 도사와 진사은의 노래는 허망하게 사라지는 '끝'을 말하면서 동시에, 만들어진 모든 집착은 '변화'해 간다는 점에서 세계의 '공'(空)함을 깨우치고 있는 것이다.

끝과 시작

『홍루몽』을 3년 동안 읽었다. 햇수가 길어짐에 따라 한 책을 너무 오래 읽고 있다는 생각도 했고 내가 무언가 안다고 얘기하기엔 『홍루몽』이라는 바다가 너무 넓고 깊게 느껴지기도 했다. 이제 『홍루몽』의 마지막을 쓰면서 다시 맨 앞 1회의 「호료가」를 뒤적이며 읽다 보니, 다시 한번 이 책을 읽고 싶다는 생각이 들었다. 여태까지 읽은 것이 미진한 것 같고 다시 읽으면 새로운 의미를 찾을 수 있을 것만 같다. 그러나 마감이란 끝을 알려 주며 미련을 싹둑 잘라 내는 가위 같은 것이다. 좋은 끝을 보고 싶다는 욕망은 무겁고 질척거리는 것이기에 '이만 끝내는 게 좋을걸?'이라는 냉정한 마감의 시간은 홀가분함을 맛보게 해준다. 좋은 끝이라서가 아니라, 끝이라서 좋은 것이다.

하지만 '끝'이 한 번만 있었다면 모든 것이 한 번에 사라질 것이기 때문에 「호료가」라는 노래도 나오지 않았을 것이다. 노래에는 그 좋다는 '끝'(了)이 끊임없이 이어지는데, 그건 끝나도 끝나도 계속해서 새로운 것이 생겨나기 때문이다. 새로운 만남, 새로운 번뇌, 새로운 욕망, 새로운 삶이 바다 위의 파도에 생기는 포말처럼 생기고 사라졌다 생기고 사라졌다를 반복한다. 끝과 시작이 원환처럼 연결되는 『홍루몽』처럼 나도 언젠가 새로운 인연의 장에서 『홍루몽』을 다시 만나게 될 것 같다.

『홍루몽』 명문장 30선

1. 말라 죽은 낙타도 말보다는 크다. 제6회(1권, 163쪽)

돈을 얻으려 가부를 찾은 유노파. 희봉이 대갓집이라고 겉만 번드르르하지 자기네도 어렵다고 하자, 유노파가 넉살을 부리며 늘어놓는 속담이다. '부자는 망해도 삼 년은 간다'와 상통하는 속담이다.

2. 밥상 위의 밥알들은 알알이 피땀. 제15회(1권, 315쪽)

가부의 장례 행렬에서 빠져나와 잠시 농가에서 쉬어 가는 보옥의 일행. 삽과 가래, 호미와 쟁기 같은 것을 처음 본 보옥이 궁금해하자 하인이 일일이 설명해 주었다. 보옥은 이 속담을 상기하며 농부들의 고된 노동을 생각했다.

3. 높은 데 오르면 떨어질 때 더 아프다,

    고목나무 쓰러지면 원숭이 떼 흩어진다. 제13회(1권, 276쪽)

부귀영화가 언제까지나 가는 것은 아니니 교만하지 말고 대비하라는 조언이다. '천릿길 가는 잔칫상도 끝나는 날 있다'라는 속담과 함께 『홍루몽』에 계속 나오는 말들이다. 비슷한 속담이 이렇게 많다니! 하지만 계속 듣는다고 해도 그날을 대비하는 자가 몇이나 될까?

4. 꽃송이를 불태우고 사향을 흩어지게 하여야 규중에 비로소 충고가 잦아들 것이요, 보차의 신선 같은 자태를 베어 버리고 대옥의 신령스런 지혜를 재로 만들며 정감과 의지를 줄여야 비로소 규중의 고움과 미움의 차별이 없어질 것이다. 제21회(2권, 31쪽)

보옥이 『장자』 「외편·거협편」을 패러디하여 지은 문장의 일부. 장자는 천재적 음악가의 귀를 막아 버려야 사람들이 진정한 귀를 갖게 되고, 명장의 손가락을 분질러야 사람들이 진정한 기교를 가지게 된다고 했다. 기준이나 척도가 사물들의 고유한 면모를 획일화하는 것을 풍자한 것인데, 보옥이에게는 보차와 대옥이 모든 미의 기준이요, 아름다움의 최고봉이기에 그녀들을 천재적인 예술가와 장인에 대입한 것이다.

5. 벌거숭이 이 한몸, 어디든 오고 감이 걸릴 것 없네. 제22회(2권, 54쪽)

『수호지』 연극 중에서 노지심이 사부님께 작별을 고하는 노래(기생초)의 한 구절이다. 보차가 이 노래를 불러 주자, 보옥은 이 대목을 가슴에 담아 두었다가 자매, 시녀들과 갈등을 겪을 때 이 구절을 생각해내고, 크게 느낀 바가 있어 즉석 오도송을 짓는다.

6. 내가 없으면 너도 없는 것, 남이 모르면 그냥 두어라. 어디 가든 걸림 없이 오고 가리라. 제22회(2권, 55쪽)

보옥이 지은 오도송에 달린 노래의 한 구절이다. 자매들이 왜 자기를 모른 척할까? 그 괴로움에 이런 게송을 지었다. 멋진 문구인데, 요는 자기도 모른 척하겠다는 말이다.

7. 잘 자란 묘목에 이삭은 안 달리고, 은빛 창끝은 백랍처럼 흐물대는 꼴. 제23회(2권, 83쪽)

보기는 좋으나 쓸모가 없다는 의미로, 대옥이 보옥을 빈정거리는 말이다. 이 문장은 이들이 함께 읽은 『서상기』에서 따온 말이다.

8. 규중의 아가씨는 가는 봄을 슬퍼하며,
사무치는 수심을 풀 길이 없네,
손에는 꽃괭이 들고 규방 문 나섰으나,
차마 꽃잎 밟지 못해 오락가락하누나. 제27회(2권, 178쪽)

대옥이 꽃잎을 묻어 주면서 읊조린 노래 중 두번째 구절이다. 봄꽃이 떨어지는 가운데 대옥이 꽃삽을 들고 오락가락하는 모습이 눈앞에 그려진다.

9. 아무 일 없더라도 늘 일이 생긴 듯 생각하라. 제34회(2권, 324쪽)

집안일을 처리하는 데에 자기만의 윤리를 갖고 있는 가부의 시녀들. 습인이 보옥과 대옥의 일을 사전에 방비하고자 왕부인께 고하면서 하는 말이다. 집안을 다스리는 윤리가 철저하다.

10. 병이 올 때는 산이 무너지듯 갑자기 오고 병이 갈 때는 누에 실 뽑듯 천천히 간다. 제52회(3권, 298쪽)

성질이 불같은 청문이가 약을 먹어도 자기의 병세가 호전될 기미가 보이지 않자 의사를 한바탕 욕했다. 그때 사월이 청문을 달래며 병이 올 때와 갈 때의 이치를 이렇게 얘기한 것.

11. 넘어지는 돌담에 달려들어 밀어 버린다. 제55회(3권, 376쪽)

하는 일마다 문제를 일으키는 사람이 있다. 그래서 사람들이 자기들이 책임지기 싫은 문제를 그 사람이 또 말썽을 일으킨 것으로 뒤집어 씌울 때가 많음을 지적하는 속담으로, 현명하기 이를 데 없는 시녀 평아가 능구렁이 같은 어멈들을 꾸짖으며 하는 말이다. 무슨 문제든 세심히 살피지 않고, 항상 욕먹던 사람을 또 탓하는 걸로 끝내 버린다면 시끄럽게 푸닥거리한 보람도 없이 문제는 결코 해결되지 못할 것이다.

12. 요행으로 얻은 이득 때문에 부지런 떠는 자는 끝내 게을러지기

마련이고, 좋은 말만 하는 자는 결국 제 실속만 차리리라. 제56회(3권, 393쪽)

대관원의 노는 땅을 일 없는 할멈들에게 관리하게 하여, 그들에게도 이익을 분배하기로 했다. 어떤 할멈들에게 시킬까? 열심히 하겠다고 너도나도 분주히 나서는 할멈들을 보며 탐춘이 어떠냐고 묻자 보차가 대답한 말이다.

13. 매사에 큰일은 작게, 작은 일은 없게 만드는 게 바로 집안을 일으키는 근본이에요. 만약 작은 일 하나를 제대로 처리하지 못하여 방울을 흔들고 북을 쳐 대며 난리친다면 도리가 아니에요. 제62회(4권, 43쪽)

일 처리 잘하는 시녀 평아가 또 시끄러운 하인들 분쟁을 한 건 해결한다. 그녀는 집안을 다스리는 법도를 누구보다도 잘 알고 있다.

14. 하늘의 법망은 넓고도 커서 비록 성기기는 하지만 빠뜨리는 법은 없다. 제69회(4권, 251쪽)

우이저와 우삼저의 (꿈속) 대화 중 나온 말. 우이저가 자신이 저지른 행실에 대한 과보를 받는 중이니 시련을 참아 보겠다며, 그러다 보면 하늘이 가련히 여겨 줄 수도 있지 않겠냐고 했더니, 삼저가 대답한 말이다. 그렇게 견디고 참는다고 만일의 요행이 생길 리가 없다. 하늘의 이치는 가혹하리만치 정확하고 동정심 없이 그저 이치대로 행해질 뿐이라는 것. 원문은 '천망회회 소이불실'(天網恢恢, 疏

而不失),『노자』에서 따온 말이다.

15. 선악과 생사는 부자간에도 서로 도와줄 수가 없다. 제74회(4권, 392쪽)

막내아가씨 석춘은 자기네 집인 녕국부에서 온갖 추태가 벌어지는 걸 참을 수가 없다. 석춘이 녕국부의 행태를 비판하자 시누이가 한 집안 식구끼리 어떻게 그럴 수 있냐고 따져 묻는다. 이에 당돌한 석춘이가 시누에게 대답한 말이다. 자신은 깨끗하게 출가하고 싶을 뿐이니, 그 집안일에 자기를 끼워 넣지 말라는 것.

16. 만사가 다 완벽하기를 바란다면 어찌 즐거움이 있으랴. 제76회(4권, 439쪽)

달 밝은 밤에 술 한잔을 걸치고 연못을 바라보며 운치를 즐기는 대옥과 상운이. 상운이 배를 끌어내 타면 더 좋을 거라고 하자, 이만하면 되었지 다른 걸 더 원하면 끝이 없다는 대옥의 말. 반대말은 바로 이어지는 상운의 대답, '농 땅을 얻으면 촉 땅을 바라본다'이다.

17. 어린애들은 천천히 가르쳐야 하는 법이다. 그야말로 '똥보는 한 술에 그렇게 살찐 것이 아니다'라는 말도 있지 않니? 제84회(5권, 97쪽)

보옥이의 교육에 아버지 가정이 걱정을 하니, 자애로운 가모가 조급하게 닦달하지 말고 천천히 가르치라고 당부하는 말이다.

18. 마음으로 생긴 병은 마음으로 고치고, 범의 목에 달린 방울, 단 사람이 떼는 법 제90회(5권, 236쪽)

보옥의 혼사에 관한 헛소문을 듣고 대옥이 죽을병에 걸린 듯했다가, 그게 헛소문이라는 것을 알게 되자 희망을 얻고서 기운을 차리게 되었다. 대옥은 자기 목숨을 보옥과의 인연에 모두 걸었으니, 그런 소문들은 범의 목에 달린 방울소리와도 같은 것이다. 조그만 '딸랑' 소리에도 식겁해서 목숨이 오락가락하다니! 범 목에 달아 놓은 방울을 떼면 될 것을!

19. 이 저승이란 곳은 있다면 있고 없다면 없는 거야. 그건 모두 속세의 사람들이 죽고 사는 일에 얽매여서 만들어 낸 말로서 사람들을 깨우치려고 지어낸 거지. 제98회(5권, 426쪽)

죽은 대옥의 영혼을 찾아 보옥이 꿈결에 저승으로 따라간다. 저승사자가 죽은 자는 형상이 없기 때문에 찾을 수 없을 거라고 하자, 그럼 왜 저승이 있냐고 되묻는 보옥. 저승사자가 대답하길, 그건 인간들이 믿고 싶은 대로 믿는 것일 뿐이라고.

20. 몸에는 반드시 오는 곳이 있고, 감에는 반드시 방향이 있습니다. 제103회(6권, 83쪽)

가우촌과 진사은이 다시 만났을 때, 진사은이 선문답처럼 건넨 말이다. 사람의 인생은 필연적인 인연과보로 이루어져 있다는 말인

듯하다.

21. 가난뱅이가 된 걸 알면 내가 견디지 못하고 죽을 거라고 생각하겠지만 난 그런 사람이 아니야. 제107회(6권, 155쪽)

부귀영화를 누리던 사람들이 갑자기 가난해지면, 견디지 못하고 병을 얻거나 좌절 속에 살아가기 십상이지만, 가모는 자신이 누리는 안락한 삶이 어떻게 만들어진 것인지, 또 어떻게 지켜야 할지를 항상 생각했다. 재물이 모이고 권력이 만들어지는 걸 손바닥 보듯 훤히 꿰는 사람은 그것이 있는 삶도, 없는 삶도 능히 기껍게 살아갈 수 있다.

22. 사람이란 이 세상에 살아 있을 적에는 마음이니 정이니 하는 것이 있지만 죽고 난 후에는 각자 다른 길로 가는 법이므로, 생전에 이런 사람이었으니까 죽어서도 그런 사람이거니 생각하면 안 되는 거야. 제109회(6권, 189쪽)

오매불망 죽은 대옥을 그리워하며 지내는 보옥을 타이르기 위해, 보차가 습인을 불렀다. 보차가 습인에게 하는 말이지만 사실 보옥이 들으라고 하는 소리다. 죽은 사람에게 정(情)이 무슨 소용이란 말인가?

23. 사람은 이름나는 것을 두려워하고 돼지는 살찌는 것을 두려워한

다. 제83회(5권, 81쪽)

가부의 경제는 점점 속 빈 강정이 되어 가는데, 세상 사람들은 가씨 가문이 금은보화를 산더미처럼 쌓아 두고 사는 줄 안다고 희봉은 걱정한다. 이름이 나는 것조차 조정에 불려나가 풍파에 시달리거나 구설수에 휘말릴 위험이 있으니, 마치 제사상에 오를까 두려워하는 돼지처럼 경계해야 한다고 하거늘, 부자라는 허명은 얼마나 두려운 것인가.

24. 모란이 고운 것도 푸른 잎이 받쳐 주기 때문. 제110회(6권, 232쪽)

그토록 능력 있던 희봉이 가모의 장례식에서 우왕좌왕한다. 어른들이 돈을 내놓지도 않고 아랫것들도 제대로 움직여 주질 않는다. 큰일들을 멋지게 일사천리로 해나가고, 아랫것들을 호령하던 희봉의 모습은 혼자 잘나서 해냈던 게 아니었던 것이다.

25. 속된 인간이야말로 좋은 인연을 얻게 된다. 제115회(6권, 332쪽)

이 말은 정말 속된 사람에 대한 말이 아니라, 너무 고고하던 여스님에게 속되다고 업신여김을 당했던 여승들의 말이다. 한 점의 티끌도 부정하며 홀로 고원한 경지에 있다고 자처하던 여스님이 오히려 강도에게 납치되는 재난이 벌어졌기 때문에, 인연의 소중함을 강조하는 말이다.

26. 가짜가 가고 진짜가 오니 진짜가 가짜를 이기고 假去眞來眞勝假

없음은 본시 있음이요 있음은 없음이 아니다. 無原有是有非無 제

116회(6권, 355쪽)

시종일관 헷갈리는 진가(眞假)의 역설. 보옥의 꿈속에 나타난 태허
환경에 걸려 있던 대련의 구절이다. 진가(眞假)와 유무(有無)란 인
식주체의 머릿속에서 일어나는 표상일 뿐, 그 기준은 무엇이며 또
누가 판명할 수 있을까? 한갓 말장난이 아닐까?

27. 기쁨과 슬픔은 모두 허망한 것이요, 喜笑悲哀都是假

욕심과 사랑은 언제나 어리석은 것. 貪求思慕總因痴 제116회(6권,

356쪽)

태허환경의 전각에 걸려 있는 편액의 내용. 진부한가? 다시 한번 읽
어 보자.

28. 그저 오던 곳에서 왔고 가는 곳으로 가는 것일 뿐! 제117회(6권, 378쪽)

보옥이의 옥을 찾아 준 스님이 "혹시 태허환경에서 왔냐"는 보옥의
질문에 대답한 말. 오고 감이 따로 없다. 어디서 왔는지도 모르는데
어디로 가는지 어떻게 알겠는가. 우리는 그걸 모른 채 살고 있는 존
재인 것이다.

29. 내전의 말 속엔 불성이 없고, 内典語中無佛性

금단의 법 밖에 선주가 있네. 金丹法外有仙舟 제118회(6권, 422쪽)

내전은 불교서적, 금단은 불로장생의 약이다. 보옥이 마치 보차의 등쌀에 못 이겨 불경과 도가의 책들을 치우고 과거 공부에 전념할 듯하지만, 사실 보옥은 이미 책에 담을 수 없는 진리를 체득했다. 강을 건너고 나면 나룻배를 버리듯, 이제 보옥에게 불교와 도교의 책은 필요 없다.

30. 이야기가 슬픈 곳에 이르면, 說到辛酸處,

황당할수록 더욱 서글프다. 荒唐愈可悲,

원래부터 모두가 꿈인 것을, 由來同一夢,

세인들이 어리석다 비웃지 말라! 休笑世人痴! 제120회(6권, 484쪽)

『홍루몽』의 맨 마지막을 장식하는 시다. 한바탕 꿈일 뿐이라는 이야기를 전하면서도 정에 연연하던 어리석은 사람들을 비웃지 말라고 한다. 삶은 한 편의 비극이다. 사람들이 연연하는 것들이 모두 부질없는 것임에도 우리는 그것들 때문에 울고 웃는다. 황당할수록 비극적이다. 하지만 그게 삶이라고, 우리의 삶을 있는 그대로 긍정하길 바라는 메시지로 끝을 맺는다.

[남경여행기] 꿈속의 꿈 —붙박이장의 홍루몽

2018년, 봄과 가을 두 번에 걸쳐『홍루몽』을 읽는 세미나를 열었다. 그 중 가을 세미나는『홍루몽』을 읽는 것뿐 아니라, 저자인 조설근이 어린 시절을 보낸 난징(남경)을 짧게 여행하는 콘셉트로 진행했다. 얼마 만의 여행이란 말인가! 라고 감격하여 들뜨는 한편, 너무 오랫동안 여행을 안 했던 나머지 뭐부터 준비해야 할지도 모르겠는 데다 빡빡한 스케줄이 부담되기도 했다. 공부고, 집안일이고 누가 내 대신해 줄 것도 아닌데 내가 여기서 훌쩍 빠져도 되나? 나는 어느새 일상의 쳇바퀴 속에서 엉덩이가 이렇게나 무거워져 있었다. 새로 마련한 남청색 캐리어는 매끈하게 마루에 서 있는 폼이 당장이라도 여행 갈 자격이 충분해 보였으나, 출발 전날까지도 왠지 저 캐리어와 나는 아무 상관이 없이, 이곳에 계속 있을 것 같은 붙박이장처럼 느껴졌다.

한곳에 박혀 움직이지 않는 것으로 최고를 꼽자면 단연 바위가 으뜸이다. 청경봉 아래서 몇 겁의 세월 동안 그 자리를 지키고 있던 석두가 『홍루몽』의 주인공이 된 건 오로지 그 자리를 떠나 다른 경험을 해보겠다는 마음이 일었기 때문이었다. 인간세상을 맛본 후엔 자기가 있던 곳으로 홀연 돌아왔으니 '훌쩍 떠나기'가 바로 석두 보옥이의 전매특허다. 붙박이 큰바위인 석두가 신선들의 도움으로 작은 옥돌이 되어 도사의 소매에 들어가 그 자리를 떠났듯, 익숙한 일상에 푹 찌든 이 붙박이장에게도 도사가 필요하다. 우리 여행의 일행은 나까지 총 5명이었는데, 두 청년 S와 M이 여행의 크고 작은 실무를 도맡아 주었고, 여와씨, 복희씨 두 선생님은 여행 경비를 다 대주셨다. 나는 봄부터 내내 같이 『홍루몽』 여행을 가자고 도반들을 꼬셨지만, 정작 떠날 때가 되자 그들이 나를 데리고 떠날 도사의 소매 주머니가 되어 준 것이다.

동방명주의 낮과 밤

콘셉트는 난징 여행이었지만, 구체적 일정은 상하이로 들어가서 쑤저우(蘇州)를 거쳐서 마지막에 난징으로 가는 계획이다. 우리가 상하이로 먼저 들어간 것은 『홍루몽』 속 대관원을 재현한 '상하이 대관원'을 보기 위해서였다. 그런데 상하이 대관원은 우리 숙소가 있는 상하이 중심가에서 예상보다 너무너무 멀었다. 기사에게 구글맵 예상 시간의 두 배가 걸릴 거라는 걸 듣고 부랴부랴 택시를 멈춰 세웠다. "팅쳐(停车)~ 팅쳐~!" 우린 첫날의 일정을 변경하고 와이탄 근처에 자리잡은 숙소를 향해 걸었다.

와이탄 주변 건물들의 모양은 기기묘묘하다. 머리에 왕관을 쓴 듯한 건물도 있고, 꼭대기가 씹다 뱉은 풍선껌처럼 울룩불룩한 건물도 있다. 건물은 평범한 네모네모인데 모두 위에 중세시대의 가발을 하나씩 쓰고 있는 듯, 어색하게 꾸며 놓은 회색빛 도시였다.

그런데 저녁을 먹고서는 산책을 하려고 다시 와이탄 강가로 나섰을 때, 갑자기 우리 눈앞에 별천지가 나타났다. 낮에 보았던 어색한 건물들은 지금 이 시간을 기다려 왔던 듯, 화려함과 아름다움을 뽐내고 있었다. 역시! 오늘밤 무도회를 기다리며 낮부터 가발 쓰고 화장을 하고 있던 거였다. 조명발 잘 받으라고 덕지덕지 한 화장이 햇빛 아래서는 영 어색하지 않던가. 씹다 뱉은 껌은 맨드라미 꽃의 형태로 피어났고, 감동이 없던 동방명주는 과연 새빨간 구슬의 아름다움을 드러내며 주인공의 자리를 차지하고 있었다. 아, 이것이 상하이의 밤이었다. 아니, 이것이 상하이였다! 화려함과 부의 상징! '나의 부를 보아라!'라는 조명의 외침에 나는 어지러웠다.

『홍루몽』에도 깊은 어둠과 화려한 부(富)의 대비가 뚜렷하게 드러나는 장면이 있다. 바로 귀비의 성친행사다. 귀비는 가마 안에서 밖을 바라보면서 너무 호화롭게 꾸며 놓은 정원을 보고 탄식을 금치 못했다. 대낮처럼 밝혀 놓은 정원을 둘러보는 장면은 가문의 부와 권력의 성대함을 확인하는 시간이었다. 상하이 와이탄에서 발견한 밤의 화려함 역시 어둠이야말로 인간이 쌓아올린 것을 빛나게 하는 최고의 도화지라는 걸 깨닫게 해준다. 가부의 부가 보름달이 이지러지듯 서서히 스러져 간 것처럼, 이토록 매력적인 와이탄의 화려한 조명 빛들도 그렇게 허망하게 스러질까? 헛된 꿈이라고 말할 수 있을까? 내 눈앞의 상하이의 밤은 허상이 아니라 실체가 있는 확실한 욕망이었다. 그것은 아주 힘이 센 것이다. 아름다운 야경은 우리의 발길을 끌어당기고, 어둠이 감추고 있는 것을 망각하게 한다.

이것은 꿈이다

여행을 가기 전에 감이당에서 『원각경』(圓覺經) 강의를 들었다. 총 3번의 강의 중 두 강을 듣고 세번째는 여행일정과 겹쳐서 못 듣게 되었다. 뭔 말인지 도통 알 수 없는 말들을 스님께선 쉽고 재밌게 설명해 주셨다. 기억을 더듬어 보자면 '원각'(圓覺)이란 시간이 없는 것이며(timeless), 공간이 없는 것이며(spaceless), 어떤 경계도 없는(limitless) 상태라고 한다. 하지만 그런 세계가 어디에 존재하는가? 바로 여기가 그렇다고 한다. 깨닫는 순간 그렇게 존재하는 세계를 인식하게 되며, 세계는 '깨달은 상태'로 존재한다고… 아리송하다. 설명이 쉽고 재밌었을 뿐, 내용은 결코 쉽지 않았다. 세계가 그렇다는 것을 알기란 손으로 코를 만지는 것만큼 쉽다고 하셨건만, 내 손과 코는 만날 수 없는 거리만큼 떨어져 있기라도 한 건가!

스님께선 숙제를 하나 내주셨는데 일주일 동안 '이것은 꿈이다', '지금 나는 꿈을 꾸고 있다'라는 생각을 하면서 생활을 해보라는 것이다. 어차피 나는 『홍루몽(夢!)』 여행을 해야 한다. '만사가 공으로 돌아간다'는 『홍루몽』 탐사에 딱 맞는 숙제다. 더군다나 집안일과 공부 사이에서 쳇바퀴 돌던 붙박이장 신세였으니, 이 여행은 그야말로 꿈만 같은 일이 아닌가.

그러나 둘째 날, 이게 꿈이라면 얼른 깨길 바라는 일이 생겼다. 아침 일찍 상하이를 떠나 쑤저우 기차역에 도착했고, 사건은 일행이 택시 두 대를 나눠 타고 숙소를 향해 출발했을 때부터다. 그 숙소는 요즘 유행하기 시작한 '객잔'(客栈)이라는 개인 민속숙소로서 말하자면 에어비앤비 같은 것이다. 그래서 기사의 내비게이션에 숙소 이름이 안 나와 주소만 찍고 그 근방에 내려서 찾아가야 했다. 우리 택시가 먼저 도착을 했고 내가 혼자서 저쪽 골목을 살펴보고 오겠다며 횡단보도를 건넌 그 순간! 바로 그 순간이 악몽의 시작이었다. 나는 길을 잃고 헤맸다. 아~주 오랫동안 비를 맞으며 이 동네 저 동네를 유람했다. 그사이 일행들은 모두 안

전하게 숙소에 들어가서 나를 기다렸고, 숱한 카톡 연락에도 내가 두 시간 가까이 못 찾아오자 모두들 걱정을 했다. 원인은 내 구글맵의 GPS가 먹통이 되어서 계속 엉뚱한 곳을 가리켰기 때문이었는데, 그걸 몰랐기에 계속 지도 앱을 켜 놓고 그걸 보면서 일행과 카톡을 했더니 폰 배터리마저 쑥쑥 줄어들었다. 나는 멘붕이 되고 말았다.

내가 있는 곳을 멀리 위에서 보듯이 가늠해 보는 것, 이것을 맵핑이라고 하는데, 내 위치를 아는 것은 내가 누군지, 어디로 가야 하는지, 뭘 해야 하는지까지도 일정한 거리를 두고 생각해 보는 힘을 준다고 한다. GPS 고장으로 위치를 알 수 없게 되자 나는 생각을 할 수가 없었다. 나침반을 바다에 빠뜨려 망망대해에 떠 있는 기분. 그렇다, '위치'는 생각의 대전제였다!

이 글을 쓰는 지금은 '그때 이랬으면 됐을걸' 하며 가볍게 생각하고 있지만, 그건 내가 지금 서울, 나의 집, 책상이라는 위치를 점유하고서 천천히 생각을 하고 있기 때문에 가능한 것일 것이다. 완벽히 시간(time)과 공간(space)과 경계(limit)를 지닌 이 상태는 너무나 안정감을 준다. 그런데 『원각경』의 가르침은 이 안정된 상태가 바로 꿈이라는 것이다. 그럼 시공의 경계가 무너진 상태가 세계의 원래 모습이라면 내가 길을 잃고 헤매던 때 나는 실상을 맛본 것인가? 안 돼! 악몽이건 실상이건 다시 경험하고 싶지 않다.

다시 택시를 타고서 횡단보도를 건너기 전 장소로 돌아왔다. 어딘가 멀리서 일행들이 질러 대는 소리가 들린다. 나를 부르는 것이다. 넓은 사거리에서 내 눈은 아직 그녀들을 발견하지 못했지만, 나는 그 소리에 행복한 안도감을 느꼈다. 『원각경』의 말대로라면 경계가 있는 꿈으로 다시 들어가는 것일까? 어쨌든, 나는 '이것은 꿈이다'의 과제를 멋지게 수행한 셈이다. 꿈을 한 번 깨기까지 했으니 말이다. 이렇게 시간이 없고, 공간도 없고, 어떤 경계도 없는 경지를 경험하느라, 둘째 날의 오전 일정은 원각의 세계로 날아가 버렸다.

상하이 대관원―보옥이의 거울 방

쑤저우는 서쪽에 타이후(太湖)라는 어마어마하게 큰 호수와 동쪽에 여러 개의 작은 규모의 호수들을 끼고 있는 수로(水路)의 도시다. 중국 강남의 아름다운 정취는 모두 쑤저우와 항저우의 수로와 원림(園林)들에서 비롯된다. 또 이것이 바로 『홍루몽』에 나오는 대관원의 풍경이다.

남동쪽으로 40킬로미터를 달려, 다시 아침에 떠나온 상하이의 변두리로 들어갔다. 상하이 대관원은 상하이 중심가에서보다 쑤저우에서 훨씬 더 가깝다. 대관원은 바다처럼 넓은 호수 위의 섬에 조성되어 엄청 크고 한적했다. 광활한 대관원의 각 처소를 구경하며 녹초가 되어 갈 즘, 우리 앞에 보옥이의 처소 '이홍원'이 나타났다.

S와 M은 사람 키만 한 보옥이의 그림 입간판 옆에 서서 다정하게 사진을 찍으며 헤벌쭉 웃었다. 다년간 솔로 신세인 그녀들은 『홍루몽』을 읽고 정의 화신인 보옥의 팬이 되었다. 보옥이 때문에 눈만 더 높아지는 건 아닌가 걱정이 됐다(보옥이의 에로스의 기운인지 그녀들은 이후에 둘 다 연애를 했고, 이미 헤어졌다. 시간이란 참으로 무상하다). 이홍원에서 가장 인상 깊었던 것은 보옥의 방으로 들어서자마자 떡하니 버티고 있던 큰 거울이다. 소설에서는 처음 온 사람이 거울인 줄도 모르고 다가가 거울 속의 사람에게 말을 건넬 정도로 정교하고 신비하게 설치되어 있는 것으로 묘사되어 있는데, 아마 그렇게까지는 연출하지 못한 듯, 네 개의 육중한 발이 달린 큼직하고 튼튼한 네모 거울이 입구를 가로막고 그냥 서 있었다. 어쨌거나 거울은 보옥이 방만의 특징이었고, 상하이 대관원도 그 점을 투박하게나마 강조하고 있다.

거울은 누구나 알다시피 사물을 비추는 것이다. 그러나 거울은 기대와는 다르게 우리 모습을 그대로 비춰 주지는 않는다. 거울을 볼 때 우리의 시선은 일반적으로 왼쪽을 먼저 보게 되어 왼쪽 안면을 중심으로 내 얼굴을 인식하지만, 타인이 내 얼굴을 볼 때 그 사람에게 왼쪽은 내 얼굴의 오른쪽이기 때문에 타인이 인식하는 내 얼굴은 거울 속의 내 얼굴과 다르다. 이뿐이랴, 두 명의 친구가 나란히 거울 앞에 섰을 때도 시선의 각도가 다르기 때문에 각자가 보는 배경이 다르고, 거울에 비친 상대의 왼쪽 얼굴부터 보게 되기 때문에 거울 밖에서 보던 오른쪽 중심인 친구의 인상과 다르다. 그래서 거울은 언제나 진실이 아니며, 모두에게 다른 세상을 보여 준다. 거울이 가져오는 가장 극적인 혼돈은 아마 서로 마주보고 있는 거울일 것이다. 비춘 것을 비추고, 그걸 또 비추는 몇 천, 몇 만, 몇 억겁의 세상. 거울은 진실과 거짓과 착각의 혼돈이다.

보옥의 아버지와 유노파 등은 이홍원의 방 입구에서 거울 때문에 길을 잃었다. 거울은 보옥이가 어떤 세계를 구성하고 있는지를 보여 주는 장치이다. 그 입구는 명확한 세계로부터 불확실의 세계로 진입하는 틈으로 작용한다. 거울은 그 자리에 가만히 서서 무언가를 비춰 보여 주고 있을 뿐인데, 우리는 그 앞에 서면 문득 길을 잃는다. 거울의 반사는 우리가 예측하는 길을 막아서서 다른 세상을 보여 준다.

이렇게 생각해 보면 어떨까? 지금 우리 옆에 있는 수많은 사람이 모두 거울이라고. 우리는 상대가 보여 주는 세상이 내가 보는 세상과 어긋남을 알고 혼란에 빠지기 일쑤이지 않은가. 분명 같은 것을 보고도 다른 생각을 하고, 심지어 다르게 기억하고 있다는 것은 거울 앞에 나란히 선 두 사람처럼 시선의 각도가 다르기 때문이다. 하나의 답은 존재하지 않으며, 모두 자기가 구성하는 우주를 하나씩 가지고 있는 것. 그리고 가장 중요한 것은 우리는 서로를 비추고 있는 존재라는 것이다. 내가 비추는 것은 무엇인가? 다른 이가 비춘 것을 되받아 비추고 있다. 내가 경험한 세계가 나라는 거울을 통해 다시 사람들에게 전해진다. 그것은 줄곧이렇게 옮겨 다니고 있다. 이렇게 연결된 세계는 아마도 내가 감히 상상할 수도 없을 만큼 끝없이 넓은 인드라망의 세계일 것이다.

난징도서관과 예술─중중무진의 환(幻)

셋째 날, 난징에서의 숙소는 도심의 커다란 호텔이었다. 조설근 기념관이나 다름없는 '강녕직조 박물관'도 호텔과 가까운 난징시내에 자리하고 있다. 조설근과 『홍루몽』에 관한 각종 자료들과 중국 남방의 방직기술을 함께 엿볼 수 있는 곳이다. 그곳들을 둘러보고 나온 시간은 3시 반. 아직 호텔로 돌아가기엔 아쉬운 시간이었다. 그렇다고 다른 곳을 검색해 찾아가기에는 시간이 턱없이 부족하다. 이렇게 애매할 때 시내 중심에 있다는 것은 많은 선택지를 준다. 호텔로 돌아가지 않은 세 명은 바로 사거리 건너에 있는 난징도서관을 가 보기로 했다. 난징시의 대표 도서관답게 일단 거대한 건물이다. 뭐, 중국에서 이런 크기는 이제 놀랄 만한 것은 아니니, 일단 들어간다. 그 거대한 건물이 책으로 채워져 있다는 기대로, 다시 한번 놀랄 준비를 하고서.

　그러나 책을 구경하기도 전에 난관에 부딪혔다. 1층에 있는 한 자료실에 들어가려 하자 도서관 카드가 있는 사람만 입장을 할 수 있다는 것이다. 들어가기만 하는 건데도 이렇게까지 체크를 하다니! "我们是外国人"(우리는 외국인이에요) 사정해 보았다. 이 말에 깔린 의미는 '우리는 문맹이어요. 책도 못 읽어요. 그냥 어떻게 구경만 좀…'이었으나, 중국 관료에겐 사정이 통하지 않았다. 무조건 도서관 카드를 만들어 오란다. 마침 주머니를 뒤져 보니 셋 다 여권을 소지하고 있었다. 사무실로 가서 서류 작성 후 '난징시 도서관 카드'를 발급받았다.

　아까 못 갔던 1층 자료실에 가 보았다. 도서관 문 닫을 시간이 얼마 남지 않아 바삐 둘러보고 있었는데, '홍루몽'이라는 글자가 눈에 딱 들어온다. 제목이 '쑤저우와 홍루몽'이었던 것 같은데, 조설근이 쑤저우에서 어린 시절을 보낸 것 같다고 추정한 글이다. 쑤저우만의 독특한 문화나 관습이『홍루몽』곳곳에서 발견된다는 논거를 세워서 그것들을 증명하고 있었다.

　S가 부르기에 가 보니, 그녀도 '홍루몽'이라는 글자를 보고 멈춰 서 있었다. 그것은『홍루외몽』이라는 책이었는데 등장인물 소개를 보아하니, 하나도 모르겠는 것이『홍루몽』과는 전혀 상관없어 보였다. 그런데 등장인물의 막바지에 가보옥이라든가 몇몇『홍루몽』의 주인공 이름들이 눈에 띄었다. 눈을 들어 주요인물을

다시 들여다보니 '왕선보'의 가족들이 주인공이다. 그러고 보니 왕선보는『홍루몽』에서 형부인 방에 있는 하인 아주머니다. 대관원 내에서 춘화가 수놓인 손수건이 발견되는 바람에 집안을 수색하는 일이 있었는데 그때 이 아주머니가 앞장섰다. 자기의 손녀딸이 범인인 것도 모르고 신이 나서 수색을 하다가 망신을 당하는데, 이 하인의 집안이 전면에 등장하는 또 다른 이야기라? 이 책에선 가부의 주인들은 주변인물이 되고, 주변인물이었던 하인들이 주인공으로 전면에 나서 그들의 얽히고설킨 이야기가 펼쳐질 모양이다.『홍루몽』6권에서는 쫓겨난 왕선보의 손녀 사기와 그 상대 남자의 비극적 결말이 아주 짧게 소개되었다. 너무 강렬했지만 또 너무 짧아서, 이 둘의 이야기만으로도 하나의 스토리를 추가로 구성할 수 있겠다 싶었는데, 난징도서관에서 그 책을 만난 것이다(안 읽어 봐서 내용을 확인할 수는 없다).

『홍루몽』이라는 책은 이 외에도 수많은 외전들을 만들어 냈다. 독자들은『홍루몽』의 장면들 사이사이에 숨어 있는 수많은 공간과 이야기들을 또 하나의 책으로 세상에 끄집어냄으로써 창조자가 되고 작가가 된다. 그러나 모든 작가는 먼저 독자였다는 점에서 그 창조는 자신의 것이 아니다. 보옥이의 거울방에서 보았듯이 우리가 뱉어 내는 모든 것은 다른 것에서 영감을 받고, 힌트를 얻고, 짜깁기를 해서 다시 세상에 내보이는 것이다. 그럼 창조라는 것은 어떤 의미도 없는 것일까? 우리가 개인의 생각과 스타

일에서 발견하는 고유함은 어떻게 획득되는 것일까? 무언가를 다시 옮기는 과정에는 필연적으로 청자나 독자가 꽂히는 곳이 있게 마련이다. 다시 말해 이상하게 눈길이 가고, 귀가 솔깃해지고, 마음이 움직이는 그 지점에서 독자는 그것을 자기 안에 하나의 경험으로 간직하게 되고 어떤 방식으로든 다시 꺼내어 놓게 마련이다.

『홍루몽』의 1회는 작가의 말로 시작한다. "오늘날까지 한 가지 재주도 익히지 못하고 반평생을 방탕하게 살아오며 허송세월한 죄를 모두 적어 한 편의 책으로 엮어 세상 사람들에게 들려주고자 하는 마음이 생겨났다."제1회(1권, 24쪽) 작가는 허송세월을 반성한다고는 하지만, 허송한 세월 동안 자신이 귀중히 여겼던 것을 글로써 풀어내는 것만큼 그 시간을 다시 회복하는 것은 없을 것이다. 이 작가의 반성이란 그 시간을 부정하고 새사람이 되는 것이 아니다. 세상 사람들이 허송이라 하는 그 세월이 너무나 강렬한 시간이었음을 증명해 내는 작업이었다.

조설근의 이름은 1회와 120회에 실제로 나오는데, 그는 돌(石頭)이 경험한 일을 공공도인으로부터 전해 듣고 세상에 다시 전파한 사람으로 등장한다. 그럼 공공도인은 어디서 석두의 경험을 들었나? 우연히 청경봉 아래를 지나가다가 석두를 만났는데 "거대한 바위에 구구절절한 사연이 선명하게 적혀 있음을 보게"제1회(1권, 28쪽) 되었다. 그는 석두와 이에 관해 이야기를 나누고서는 크게 감명을 받고 "마침내 처음부터 끝까지 베껴 세상에 널리 전하고자 하였다".

처음으로 세상에 내놓았음에도 베낀 것일 뿐이다. 그럼 최초의 작가는 누구일까? 바로 풍진세상에 떨어졌다가 자신의 허송한 세월의 경험을 구구절절 자신의 몸에 새겨 놓은 석두이다. 인간세상에서 홀연 사라진 보옥이가 다시 돌로 제자리에 돌아왔다. 하지만 그 돌은 예전의 돌이 아니다. 자기의 인생을 모두 몸에 새겨 둔 석두로 그 자리에 돌아와 있는 것이다. 존재 자체가 텍스트요, 소설의 원전이다. 그러니 석두가 바로 위의 작가이자 공공도인이며 조설근이다. 나는 이것이, 창조행위 자체가 자기가 보고 겪은 세계를 다시 전하는 행위일 뿐이라는 조설근의 철학이 드러난 것이 아닐까 생각한다.

보옥의 거울방은 세계의 삼라만상이란 서로가 서로를 비추고 있는 환영(幻影)일 뿐 실체는 없다는 것을 보여 준다. 본래 '나'라는 것도 없다고 하지 않았던가. '나'가 없는데도 이토록 아름답고 고유한 작품들이 세상에 있어 우리의 마음을 사로잡고 즐겁게 하는 것은, 어떤 사람이 자기에게 보이는 한 세계에 감동을 받았고 그것을 다시 전하려고 마음을 먹었기 때문이다. 다시 되비쳐 나오는 작품은 고유하다. 마치 인접한 거울들이 갖가지 환상적인 무늬를 만들어 내는 만화경처럼 말이다. 우리의 존재 자체가 환이라 할지라도 우리는 그 안에서 울고 웃는다. 그것이 삶이니까.

거기서 뜻하지 않게 아름다운 환을 보게 되면 우리 마음은 격렬하게 움직이고 곧이어 또 다른 환을 만든다. 만화경의 회전운동! 이것이 바로 예술이 아닌가. 끊임없는 재현일 뿐이지만 언제나 차이를 품고 있는!

5시, 도서관 폐관 시간이다. 시간이 촉박하여 수많은 책에 놀랄 준비를 한 보람도 없이 작은 자료실 한 군데만 잠깐 보고 나왔지만 나는 도서관에서 새로운 세계를 봤다. 도서관은 거대한 중중무진의 세계다. 세계가 세계를 비추고 있는 예술로서의 도서관. 나는 예술을 모르는 사람이라고 생각했는데 『홍루몽』을 통해 발견한 세상은 예술로 꽉 차 있다. 그리고 나도 『홍루몽』이라는 거울과 인접한 채, 굴러 가는 만화경의 예술세계에 동참하는 중이다.

꿈에서 꿈으로

닷새간의 여행을 마치고 집에 도착해 침대에 벌렁 드러눕자, 중국에서 몸에 장착되어 있던 모든 감각이 한 조각 한 조각씩 떨어져 나와 허공으로 흩어지는 것이 느껴졌다. 무슨 생각을 할 때마다 '이걸 중국어로 어떻게 말해야 하나'라며 바삐 돌아가던 머릿속 번역기가 싹 사라지고, 중국말을 하던 혀의 긴장이 사라졌다 (중국어는 혀와 입에 엄청 힘이 들어간다). 무엇보다, 누워서 쉴 때 여행정보사이트와 위치앱(구글맵 오작동 이후 바이두 지도를 깔았다)을 보지 않고 가만히 누워 있자니 세상 편한 곳이 집이다 싶었다. 그러나 잠시 후, 다시 다른 감각의 조각들이 하나씩 하나씩 들러붙으며 장착된다. 구석구석 눈이 가는 곳마다 뭔가를 치우고 정리하게 되고, 냉장고를 열어 내일 무얼 먹나를 고심한다. 애들에겐 어떻게 지냈는지를 묻고, 잔소리를 하고… 붙박이장이 제자리로 돌아온 것이다.

늦은 밤까지 다음날 시험 볼 『주역』을 외우면서, 반나절 전에 중국에 있었다는 것이 믿기지 않았다. 중국에 있던 나와 지금의 내가 같은 '나'라고 여겨지지도 않았다. 쓰는 감각이 다르고 마음도 다르고 생각도 다르다. 그렇다. 둘은 분명코 다른 존재다. 그럼 다시 돌아왔으니 원래의 '나'인가? 느낌상으로는 그런 것 같다. 하지만 석두가 홍루의 꿈을 깨고 제자리로 돌아왔을 때, 밋밋하던 바위에 자기가 보고 겪은 일을 모두 새겨 놓았듯이, 나도 닷새의 여행 동안 보고 겪은 것이 모두 내 안에 있다. 여행하던 나와 여기 있는 내가 다른 존재이듯이 가기 전과 돌아온 후의 나도 다른 존재일 것이다. 참으로 오랜만의 여행이었기 때문에 이런 낯선 감각의 갭을 더 크게 느꼈지만, 미세한 시선으로 보면 우리 모두는 매일매일 새로운 경험을 한다. 매일의 반복에서 새로운 내가 생겨난다.

『홍루몽』의 맨 끝에 가면, 보옥의 인생(한 번의 꿈)에 매몰되어 있던 우리의 허를 찌르는 한 장면이 나온다. 공공도인이 다시 석두가 있는 곳을 지나가다가 예전에 봤던 이야기 끝에 '새로운 인연의 결과가 적혀' 있는 것을 본 것이다. "그만하면 세상에 읽을 거리로 전할 만하다고 생각해서 베껴 두었는데, 다시 본래 모습으로 돌아와 있는 것은 알지 못했구나. 어느새 또 이런 재미있는 이야기가 보태졌을까?"제120회(6권, 481쪽) 그러면서 공공도인은 다시 한번 베껴서 소매 주머니에 넣고, 이야기를 전해 줄 사람을 찾아나선다.

여행하며 적어 둔 메모들을 들여다보고 있자니, 나는 마치 석두가 된 듯하다. 한바탕 꿈을 꾼 듯, 나는 여전히 이 자리에 돌아와 있지만 나에게는 사람들에게 들려주고 싶은 이야기가 한 자락 생긴 것이다.

『홍루몽』 등장인물 찾아보기